Erinnere dich an dich.

Annatheresa

L O H N I N G E R

✺

S O N N E N S C H E I N S E E L E

Der Herzensweg vom Schein zum Sein.

··

✺

Danke, Opa.
Weil du an mich und an meine Talente glaubst
und du mich dahingehend unterstützt.
„Es geht immer, wenn man will."

✺

gedruckt nach der Richtlinie „Druckerzeugnisse" des Österreichischen Umweltzeichens
Druckerei Janetschek GmbH * UW-Nr. 637

SONNEN

Dieses Buch ist für mein heutiges Ich.
Damit ich es immer lesen kann,
wenn mir der Sonnenschein meiner Seele
für längere Zeit verborgen bleibt.

SCHEIN

Dieses Buch ist für dich.
Damit dein Herz berührt und deine Liebeskraft erweckt wird
und du für dich und automatisch auch für dein Umfeld
den Himmel auf die Erde holen kannst.

SEELE

Inhaltsverzeichnis

Persönlicher Prolog vor dem Schreiben — S.7
Persönlicher Prolog nach dem Schreiben — S.10

Kapitel

1: Bewusstsein für das Farbenspiel in dir. — S.13
2: Erkenne deine Essenz und nähre sie. — S.24
3: Wie wir alle bedingungslos geliebt werden. — S.45
4: Wo wir immer einen Platz haben. — S.63
5: Über Elefanten und den liebevollen Fokus. — S.84
6: Über Katzen und bewegende Kreise auf der Reise. — S.93
7: Sich in den Fluss des Herzens begeben. — S.111
8: Von bunten Regenbögen und Schütteltechniken. — S.130
9: Deine persönliche Selbsthilfegruppe.
   I. Erkenne deine Gefühle wie Besucher an. — S.142
   II. Bestimme selbst, was du gerne in deinem Haus hast. — S.146
   III. Bewerte so, wie du selbst bewertet werden möchtest. — S.147
   IV. Schau einmal, welche Sonne im Nebenzimmer sitzt. — S.151
   V. Sonnenscheingrenzen für deine Zimmer. — S.158
   VI. Energiekugeln basteln und Anker setzen. — S.159
   VII. Farbe bekennen und Lampions ins Universum senden. — S.173
   VIII. Deine Mama sein und der Besuch im Altenheim. — S.178
   IX. Dem Glückseligkeits-Syndrom folgen. — S.225
   X. Die Zeit in ihrem Wert schätzen. — S.228
   XI. Mit der Liebe schüttelnd in den Spiegel schauen. — S.238
10: In deinem Erfahrungsfahrzeug zu Hause. — S.245
11: Warum die Ginkoblätter golden sind. — S.275

Nachwort — S.290
Danksagung — S.298
Gedankenpoesie-Verzeichnis — S.300

Persönlicher Prolog vor dem Schreiben

Wir schreiben heute den 6. Januar 2020 und ich sitze gerade im Flugzeug nach Portugal und fühle mich so neutral, wie ich es nicht erwartet hatte.
Ich sitze hier, weil ich mir eine Auszeit genommen habe. Eine Auszeit nur für mich und ich bin sehr dankbar, dass da jemand ist, wenn ich den portugiesischen Erdboden betrete.
Ich bin dankbar, dass ich der Einladung gefolgt bin und ich wünsche mir von ganzem Herzen, dass ich dieses Buch dort schreiben kann. Für mich. Für dich. Für alle Menschen, die sich mehr oder weniger bewusst entscheiden, „friedvolle Erfüllung" im Herzen zu wählen - für sich und andere.

Für alle, die lieber Liebe wählen.

Dieses Buch ruft mich schon seit Monaten und in Gedanken habe ich schon Vieles mehrmals geschrieben, fast noch mehr vergessen und in diversen Notizbüchern und Handynachrichten an mich selbst kurz ein paar klare, schnelle Geistesblitze im Affekt festgehalten.

Dieses Buch ruft mich schon seit Monaten und jetzt weiß ich gerade nicht mehr, was bzw. wie ich es eigentlich sagen wollte und könnte. Ich weiß nur, dass „Sonnenscheinseele" gefüllt sein soll mit Liebe, Herzensgedanken, Vertrauen, Mut und es ganz viel Lichtblick und stabile Liebe in mein und dein Leben bringen möchte. Weil wir hier sind, um in Glückseligkeit zu leben und wenn man das wahre Leben im Außen so betrachtet, macht es irgendwie selten den Anschein der Glückseligkeit.

Also sitze ich hier in diesem Flugzeug und freue mich, dass ich die ersten Zeilen in diesem Moment verfasse. Auch wenn ich nicht wirklich weiß, wie, bin ich mir sicher, dass ich das schaffe und schon unsere Freundin Pippi Langstrumpf sagte mit frohem Herzen:

„Ich hab es noch nie probiert, ich weiß, dass es klappt."

Wenn du dieses Buch in den Händen hältst, dann bist du in einer bestimmten Energieschwingung und du siehst, ob insgeheim oder ganz bewusst, den „Sonnenschein in der Seele der Menschheit". Und wenn du dieses Vorwort liest und jetzt weiter blätterst, dann weiß ich, dass du an mich glaubst und du vertraust, dass es geklappt hat, dieses Buch zu dem zu machen, was es werden sollte. Ich werde versuchen, dass die Worte Gefühle des Herzens beschreiben und sie die Ebene der wahren Liebe näher bringen, damit deine Seele zu tanzen beginnt, weil jedes Wort im Takt deiner wahren Identität schwingt.

Wenn du dieses Buch in den Händen hältst, dann verstärkt es meine Hoffnung, dass alle Menschen die allgegenwärtige Sonne und den Sonnenschein in jeder Seele wieder sehen können, weil ehrliches Mitgefühl und wahre Liebe immer siegen - auch für sich selbst.

Danke, dass du an mich glaubst.
Danke, dass du so bist wie du bist.

*Du bist die Sonnenscheinseele,
deren Augen ich so gern funkeln sehe.*

✳

Unwichtige Nebensache: Ich bin krank, heute habe ich zum Glück kein Fieber mehr, aber ich huste und schnupfe hier im Flugzeug fleißig meine Bazillen herum. Ich nehme Medikamente nur, wenn es gar nicht mehr anders geht, und gestern Abend war es fast soweit, weil ich einfach gesund in Portugal ankommen wollte und es mich richtig genervt hat - alles. Aber der Körper ist ja bekanntlich der Spiegel unserer Seele und deshalb hab ich im schlauen rosa Minibuch von Louise Hay nachgeschaut, um herauszufinden, was mir mein Körper eigentlich sagen will. Atemwegserkrankungen stehen dafür, dass man sich nicht auf das Leben einlässt - man nicht vertraut und sich nicht in den Fluss begibt - so habe ich es für mich verstanden.

Also habe ich dann keine Tablette genommen, wenn mein Körper für mich auf Hochtouren läuft, um mir zu zeigen, dass ich einfach nur vertrauen darf. So viel Liebe habe ich von meinem Körper oft nicht verdient und trotzdem schenkt er sie mir jede Sekunde aufs Neue. Ich lass mich jetzt darauf ein, egal wie schwierig es wird, egal wie weh es tut und egal welche Emotionen kommen, wenn ich mein Herz öffne und die Neutralität dann letztendlich verfliegt.

Weil Neutralität als praktischer Schutz entsteht.

In Portugal versuche ich zu üben und die Balance zwischen dem Erkunden des Landes, dem Erarbeiten meiner Visionen und zwischenmenschlicher Leichtigkeit zu finden.

Ich bin gespannt und jetzt endet dieses spezielle Vorwort, weil die Luft hier drinnen ganz schön trocken wird und ich mich auf meinen Husten konzentrieren sollte - meine arme Sitznachbarin. Bis ich lande, verinnerliche ich die Affirmation „Ich lasse mich auf das Leben ein. Ich vertraue." und zig Gedanken werde ich mir machen, warum ich denn nicht vertraue.

Wenn ich es herausgefunden habe, dann sage ich es dir.

✺

Persönlicher Prolog nach dem Schreiben

Heute ist der 20. März 2020, was für ein schönes Datum und heute schreibe ich die letzten Seiten dieses Buches, vor und nach dieser ganzen Zeit.

Voller Freude kann ich dir sagen, dass dieses Buch Licht in sich trägt und es wahrhaftig das geworden ist, was es werden sollte. Dieses glückselige Gefühl habe ich noch nicht realisiert und vielleicht geht es dir 290 Seiten weiter auch so. Es wäre schön.

Heute, an diesem 20. März, kenne ich mich viel besser. Ich weiß, warum mich etwas aus meinem Gleichgewicht bringt und ich weiß meistens, wie ich es wieder finden kann. Weil ich mich kenne.

Geben wir, ohne uns selbst zu verlieren.
Bekommen wir, weil wir erfüllt sind.

Aber vor allen Dingen fühle ich mein Herz wieder, nachdem ich verstanden habe, dass wir Menschen uns mit unserem ganzen Wissen selbst limitieren und wir uns damit von unserem unermesslichen Urwissen trennen. Wissen schafft irgendwie Neutralität und Neutralität ist das, was keine Gefühle versteht, weil sie alle Wege mit dem Verstand geht.
Ich weiß nun, dass nichts wichtiger ist, als die Verbindung zur inneren Liebesweisheit zu halten, weil dann jeder Mensch für sich selbst sein individuelles Glück wählen kann.

Weil wir unser Glück fühlen.

Ich weiß nicht genau, was in den letzten Wochen passiert ist, und irgendwie weiß ich es doch ganz genau. Ich weiß nicht sicher, wie das alles gelingen konnte und irgendwie sehe ich es doch ganz klar. Ich weiß nicht recht, wie ich alle Jahre zuvor als ideale „Scheinversion" überleben konnte und doch hege ich keinerlei Zweifel daran.

Ich weiß, dass ich nichts wusste, obwohl ich alles wusste.
Ich weiß, dass ich alles wusste, obwohl ich nichts wusste.

Ich habe im Januar im persönlichen Prolog vor dem Schreiben erwähnt, dass ich dich wissen lasse, wenn ich herausfinde, warum ich mich nicht in den Fluss des Lebens begeben konnte.
„Wahre Lösungen sind in unserem Herzen, dort sind sie wirklich immer da."
Ich habe nicht vertraut, weil ich Vertrauen in der äußeren Welt gesucht und in mir selbst übersehen habe.

Wenn ein Mensch sich selbst nicht vertraut,
er für sich selbst unantastbare Grenzen baut.
Wenn ein Mensch sich selbst verbaut,
er all dem möglichen inneren Zweifel glaubt.
Wenn ein Mensch sich selbst nicht vertraut,
er nicht in den Fluss der eigenen Wahrheit schaut.

Ich habe das Gefühl, dass dieses Buch mich in meine Urversion zurückverwandelt hat. Es war so, als hätte ich das, was ich geschrieben habe, erlebt und so, als hätte ich das, was ich erlebt habe, geschrieben. Es ist alles drin - jeder Schein und jedes Sein. Es ist zu hundert Prozent ehrlich und authentisch.

Alles in diesem Buch ist der Herzensweg vom „vermeintlichen Hier" zurück zu „dir", denn dieses Buch trägt den Zauber der Urliebe in sich, der dich Wort für Wort und Schritt für Schritt zu deiner Urversion begleitet.

Wenn du es möchtest, dann wirst du dein Leben mit deinem Herzen in die Hand nehmen und du wirst Dinge über dich selbst verstehen und lernen, von denen du vielleicht niemals gedacht hättest, dass sie nicht von dir verstanden wurden, weil du die Theorie zu dir selbst nicht kanntest.
Lass dich ganz entspannt darauf ein und freu dich mit jedem Augenblick, den du dir selbst schenkst.

Komm zu dir heim, dort wirst du angekommen sein.

Ich wünsche dir eine wundervolle, erfüllende Reise zu dir selbst.

Schnall dich an und halt dich fest
vergiss nicht, dich zu befreien, deine Flügel tun den Rest.

Schön, dass du hier bist.

✸

Kapitel 1
Bewusstsein für das bunte Farbenspiel in dir.

Stell dir einmal vor, dass jedes neugeborene Erdenkind mit einem wunderschönen, bunten und lichtvollen Farbenspiel in seinem Inneren geboren wird. Stell dir einmal vor, dass dieses Farbenspiel wie die reinste und liebevollste Version dieses Erdenkinds ist und wir Menschen diesem Spektakel den Namen „Seele" gegeben haben. Stell dir vor, dass diese Seele alle Erfahrungen kennt und alle Möglichkeiten, die dem neu geborenen Erdling in diesem Menschenleben auf dieser Erde zur Verfügung stehen werden.

Stell dir vor, die Eltern, die Geschwister, der Wohnort, überhaupt alle Umweltfaktoren dieses kleinen Geschöpfs sind genau so gewählt, dass sie die menschlichen Rahmenbedingungen - die Schwierigkeiten, die Unterstützungen, die Begrenzungen und die Freiheiten festlegen, die das Kind auf seinem Weg braucht, um sein Licht zu erkennen.

Die Rahmenbedingungen auf jedem Weg,
sind eines Tages die wahrhaftige Weisheit und der Steg.

Auf seinem eigenen Weg, um die eigene Schöpferkraft zu entdecken, um seine eigenen Talente, seine eigene Wahrheit zu leben und die innere göttliche Weisheit zu erlangen, damit es selbst der größte Heilmeister für seine tiefsten Verletzungen ist, und dass es selbst die wahrhaftigsten und reinsten Ratschläge für sich und seinen eigenen Weg bereit hält.

Diesem kleinen Wesen wohnt eine zauberhafte Seele inne und sie möchte stets von innen ihr frohes Licht auf den Weg des Kindes und in die Außenwelt scheinen, damit es sich bei allen Erfahrungen unterstützt fühlt und die unendliche Kraft des Universums entdeckt und lebt. Stell dir vor, diese wunderschöne

Seele wohnt jedem Lebewesen inne und strahlt ohne Bedingung und Erwartungen ihr hellstes Licht.

Stell dir vor, dass einst auch du dieses neu geborene Erdenkind warst und du bis zu deinem letzten Atemzug, bis zu deinem letzten Herzschlag begleitet wirst. Du trägst den größten Schatz, das größte Geschenk, das man sich überhaupt vorstellen kann, in dir - deine wundervolle Seele.

Du bist nie allein. Sie strahlt für dich in den schönsten Farben, die du dir vorstellen kannst und die du dir ausmalen möchtest. Sie wärmt dich tief in deinem Herzen und versucht dich stets über ihre Helfer zu erreichen und dir die Verbindung zum Universum und zum Ursprung näher zu bringen - sie versucht dich an dein Urwissen zu erinnern.

Denn du weißt bereits alles.

Du bist nie allein, sondern immer mit allem eins. Deine Seele erwartet nicht, dass du mit deinem Verstand erfasst, wie sie und alle Zusammenhänge funktionieren, was wohl wie richtig ist und wie wohl was sein muss. Sie will dich nur wissen lassen, dass Liebe, Mitgefühl und Unterstützung in jeder Sekunde, in jedem Moment dich begleiten, selbst wenn dir dein äußeres Umfeld das Gegenteil spiegelt …weil du ganz viele Umwege und Irrwege gegangen bist und vielleicht immer noch gehst, weil du dein inneres Licht einfach nicht anerkennen möchtest und anderen Schein-Werfern glaubst und vertraust. Die Seele ist trotz Irrwegen immer da. Fühlt immer mit. Glaubt stets an dich.

Denn die Seele ist die göttlichste und wahrhaftigste Version von dir selbst und du kannst deine Seele sein, ohne jeglichen Schein.

Seelenweg

Der Weg, den deine Seele in jedem Moment mit dir geht.
Ob der Wind auch aus deinem ängstlichen Kopfe weht,
dein Herz vielleicht die Umstände nicht mehr ganz versteht

und um dich herum gefühlt nichts als raue See entsteht.
Deine Seele ist die Liebe, die dir auf jedem Weg zur Seite steht.

※

Viele Menschen können sich mit dem Wort Gott, mit Religionen, mit Engeln und all diesen anderen negativ besetzten Worten nicht identifizieren. Weil sie mit ungesunden Grenzen erzogen wurden oder den von anderen menschlichen Köpfen entsprungenen Unwahrheiten nachhängen - sei es geschichtlich, ortsbedingt oder von diversen anderen Gründen geprägt.

Für mich ist Gott einfach die gewaltigste und kraftvollste und gleichzeitig sanfteste und liebevollste Energie, die man erfahren kann, und ich denke da nicht an einen weisen, alten Mann mit langem, grauem Bart, auch wenn ich einen Hang zu weisen alten Männern mit langen, grauen Bärten habe und ich die Vorstellung wirklich lieb finde. Gott ist für mich ein Wort, dass das Urlicht beschreibt, die unerschöpfliche Quelle der Lichter, die wir alle in uns tragen. Strahlendes Weißgold und gleichzeitig doch so bunt, tief wärmend wie die Sonne an ihren sanften Tagen, allgegenwärtig, voller reiner Liebe, kraftvoll, ehrlich, voller Verständnis und voll tiefen Mitgefühls. Gott ist für mich alle Seelenlichter der Erdwesen zusammen und millionen Mal mehr unerschöpfliches, ewiges, Dankbarkeit ausstrahlendes Urlicht.

Man kann es nicht in Worte fassen,
denn alle Wörter sind der Begrenzung Insassen.

Wenn Gott der Himmel ist, dann ist eine Religion für mich wie ein schmaler, begrenzter Kanal in die Himmelssphären, weil man Gott in meinen Augen nicht auf diese Art und Weise zuordnen kann und er in Wahrheit hinter jeder Religion steht und mit mitfühlender Geduld versucht, in jedem Menschen alles miteinander zu vereinen, um die Missverständnisse aufzulösen, damit wir zum Beispiel endlich die wahre Bedeutung der Glaubenskriege hinterfragen - im weltlichen und auch im kleinen zwischenmenschlichen Sinne.

In dem Moment, in dem man für ausschließlich eine Religion steht und jede andere oder auch nur eine bestimmte abwehrt - in dem Moment handelt man nicht mehr mit Verständnis und Mitgefühl. In dem Moment wehrt man das Göttliche in sich eigentlich ab, und man ist getrennter als man es zu glauben vermag.

Immer und immer wieder versuchen wir, Gott zuzuordnen, obwohl er ganz einfach ständig in uns ist und obwohl wir Menschen so fortschrittlich sind, so fortschrittlich, dass unsere Umwelt und unsere Körper gar nicht mithalten können, halten wir trotzdem in Sachen Gott und Religion etc. oft an den ältesten begrenzenden Strukturen fest, die es so gibt. Leider…

*Leider begrenzen wir,
doch wir sind nicht deshalb hier.*

Wenn wir es wie eine „Schere" ganz kritisch betrachten, dann haben wir auf der einen Seite vielleicht die Menschen, die an alten Strukturen festhalten möchten und sich in Sicherheit wiegen, wenn sie jeden Tag in die Kirche gehen und dort ihren Dienst oder ihre Buße tun, um Liebe zu verdienen.

Auf der anderen Seite könnten uns Menschen auffallen, die bei einem Guru oder einem vermeintlichen Meister in einem Ashram gelandet sind und sich dort sicher fühlen und meinen, sie müssten ihr Karma abbauen, indem sie der Ashram-Organisation in vermeintlicher Erwartungsfreiheit dienen. Vermeintlich, weil viele trotzdem erwarten, erlöst zu werden. Ich habe hier zwei wirklich krasse Extreme verwendet, aber manchmal braucht es die vielleicht, um Gehör zu finden.

Ich würde mir so wünschen, dass die innere Weisheit, die innere Wahrheit in jedem so durchdringen kann - dass das wahre Selbst in jedem zu Wort kommen darf und gehört wird.

Ich glaube, dass das wahre Selbst nämlich liebevoll darauf hinweisen würde, dass man gar nichts muss und dass man gar nichts zu tun braucht. Alles ist richtig, solange es sich wie ein freier Dienst aus Liebe und Eigenverantwortung anfühlt, ohne Begrenzung und ohne Druck. Wenn auch immer irgendjemand gesagt hat, dass man etwas müsste, dann waren das keine schöpferischen, göttlichen Worte. Nichts muss man.

„Nichts muss man außer sterben" und selbst das ist dann ein liebevolles Heimkommen.

Du musst endlich nichts mehr müssen.

Man muss nicht einmal jedem mit Liebe und Mitgefühl begegnen, auch das muss man nicht.

Du kannst schimpfen, schreien, böse sein, rebellieren, dich weigern und dich wehren, blöd über jemanden reden und grob für all deine Rechte einstehen oder dich selbst qualvoll übergehen. Du kannst alles, du musst nichts.

Nur ist es so, dass es gut wäre, wenn man sich dessen bewusst wäre, dass einfach alles wie immer seine Kreise zieht und dass wir alles wie einen Spiegel vorgehalten bekommen. Zum Glück, denn nur dann können wir selbst unsere größten Lehrmeister sein und bewusster mit unseren Handlungen umgehen.

Wir erkennen, dass alles, was wir aus reiner, erwartungsfreier Liebe und tiefem Mitgefühl tun, sich richtig schön anfühlt, wenn wir es überraschend „aus heiterem Himmel" auch erfühlen dürfen. Dass man sich so vollkommen und ganz fühlt und man wirklich glücklich ist, wenn sich dieser immer weiterführende Kreis der Liebe vollendet und von Neuem aus voller Kraft beginnt. Dieser Kreis ist für mich kunterbunt, leuchtend, lebendig, glitzernd und in den schönsten paradiesischen Farben, die ich mir erträumen kann.

Ich versuche mir das so vorzustellen, dass dieser Kreis dann unsere Seele in uns noch mehr leuchten lässt, weil es wie eine positive Rückkopplung zu unserem bunten Seelenlicht ist - die Seele versucht unsere bunten Erfahrungen zu unterstützen und gleichzeitig können wir auch bewusst unsere Handlungen aus unserem bunten höheren Selbst ausführen, indem wir aus Liebe einfach Gutes tun. Für uns selbst und für unsere Mitmenschen. Bunt raus, bunt rein und das Ziel ist es vielleicht, irgendwann ganz automatisch, ohne zu überlegen, immer bunter zu sein, weil wir uns immer mehr mit unserem höheren Selbst verbinden, unser höheres Selbst leben und irgendwann eines Tages vielleicht sogar unser höheres Seelenselbst sind - für uns und für unsere Mitmenschen. Für unsere eigene kleine und die ganze große Welt.

Im umgekehrten Sinn ist es dann eben so, dass Wut, Groll, Unverständnis, Hass und alle anderen „bösen" Emotionen auf uns einprasseln - wie Wolken, die wir selbst aufziehen und die am Ende über uns wohnen und uns erschweren und unser Licht beschatten. Ein dunkler Kreis also, der grau und farblos, energieleer, tot und eigentlich total schwach ist. Wirklich nicht förderlich für unsere Gesundheit und doch halten wir so oft an diesem Kreis fest und beschweren uns damit selbst.

Wir machen es uns selbst schwer, weil wir glauben, dass irgendjemand uns für unsere Negativkreishandlungen bestrafen wird - Gott, der Pfarrer in der Kirche, der Guru im Ashram, das Universum und das Leben generell, „weil nach einem Hoch immer ein Tief kommt" und „das Leben einen immer straft" und weil wir „gesündigt" haben und „das Karma das schon für uns in Ordnung bringen wird" - als den neuen Inbegriff für „Rache ist süß". Nein!
Es wird dafür keine Strafen geben, es wird immer nur die Kreise geben, die uns mit jedem Mal wach rütteln möchten und uns bewusst machen möchten, was wir wählen können. Ganz simpel und wertungsfrei, es steht niemand mit strafendem Finger

hinter den Kreisen, kein Gott, kein Buddha und auch kein anderer aufgestiegener Meister, niemand. Es liegt ganz entspannt bei uns, welchen Kreis wir in jedem Moment und am Ende für unser gesamtes Leben wählen. Lebendig oder tot. Kraftvoll oder schwach. Farbenfroh oder leblos grau. Egal was wir wählen, Liebe und Mitgefühl sind stets an unserer Seite und sie werden uns unterstützen, damit wir auf unser Urwissen zurückzugreifen.
Ist es nicht Bestrafung genug, wenn wir den Kreis erwischt haben, der uns und anderen so viel Leid verursacht hat? Und ist es nicht so, dass in den Augen der Liebe tiefes Mitgefühl für alles und jeden das höchste Ziel ist - also auch für uns selbst?

Bestrafung

Ein Wort, dass Menschen aus Angst geschaffen haben,
damit andere Menschen für andere die Verantwortung tragen,
damit andere Menschen nicht ihre eigene Wahrheit sagen.
Ein Wort, das Menschen geschaffen haben,
die ihr eigenes Herz nicht im Herzen tragen
und deren Seelen vielleicht stets Worte der Erlösung klagen.
Bestrafung ist Trennung. Liebe ist Verbundenheit.
Und was entspricht nun unserer göttlichen Wahrheit?

✺

Wenn man das mit den Kreisen erst einmal verstanden hat - an dieser Stelle: „Danke an meine Freundin hier in Portugal - Caro Bolten, dass du die Kreise in meinen Worten gehört hast und mir diese Idee gespiegelt hast, denn ich kann das alles leichter erklären damit."
Also wenn man das mit den Kreisen verstanden hat und man sich seiner eigenen Handlungen bewusster wird, dann kann man sich immer öfter für den schöpferischen Kreis der Liebe

entscheiden. Immer mehr wird man dann so mit Liebe erfüllt, weil man aus dem höheren Selbst wirkt - man also die eigene Seele in seinem eigenen Leben zum Ausdruck bringt.

Man geht in der Welt umher und leuchtet plötzlich selbst wie der farbenfrohe Kraftkreis. Menschen die Energiefelder sehen können, sehen dann tatsächlich wie das bunte Energiefeld um den „lichtvollen" Menschen wächst. Die Aura weitet sich aus, also ist es wirklich richtig bunt und spannend und liebevoll und abenteuerlich. Wir entscheiden uns für die Augen der Liebe - manchmal schaffen wir es gleich, manchmal brauchen wir mehr Verarbeitungszeit, doch in jedem Fall werden wir selbst zur Liebe und irgendwann ist unser ganzes Leben die reine Liebe.

Weil wir als göttliches ErdenKind die reine Liebe sind.

Ich glaube, dass die Angst vor einer Bestrafung, die Bestrafung dann tatsächlich herbeiführt. Wir bekommen das, was wir glauben zu verdienen, das, was wir uns erlauben zu bekommen. Wie das einfache universelle Gesetz der Anziehung - das, was man denkt, das zieht man an und das, was man erwartet, das kommt. Und hier sind warme Herzensgefühle viel kraftvoller, als Gedanken die versuchen, uns Gefühle einzureden.

Mit den Augen der Liebe betrachtet, verdient jeder Mensch bedingungsloses Mitgefühl und Verständnis und Liebe. Und wenn wir selbst Liebe sind und reines Mitgefühl empfinden, dann ist die höchste „Bestrafung" die, dass wir verstehen, in welchen Augenblicken wir nicht aus Liebe gehandelt haben, in welchen Momenten wir nicht verbunden, sondern getrennt waren - wann wir unsere eigene Wahrheit, unser eigenes Licht verleugnet und deshalb andere verletzt haben.

Wir empfinden dann Mitgefühl für uns selbst und andere und wir möchten es wieder gut machen, damit diese selbst zugefügten und verbreiteten Wunden heilen können. Das wird die einzige Lehre sein, die wir daraus ziehen sollen. Es wird die einzige Lehre sein, die unser Herz erreicht.

So einfach ist das, auch wenn es anfangs oft nicht ganz so einfach ist. Aber so einfach wäre das, weil die Welt ein liebevoller Ort sein sollte und wir hier glücklich sein dürfen. Einfach glücklich sein, genau so wie wir sind, genau so wie wir uns gut fühlen.

Die Welt ist ein Abenteuerspielplatz und jeder, der das liest, soll bitte verstehen, dass alles möglich ist, und dass alles gut werden wird - weil es das soll und darf, wir können diese Sichtweise jederzeit wählen. Weil wir alle das Allerbeste verdient haben und uns nur irgendwelche alten Begrenzungen im Außen davon abhalten unsere neuen Freiheiten im Innen, unsere eigentliche Wahrheit zu leben. So einfach wäre das, wäre da nicht der „wie kann ich endlich ich sein"-Prozess. Aber selbst der kann und sollte Spaß machen, und auch wenn es viel Kraft und Mut braucht, zu sich selbst zu stehen und seinen eigenen Weg zu gehen, werden dir deine Seele und unfassbar viele Lichtwesen mit Liebe und Mitgefühl stets in jedem Moment zur Seite stehen.

Bewusstsein

Dinge, die du noch nicht gewusst hast, einfach ausprobieren, erleben und deine Schlussfolgerung daraus studieren. Welches Resultat war das? - Vorher hast du es noch nicht gewusst. Jetzt ist dir dieser Kreislauf bestimmt bewusst. Bewusstsein ist, mit neuem Wissen den vermeintlichen Schein in dein wahres Sein zu transformieren. Bewusstsein ist „gewusst wie" - aber bestrafen tut dich das Leben dafür nie.
Mit deinem Herzen Hand in Hand,
vom Schein zum Sein,
…ganz liebevoll zu dir heim.

Jeder Kreis ist genauso wichtig. Kein Kreis ist besser oder schlechter. Jeder Kreislauf hält so viele Erfahrungen für uns bereit, mit denen wir unser Bewusstsein erhöhen können und mit welchen wir unsere Zukunft bewusster gestalten können. Egal was uns passiert, wir können immer gezielt wählen - „gewusst wie" - und jede Situation in Zukunft für uns so transformieren, dass wir bunt leuchten. So können wir selbst wachsen. So können wir unsere eigene Macht und unsere eigene Göttlichkeit erkennen. So kreieren wir uns ein unfassbar farbenfrohes Leben voller Liebe und fröhlicher Dankbarkeit.

Um dieses Kapitel abzuschließen, möchte ich noch erwähnen, dass ich Kirchen gerne mag - katholisch oder evangelisch - und ich dankbar bin für Pfarrer und Pfarrerinnen, die Gottes Liebe verstanden haben und sie grenzenlos und frei von Zwängen den Menschen vermitteln. Genauso bin ich dankbar für liebevolle Orte wie einen Ashram und Guru's, die ihr hohes Bewusstsein in Liebe weitergeben möchten und die Kraft des bedingungslosen Mitgefühls in jedem aktivieren.

Es gibt schöne, liebevolle Beispiele und wir werden in Zukunft immer das wählen können, was uns entspricht, wenn wir erst wissen, was uns denn entspricht und wie lichtvoll wir selbst sind. So können wir uns von jedem anderen Menschen, von jedem Lehrer, von jedem Meister, von jedem Kurs, von jeder Schule, jeder sonstigen Bildung das herausnehmen, was unserem höheren Selbst entspricht. Weil niemand für uns selbst mächtiger und weiser sein kann als wir selbst.

Niemand weiß besser, was zu dir passt, was gut für dich ist. Niemand außer deine Seele und du.

✳

Kapitel 1 Erinnerungsgedicht

✳

Bewusstsein für das bunte Farbenspiel in dir.
Erinnere dich an jenes Erdenkind,
das einst vom Himmel flog geschwind.
Erinnere dich an diesen kleinen Erdbewohner,
er ist der Seele und vieler Lichtwesen Schutzbefohlener.
Erinnere dich, dass die lichtvolle Seele in ihm wohnt,
sie kunterbunt und voller Glanz inmitten seines Herzens thront.
Leg dir die Hand auf dein Herz und spür mal tief in dich hinein,
spürst du vielleicht die Wärme, deine Seele, dein Daheim?
Vielleicht hast du vergessen, dass sie immer an deiner Seite ist,
sie dir stets Verständnis schenkt, wie sehr sie dich auch vermisst.
Vielleicht hast du vergessen, dass sie immer an deiner Seite ist,
bei allem, was du tust und egal, wer du bist.
In jedem Moment versucht sie mitfühlende Liebe zu schenken
und dir zu helfen, auch deine Taten mit Liebe zu überdenken.
In jedem Moment versucht sie für dich da zu sein,
dass du dich befreien kannst von jeglichem Schein.
Deine Seele geht mit dir - auf jedem Weg,
sie ist der Boden der Liebe - bei rauer See ist sie der ruhige Steg.
Wenn du einst verstanden hast, dass Liebe befreit von jeder Last,
wenn du erkennst, dass du jede Handlung dein Eigen nennst,
ab dann ist es so, dass du selbst wie deine Seele glänzt.

✳

Kapitel 2
Erkenne deine Essenz und nähre sie.

Stell dir mal das glitzernde Meer vor dir vor.
Du sitzt auf einer Klippe, beobachtest deine Umgebung und du hörst nichts als das Rauschen der Wellen, spürst den sanften Luftstoß, wenn die Möwen ihre Kreise ziehen und lauschst ihrer „möwischen krähenden Unterhaltung", wenn sie den Schnabel aufmachen.
Stell dir vor, du sitzt hier und der unendliche Ozean liegt vor dir. Kräftig und mit starken Wellen, in all seiner Gewalt und doch so sanft mit dem fließenden Wasser, das anschmiegsam die felsige Bucht berührt und sich an den Strand vortastet, um sich dann entspannt wieder zurückzuziehen und Teil des großen Ganzen zu werden.
Das glitzernde Funkelspiel, das dort entsteht, wo die Sonne die Wellen erhellt, fühlt sich für mich gerade so an wie der Pfad der unendlichen lichtvollen Weisheit. Die Wellen und das Wasser tanzen im Takt zu den Sonnenstrahlen. Die Strahlen sind so stark, dass das Wasser sogar die Wärme in sich aufnimmt und es voller Erfüllung das weiß glitzernde Licht reflektiert und damit die ganze Welt an dem Funkelspiel teilhaben lässt.

Ein perfekt abgestimmtes Team.

Stell dir Mal vor, wir Menschen sind das Wasser, gemeinsam bilden wir einen Ozean aus bunten Charakteren, einen Ozean aus bunten Möglichkeiten.
Wir sind die Tropfen des Wassers, bilden im Laufe unseres Lebens unsere eigenen Wellen, wir berühren einander, wir verbinden und lösen uns, wir tasten uns in fremde, vielleicht unbekannte Buchten vor und wir hinterlassen unsere nährende Essenz. Oder wir ziehen uns zurück, weil wir erkennen, dass die Bucht für manche ein Hafen ist, aber nicht unseren Talenten und

Fähigkeiten entspricht - weil ein anderer, ein eigener perfekter Hafen für uns bestimmt ist und auf uns wartet.

Stell dir mal vor, wir Menschen alle zusammen sind wie der gesamte Ozean. Manchmal sind wir sanfter, empfindlicher, verletzlicher, vielleicht fühlen wir uns sogar getrennt und verloren in diesem großen Meer an ähnlichen und doch so unterschiedlichen Wesenheiten.
Zu manchen Zeiten, wenn das „Licht besser auf uns fällt" bzw. wenn wir uns einfach verbundener und ganzheitlicher fühlen, dann können wir sogar andere Nachbartropfen beeinflussen oder zu anderen ähnlichen Tropfen finden und Wellen bilden. Vielleicht fühlen wir uns auch einfach selbst so kraftvoll, dass wir unsere eigene Welle sein wollen und im Meer dahingleiten.

Manchmal sind wir der Tropfen, manchmal die Welle.

Manchmal fühlen wir uns verbunden mit dem ganzen Meer. Alles hat seine gleiche Berechtigung und alle Formen sind essentiell für unser Dasein. Nur an die Essenz jedes einzelnen Tropfen sollten wir uns stets erinnern.

Wenn wir ein ungutes Gefühl haben, der einzelne Tropfen zu sein und wir uns einsam im Meer verlieren, weil uns einfach niemand so wirklich verstehen will, …uns gefühlsmäßig alles erdrückt und wir uns in irgendwelche Lücken quetschen müssen, um überhaupt einen Platz in diesem großen Gefüge zu finden, dann wird es meistens schwierig.
Dieses Meer ist so unfassbar groß und unendlich, dass du einfach überfordert bist, deinen eigenen authentischen, für dich vorgesehenen Platz zu erkennen. Vielleicht hängst du dich an irgendeine verbundene Welle an, die immer wieder in die gleiche Bucht fließt, um ihre wahre Essenz dort zu hinterlassen. Vielleicht gibst du dich schon fast auf, wirst schon immer schwächer, kannst deine eigene Tropfenwahrheit kaum noch

erahnen, weil du ständig deine Essenz in diesen fremden Strand schenkst - um dabei zu sein, deinem Tropfendasein einen vermeintlichen Sinn zu geben, um nicht am Grund des Ozeans zu versinken oder nur stets an der Oberfläche dahinzutreiben.

Vielleicht ruft die Essenz in dir schon ganz laut, dass du deinen Platz einfach nicht suchen, sondern ihn selbst kreieren sollst. Vielleicht hörst du den Ruf, spürst den Drang, doch diverse Gründe dämpfen den Schall und betäuben das Gefühl.

Du spürst den Drang und dann klopfen Zweifel an.

Nehmen wir einmal an, dass die Sonne göttliches Urlicht ist und auf dem Weg vom Himmel zum Element Wasser (und zurück) reine Urliebe fließt, die dauernd versucht die Tropfen zu wärmen, dann erkennen wir, dass kein Tropfen ausgeschlossen wird. Es werden alle Tropfen gewärmt. Alle.

Von diversen Seiten wandern die Strahlen des liebevollen Urlichts daher, um wirklich alle Tropfen erwischen zu können und ihre Essenz erstrahlen zu lassen, sie ins Licht zu stellen.

Beständiges und bedingungslos wärmendes Licht.

Sogar leichte Wolken, die wir uns selbst herbeigezogen haben, kann es durchdringen, weil es uns so unfassbar gerne erreichen möchte, um mit uns gemeinsam unsere tiefsten Ängste zu überwinden - ohne etwas dafür zu erwarten. Wenn die Sonne göttliches Urlicht ist, dann sind die tanzenden Wassertropfen im glitzernden Wasserpfad die wenigen Tropfen des Ozeans, die sich ihrer selbst bewusst sind und die unendliche himmlische Verbindung erfahren. Das sind die Tropfen, die erwartungslose Liebe in sich zulassen können, um sie bedingungslos zurückzureflektieren und die das daraus entstehende Liebeslicht allen interessierten Bewunderern gerne zeigen.

Es macht mich traurig wenn ich daran denke, dass alle anderen Tropfen des Meeres, alle anderen Menschen der Erde, nur so wenig sonniges Urlicht annehmen können, weil sie es sich selbst nicht erlauben und irgendwann sogar denken, sie hätten das besondere Funkelspiel nicht verdient „weil es nur bestimmten Diamanten gewährt werden würde" und sie sowieso nie in diesen Genuss kommen werden.

Diese viel zu vielen anderen Tropfen sind irgendwie so eingeschüchtert und bleiben lieber im Halbschatten und schwimmen dem weißgoldenen, strahlenden Wärmestrahl davon oder ein Stück hinterher, um sich keinesfalls zeigen und anerkennen zu müssen und als Folge davon aber auch keinesfalls in den Genuss des wahren Seins kommen.

Kein Funkelspiel für so viele besondere Wassertropfen, kein buntes Leuchten für so viele besondere Menschen. Keine tiefe Wärme für den Herzkern des Tropfens, kein nährendes Liebeslicht für sein wahres Wachstum. Kein wahrhaftig erfülltes Leben für so viele menschliche Herzen. Diese Tatsache macht mich traurig. Alle diese Scheinwelten und wirren Begrenzungen und irren Glaubenssätze - das ist Trennung pur und nicht so, wie es für uns vorgesehen wäre.

Doch wir können das Ganze von einer anderen Perspektive betrachten, wenn wir das möchten. Der einzelne Tropfen, der vergeblich versucht seinen Platz zu finden, weiß nämlich gar nicht wie viel Potential in dieser Einsamkeit steckt. Wenn man allein und getrennt von allem ist, dann birgt dies nämlich die Möglichkeit, in sich selbst hinein zu hören. Zeit, um einsam auf den einen wahren Samen in sich zu blicken und im Alleinsein die laute Stimme des All-Einsseins zu erkennen.

Einsam und allein?

...das Potential von allem ist jetzt dein Daheim.

Alles kannst du jetzt sein.
Du kannst herausfinden, was du vermisst, wenn auch insgeheim.
Du kannst erkennen, was du vergisst, vielleicht ganz viel Schein.

*Du kannst dein ganzes Leben nochmals rückwärtsdenken
und voller Kraft deine Zukunft in die richtige Richtung lenken.
Versuche deinem inneren Ruf Aufmerksamkeit zu schenken
und deine fröhlichen Herzmomente zu bedenken.*

❋

Was ist das, was dich schon immer ruft? Was wolltest du schon immer probieren? Was nervt dich schon seit so langer Zeit? Was wolltest du schon immer ändern, um das Neue - für dich Wahre, zu fokussieren? Was wolltest du schon seit geraumer Zeit ansprechen oder bereden? Was ist das, was du wirklich hinter dir lassen möchtest, weil es sich einfach nicht mehr gut anfühlt, und was ist das, was du von damals und aus alten Zeiten noch heute mit dir herumschleppst?
Dieser Tropfen, der sich nur auf sich selbst zu konzentrieren braucht, hat alle Zeit der Welt, diese Fragen für sich zu beantworten, indem er in sich selbst eintaucht.

Andere Tropfen werden es verstehen und dir früher oder später mit mitfühlendem Verständnis begegnen und vielleicht sogar viel von deinem Weg abschauen, um Teile davon vielleicht für sich selbst zu gehen. Andere Wellen treiben auch ohne dich und manche kannst du dennoch unterstützen, wenn sie sich für dich gut anfühlen, dann werden sie deine Erkennungsphase stützen.

*Alles können wir erkennen,
wenn wir fühlen und nicht nur benennen.*

Nimm dir den Raum und die Zeit, die du brauchst, um Antworten für dein wahres Selbst zu finden. Es gibt Dinge, die dir besonders gut liegen, die du vielleicht sogar vermisst, weil du mehr oder weniger bewusst doch so gerne in sie eintauchst, und es gibt manche Sachen, die du lieber für neue eintauschst oder manch andere erledigen lässt, weil manch andere genau das besser können. Zum Glück, denn nur so haben diese anderen Menschen auch die Möglichkeit, aus ganzer Seele ihre Talente und Fähigkeiten zu leben.

Jeder hat seine Bestimmung, jeder hat seine Gaben und sein Können, jeder hat seinen besonderen Fluss, seinen eigenen erfüllenden Sonnenscheinweg.

Sonnenscheinweg

...der Weg, der dich erfüllt, wenn auch niemand ihn mit dir geht.

Das ist dein Sonnenscheinweg,
das ist dein kraftvolles Wasser und dein ruhiger Steg.
Wenn du machst, was dich erfüllt,
gibt es viel anderes, was sich als unbedeutend enthüllt.
Wenn du tust, was du liebst,
gibt es so Vieles, das du dann automatisch von Herzen gibst.
Wenn du auf deinem Sonnenscheinweg bist,
ist es, als ob du aus Liebe deine tiefen Sorgen vergisst.
Wenn du für dich einstehst,
du deinen ganz eigenen Weg gehst,
dann ist es so, als ob du hinter deinem ganzen Leben stehst.

✺

Beginne dich anzuerkennen und in dich hinein zu hören, deinen bisherigen Lebensfluss anzusehen und zu analysieren.
Vorerst für einen simplen und groben Überblick, denn um genauer hinzusehen, hast du noch genug Zeit, während du dabei bist, deinen Herzensweg zurück zu dir selbst zu gehen.

Vielleicht ist es irgendwann auch einfacher, die großen Kleinigkeiten mit liebevolleren Augen zu sehen.

Um dir ein Richtungsbild zu schenken, damit du nicht zu viel versuchst zu lenken oder sorgenvoll nachzudenken:
Was hat dir im Großen und Ganzen immer geholfen deinen Fluss zu erleichtern? Welche Geschenke des Himmels kannst du in deinem bisherigen Leben erkennen? Was hat dir immer schon Freude bereitet, was kann die Fröhlichkeit in deinem Herzen immer höher schlagen lassen? Was haben andere schon immer an dir geschätzt und was ist das, was dich ausmacht? Was ist das, was man aus der Sicht mit unendlich liebevollen Augen mit dir verbindet? Was denkst du, was die Liebe zu dir sagen würde?
Wie sieht der Liebesbrief aus, den du dir selbst widmest?
…Frei von Angst und frei von irgendwelchen Bewertungen, die du dir selbst oder andere dir jemals gegeben haben.

Bewertung

Bewerten tut unserer Seele gut,
wenn wir verstehen, dass es keine Angst braucht, sondern Mut.
Bewerten tut unserer Seele gut,
dann ziehen wir mit liebevollen Augen vor allem den Hut.
Bewertung ist für uns aber oft der größte Stolperstein,
denn mit viel Stigmatisierung leben wir oft irgendeinen Schein.
Ein Schein, der nicht unserem höheren Selbst entspricht,
und der uns über kurz oder lang verdunkelt die Sicht.
Negativ werten haben unsere Vorfahren und auch deren getan,
kein Wunder, dass es an der Zeit ist für einen liebevollen Plan.
Bei uns allein liegt das Recht, sich selbst bewerten zu lassen,
bei uns allein liegt die Entscheidung zu lieben oder zu hassen.

*Bewerten haben unsere Vorfahren und auch deren schon getan,
lasst uns das überdenken und die liebevollen Augen bejah'n.*

※

Würde ich dich kennen und würdest du mir diese Fragen stellen, dann würde ich aus ganzem Herzen dein Herz und deinen Verstand bekräftigen, was du alles bist, was du alles schon geschafft hast und wer du dadurch alles sein kannst.
Ich würde dir liebevolle Worte sagen, mitfühlend deinen großen Wert ermessen und ich würde mich unendlich freuen, wenn deine Augen zu leuchten beginnen, wenn dein höheres Selbst sich angesprochen fühlt, wenn du plötzlich erkennst, dass das ja wirklich stimmt. Dass das ja wirklich so ist. Dass du mir und meinen Worten vertraust, weil sie einfach wahr sind und du genau diese Tatsache erkennst. Aus ganzem Herzen und mit voller Freude würde ich dir das alles sagen und mich mit dir mitfreuen. Doch würdest du mich vermutlich immer wieder fragen, wenn du es selbst nicht in dir finden kannst. Es nützt nichts, wenn ich dir das immer wieder sage, es wäre auch nicht gesund - nicht für mich und nicht für dich.

Von mir für dich, von dir zu dir.

Nur du allein kannst den Schatz in dir erkennen, den so viele andere lichtvolle Menschen sofort in dir benennen. Zum Glück kannst und musst du die größte Unterstützung für dich selbst sein, denn nur so bist du in deiner wahren, für dich vorgesehenen Macht und Kraft daheim.

Ich würde dir die Antwort auf deine Frage geben und dich dabei unterstützen, das Gefühl der Erfüllung in dir selbst auslösen zu können, damit du dich selbst nachhaltig unterstützen kannst. Ich würde mich mit dir freuen, wenn du deine liebevollen

Selbsterkenntnisse mit mir teilst, ich würde dir aufrichtige Ratschläge geben, wenn du mich verunsichert danach fragst, und dir einen liebevollen Spiegel vorhalten, damit du dich darin selbst erkennst. Ich würde dir sagen, dass du dir vorstellen kannst, dass Gott vor dir steht. Dass seine angenehme Wärme, seine bedingungslose Liebe und sein überwältigendes Licht dich durchdringen und allein seine strahlende Anwesenheit dir versichert, dass alle Ängste von Menschen gemacht wurden und völlig unsinnig sind, weil er nur das Beste und erfüllende Liebe in allen Lebensbereichen für dich vorgesehen hat - ...weil es in Wahrheit nur Liebe gibt und unsere absolut einzige Aufgabe ist, alle Ängste zu hinterfragen, damit wir immer wieder unser wahres Selbst erkennen können. Es war einst unser Wunsch.

Wenn Gott vor uns stehen würde, dann wüssten wir das - ohne Zweifel, und wenn er weg wäre, dann würde der Zweifel wieder kommen, weil es unsere eigene Aufgabe ist, das geschenkte Licht unserer Seele hoch leben zu lassen - es in uns zu sehen.
Wenn ich dir jetzt sage, dass du in jedem Moment wählen kannst, dich mit Gottes Augen zu betrachten, dann kannst du im nächsten Moment auch andere mit (deinen) göttlichen Augen betrachten und dann können wieder andere andere auch mit (ihren) göttlichen Augen sehen - was für ein kunterbunter herzerfüllender Kreislauf des Lichts.

Mit liebevollen Augen

Mit liebevollen Augen können wir die Welt bunter sehen,
mit liebevollen Augen kann keiner uns im Wege stehen.

Mit liebevollen Augen kannst du selbst dein Freund sein,
mit liebevollen Augen bist du niemals zu wenig oder allein.

Mit den Augen der Liebe kannst du deinen Weg betrachten,
kannst dich selbst in wahrer Schönheit achten
und alle anderen Unwahrheiten in ein Zimmer verfrachten.

Irgendwann schaffst du es, in das besondere Zimmer zu gehen und mit liebevollen Augen darin noch mehr Potential zu sehen, weil liebevolle Augen immer jeden und alles verstehen.

✺

Heute würde ich das alles tun, weil ich mich selbst erkannt habe und eine Stabile für andere sein kann, selbst wenn das bedeutet, dass man manche Menschen ihrer Eigenverantwortung übergibt.
Ich habe meistens das große Glück gehabt, dass ich in schweren Situationen, die ich aus diversen Gründen nicht allein bewältigen konnte, weise Menschen an meiner Seite hatte, die mich so unterstützt haben, wie ich heute andere unterstützen würde.

Mit sich selbst verbunden. Selbsterfüllt.

Sie haben in mir den Schatz gesehen, den ich selbst nicht sehen konnte. Sie haben mich liebevoll auf mich selbst und meine eigenen Handlungen hingewiesen, damit ich beginnen konnte, diese zu hinterfragen, zu reflektieren und zu erkennen.
Ich konnte lernen, welche Kreisläufe sich aus welchen Gründen ergeben haben und warum alle meine Handlungen immer auf vergangenen Erfahrungen beruhen, die ich in gewisser Art und Weise bewertet habe - mit liebevollen Augen und in Vertrauen oder mit ängstlichen Augen für die vermeintliche Sicherheit.

All diese Menschen haben versucht mich zu unterstützen, selbsterfüllt und frei von irgendwelchen Abhängigkeiten. Sie haben es versucht und sie haben es geschafft.
Ihr Ziel war es insgeheim, mich los zu werden - im guten Sinne.
Ihr Ziel war es, mich zu unterstützen und mich selbstständig zu machen, damit ich wie ein Vogel meine Flügel ausbreiten und für mein Leben und für meinen wahren Weg losfliegen kann.

Sie konnten das Göttliche in mir unterstützen, weil sie das Göttliche in sich selbst erkannt haben. Sie konnten mich mit mitfühlenden Augen sehen, weil sie sich vorher selbst so angesehen haben.

Im Yoga sagt man „Namastè", was übersetzt „Das Göttliche in mir grüßt das Göttliche in dir." bedeutet. Eine meiner ehemaligen Yogalehrerinnen, die liebe Betti, hat mir erzählt, dass das Ziel von Yogalehrern immer sein sollte, die Schüler „besser" und weiser zu machen als sie als Lehrer es bereits sind, denn nur so können sie von den Schülern wieder dazulernen und für sich selbst wiederum mehr Weisheit erlangen. Zum Glück hatte Betti so einen weisen Yogalehrer und zum Glück unterrichtet sie, um ihre Schüler so zu unterstützen, dass sie sich selbst besser helfen können - auch ohne sie.

Unterstützung

Die Stütze, die dir hilft, dein Segel zu bauen,
dank dem Segel kannst du wieder deinem Weg vertrauen.
Unterstützung, damit du dich selbst stützen kannst,
damit du dein eigenes, für dich wahres Leben weiter tanzt.
Unterstützung - damit findest du selbst wieder zu dir,
dafür sind wahre Helfer hier.

✷

Ich möchte wertfrei bleiben, denn ich selbst bin auch jetzt erst fähig, Menschen wirklich auf gesunde Art und Weise so zu unterstützen, dass sie sich selbst erkennen können. - Ohne das Gefühl, ein Stück von mir abzugeben und ohne das Gefühl, Bestätigung dafür zu bekommen.
Es erfordert immerwährende Reflexion (mit liebevollen Augen) und ich selbst stelle der Schöpfung so viele Fragen, dass sie

manchmal echt schon genervt von mir sein müsste, doch statt dessen fühlt sie mit denen mit, die zu selten fragen.
Denn unserem Herzen dient nur dieser eine Leitsatz:

Wer aus Liebe fragt, wird den Weg mit Liebe führen.

Nachdem ich gestern die vorherigen Seiten geschrieben habe und ich danach einfach entspannt den Tag mit Betti hier an der Algarve genießen wollte, kam ein altbekanntes Thema in mir hoch und krank bin ich auch schon wieder.

Wie paradox. Nach meinen gestrigen liebevollen Seiten hab ich mich doch so gefreut - da hat es mich gleich doppelt geärgert. Heute kann ich es wie eine an mich gerichtete „Lichtprüfung" sehen - „wähle ich liebevolle Augen, um hinzusehen und zu heilen, oder verleugne ich selbst geschaffene Wunden erneut".

Gestern hätte ich diesen Test, mehr schlecht als recht, irgendwie bestanden. Und hat man mich nach Rat gefragt, dann habe ich zwar irgendwie geschafft, eine theoretisch liebevolle Antwort zu geben, gefühlt habe ich diese Antwort jedoch nicht. Es war, als würde ich noch mehr von meiner Energie verlieren - noch ein Stück von mir abgeben.
Kein Wunder, denn wie ich es gestern geschrieben habe... wenn wir uns als einsamer Tropfen im Meer verlieren, dann braucht es manchmal mehr oder weniger Zeit und dann braucht es oft Abstand, um sich selbst wieder so sehen zu können, wie man andere gerne mit liebevollen Augen sehen würde.

Das zu erkennen ist so einfach und doch so schwer.

Ich habe mir zu Weihnachten das Buch von Neil Donald Walsh „Gespräche mit Gott, Band 1-3" geschenkt und habe zwar erst 30 Seiten gelesen, weil ich unverfälscht meine Herzensworte schreiben möchte, doch gestern war es super darin zu lesen. Weißt du warum? Mein Selbstwert hat erkannt, dass ich gar keinen Blödsinn schreibe, wie die gemeine Stimme in meinem Kopf es mir eingeredet hatte, denn einiges steht sinnbildlich genau in den Zeilen, die ich gestern gelesen habe.

Diese Ermutigung war aus heutiger Sicht ein großes Geschenk, weil ich gestern wenig Liebe für mich übrig hatte und mich eher gefragt habe, wie ich so etwas nur schreiben kann, wenn ich es selbst nicht schaffe, ganz nach dem Motto: „Moralapostel on tour."

Alle Weisheit

...nützt ohne die Liebe nicht,
weil dann nicht dein Herz, sondern dein Kopf aus dir spricht.
Weil man die Moral von der Geschicht' erfahren muss,
dann fühlen wir unser wahres Empfinden, ohne Trugschluss.
Alle Weisheit nützt ohne die Liebe nicht,
nicht dann, wenn man von Herz zu Herzen spricht.
Jeder Weisheit darf Liebe innewohnen,
so wird sie weise jedem lohnen.

✺

Alle Weisheit nützt ohne die Liebe nicht - danke Sophia Lasson (meine Logozauberin) für diesen wertvollen zitierten Herzöffner.

Heute Morgen, nach einer schlaflosen Nacht, vielen sinnlosen weisen Ratschlägen an mich selbst und wenig Gefühlen, habe ich endlich die Frage an die Liebe, an Gott, an die Schöpfung gestellt und mir aufgeschrieben, wie mitfühlende Augen mich und mein altbekanntes Thema sehen. Mein Problem ist nämlich oft, dass mein Herz sich dann so verschließt und ich in eine Art

Schutz verfalle (Eiskranz um das Herz und weiter geht's), dass es mir weder schlecht noch gut geht - es geht mir dann „neutral", so wie ich es in meinem persönlichen Vorwort bereits erwähnt habe.

Das ist in meinen Augen aber nicht der Sinn, dass es einem neutral geht, denn wir haben alle verdient, vor Freude dankbar im Kreis zu tanzen und danach in Stille die Glückseligkeit anmutig zu fühlen, aber es war für mich mindestens so wichtig zu erkennen, dass es genauso wenig Sinn macht, dass es einem auf ignorantem Wege schnellstmöglich wieder gut geht. Wenn man sich des schmerzenden Gefühls des altbekannten Themas nicht annimmt und wenn man dieses Thema ständig ignoriert, wenn man die ganze Zeit mit dem Kopf versucht das Herz zu blockieren oder seinen Fokus auf leichtere, stabilere, herzerwärmendere Themen zu lenken, verdrängt man all das Beschwerliche nur und dann hat man irgendwann wirklich Verwirrung pur.

Die sogenannten „Flash Backs" kommen nämlich immer wieder, - oft wenn wir sie am wenigsten erwarten - so wie Prüfungen, in denen wir uns für liebevolle oder ängstliche Sichtweisen entscheiden können. Ich glaube, dass die Rückschläge so lange kommen, bis wir stabil in der Lage sind, liebevolle Augen zu wählen - bis wir quasi immer wieder unseren eigenen Wert erkennen und unser damaliges „Ich" mitfühlend betrachten können und dem damaligen „Ich" zeigen, was für ein tolles „Ich" in der heutigen Zeit und in Zukunft auf unser vergangenes Selbst wartet.

So als wären wir unsere eigenen Mütter und Väter, die danach streben, alle Geschehnisse irgendwann mit Liebe, Verständnis und Mitgefühl zu bewerten. Dann können wir auf gesunde Art und Weise die anderen Personen mit Liebe betrachten, Verständnis aufbringen, Vergebung für uns selbst und alle

Involvierten finden und letztendlich die altbekannten Themen in bedingungslose Liebe transformieren.

Wenn wir das schaffen, dann werden die Rückschläge maximal minimal ausfallen - so wie bei mir gestern - und dann genügt es vielleicht, wenn uns die Liebe geduldig nochmals daran erinnert, worum es damals ging und worum es heute geht - an welchem Platz das Göttliche in einem steht.

Mit liebevollen Augen sehen, um wahrhaftig zu verstehen.

Alles, was wir im Außen erleben, ist eben ein liebevoller Spiegel für uns selbst, damit wir unser Handeln in ihm erkennen können, damit wir die Kreise sehen, die wir aussenden und die wie ein Bumerang zu uns zurückkehren. Kreise der Liebe genauso wie die Kreise der Angst oder des Schutzes.

Erst wenn wir uns selbst in diesem Spiegel wahrnehmen und uns ehrlich sehen, können wir für uns selbstständig sein.

In Liebe für uns selbst beständig sein.

Weil wir uns kennen und genauso anerkennen, weil wir wissen, wer oder was uns gut tut - weil wir wissen, wie wir unser höchstes Seelenwohl unterstützen können, wenn wir es gerade nicht mehr können. Weil wir uns bewusst darüber sind, welche Möglichkeiten uns offen stehen, um glücklich und leicht den Fluss des Lebens wiederzufinden, um dann entspannt und gelassen Moment für Moment in ihm zu treiben.

Es ist so unfassbar wichtig, dass uns manche Menschen helfen, dass da, immer wenn wir es dringend brauchen, Personen sind, die unsere Göttlichkeit erkennen, wenn sie uns selbst verborgen bleibt.

Aber es ist essentiell, dass wir das Bewusstsein dafür haben, dass am Ende das Allerwichtigste ist, dass wir das Göttliche in uns selbst überhaupt entdecken, damit wir uns immer wieder an unser höheres Selbst erinnern und wir unser buntes Farbenspiel zum Strahlen bringen können - ohne Abhängigkeiten von anderen Menschen oder irgendwelchen astrologischen Prophezeiungen oder Geburtszahl-Deutungen, denen wir „folgen" oder an die wir uns „halten".

Ich liebe es, wenn ich diese geistig universellen astrologischen Zusammenhänge erkenne und entdecke und gleichzeitig habe ich die Erfahrung gemacht, dass manche Menschen für mich Worte gewählt haben (und ich gewählt habe, diesen Worten Macht zu verleihen), die mich am Ende eigentlich eher blockiert haben, weil ich mich von den Worten und den Menschen abhängig gemacht habe.
Ich war immer schon empfänglich für spirituelle Dinge und meine Mama hat immer schon gesagt „Anna, pass auf, dass du nicht abhebst", ganz genau das hat sie gesagt, haha. Und heute kann ich sagen, dass sie Recht hatte, und dass ich dankbar bin, dass diese Worte mich immer wieder erden, weil sie mich stets zum Reflektieren anregen.

Einst hat sie diese Worte gesagt und ewig werden diese Worte währen.

Alle Menschen die mir solche Prophezeiungen gegeben haben, waren mein Spiegel, der mir sagen sollte „Anna, vertraue dir.", „Anna, werde selbstständig.", „Anna, du hast alles Wissen und alle Macht in dir, warum suchst du sie stets im Außen.".
Wenn ich heute irgendwo zufällig einen liebevoll gemeinten prophezeienden Spruch lese oder ich über ein wunderschönes Bild mit bekräftigenden Worten stolpere, dann erinnert es mich an mich selbst und daran, wie leicht und wie schön es sein darf.

Ich habe in den Spiegel gesehen und mich darin erkannt. Früher habe ich mich selbst mit diesen fremden Worten benannt.

Wir können uns erinnern lassen, weil wir alles selbst wissen. Wir können die Kraft des Mondes und der Sterne etc. für uns nutzen, weil wir die Kraft in uns selbst erkannt haben. Nicht anders herum.

Wir können im Außen finden, wenn wir im Innen erfüllt sind und es ist wunderschön, wenn man vom Außen erinnert wird - an das, was wir in uns tragen.

Wenn wir uns selbst tragen, dann wird es so leicht.

Wir hören die Worte, die andere „im Außen" zu uns sagen, weil wir sie selbst „im Innen" kennen. Wir fühlen die Liebe, die uns entgegengebracht wird, weil wir uns selbst fühlen.

Alles ist zu seiner Zeit richtig und jede Entwicklung hat ihren eigenen Weg und je mehr wir das Göttliche in uns entdecken, je mehr wir uns selbst unterstützen, desto leichter werden wir selbstständig und für uns selbst beständig. Und dann wird es richtig bunt - innen wie außen und von allen möglichen Seiten.

Selbst(be)ständig

Du bist unfassbar toll,
nimm dich doch einfach selbst für voll.
Erkenne, was deinem wahren Selbst entspricht,
träume dir dein Leben bunt und schreib dein eigenes Gedicht.
Selbstständig kannst du ständig dein wahres Selbst sein,
dann fühlst du dich beständig und erkennst jeglichen Schein.
Du bist die größte Unterstützung für dich,
wenn du das jemals erkennst, dann leb dein wahres Ich.

Du bist dein größter Helfer aller Zeiten,
ständig kannst du dir selbst deinen Glücksweg bereiten
und ständig werden dich lichtvolle Helfer begleiten.
Frage dich stets, was dich glücklich macht
und du kannst beständig das wählen, was dein Herz anlacht.

✺

Ich bin dankbar, dass ich Menschen heute anders unterstützen kann als in vergangener Zeit als Physiotherapeutin mit subtilem Helfersyndrom. Und ich hoffe, dass Menschen, die ich nicht bestmöglich unterstützen konnte, an heilende Helfer, Methoden und Möglichkeiten geraten, die ihnen wahrhaftig ihre Göttlichkeit näher bringen können.

Hoffentlich ist es spätestens Dank der letzten Seiten so, dass sich trotz allem was du erlebt hast und trotz allem was dich verletzt hat, dieser eine Funke Licht in dir erhellt und den helfenden Menschen im Außen anzieht, der gemeinsam mit dir dein glühendes Licht erstrahlen lassen kann.
Der Mensch, der dich deinem höheren Selbst näher bringt, damit deine Kreise Liebe ziehen und du als großer Diamant Bestandteil des Lichtpfades der unendlichen Weisheit am Wasser bist.

Du und deine bunte lichtvolle Seele - für deine eigene kleine und für unsere gemeinsame große Welt.

✺

Kapitel 2 Erinnerungsgeschichte

✳

Erkenne deine Essenz und nähre sie.

Wenn du den Pfad des Sonnenlichts am Wasser wahrnimmst und du ihn erkennst als deine liebevolle Grundlage, dann hast du bereits alles, was du brauchst.

Vielleicht hilft dir die Vorstellung der Wasserverbindungen, vielleicht kannst du deine derzeitige Form erkennen. Bist du gerade eher ein einsamer oder ein zufriedener, ein sich anerkennender Tropfen, ein schwerer oder ein leichter Tropfen, ein schwacher oder ein starker Tropfen?
Bist du deine eigene Welle, die liebevoll andere Tropfen und Wellen in ihre eigene aufnimmt oder bist du deine eigene Welle und versuchst gegen andere anzukämpfen, weil du dich irgendwie schützt und dir eine starke Wasserwand gebaut hast?
Fühlst du dich als Tropfen oder als Welle wie ein Teil des Ganzen und verbunden in diesem Ozean, denn das ist dein Geburtsrecht. Verbunden mit allem um dich herum - das darfst du sein, weil du mit deiner Essenz unfassbar wichtig bist in diesem Gesamtgefüge.

Fehlt nur dein Teil, ist die Welt nicht mehr ganz heil.

Du hast deinen ganz speziellen und besonderen Platz, den sonst absolut niemand einnehmen kann, weil es dein eigener Hafen ist - deine Bucht, in der du deine nährende Essenz hinterlassen kannst, um dich daheim fühlen zu können, um deine wahre Bedeutung und deinen unbezahlbaren Wert zu erkennen und vielleicht sogar andere Besucher deiner Bucht mit deiner Kraft zu unterstützen. Ohne dich, deine Unterstützung und dein Dasein kommen womöglich andere Tropfen und andere Menschen niemals heim.

In erster Linie trägst du die Verantwortung für dich, und wenn du dein wahres Ich, dein höheres Selbst, deine Seele, dein bedingungslos liebendes Herz erkannt hast, dann wirst du auch wahrnehmen, dass deine Talente, deine Fähigkeiten, deine Stärken und deine Schwächen, absolut alles, was du in dir trägst, was du erfahren und erkannt hast, was du liebst und tust, ein heilsamer Zugewinn für dein eigenes Sein, das Sein anderer und somit für das Sein der Welt ist.

Zuerst unterstützt du dich selbst, kreierst dir deine eigene Welt in dir, weitest sie aus und sie wächst und irgendwann beeinflussen und unterstützen ganz viele kleine Welten unsere große ganze Welt. Denn hätten wir einzig für uns selbst die Macht der Liebe, würden wir nicht auf einer Erde mit 1,irgendwas Milliarden Menschen leben. Wir sind eine große Familie mit Mutter Erde als unserem gemeinsamen Wohnort und mit dem Himmel als gemeinsamem Zuhause.

Es sind wir alle, die mit den gleichen Wurzeln, an verschiedenen Tagen auf die Erde purzeln.

Wenn die Sonne auf den Ozean scheint, dann kann ein glitzerndes Funkelspiel nur mit vielen tanzenden Wassertropfen entstehen. Jeder tanzt für sich und doch tanzen alle miteinander auf dem Pfad der unendlich liebevollen Weisheit.

Und weißt du, was das Schönste ist? Wenn man anfängt, andere Betrachtungsweisen, andere Blickwinkel einzunehmen, dann fällt einem plötzlich auf, dass alle Wassertropfen an dem tief wärmenden Sonnenpfad teilhaben können.

Ein Schritt nach links und schon sieht man andere Tropfen tanzen. Ein Schritt nach rechts, und wieder andere beginnen ihr wahres Ich zu erkennen - ihr höheres Selbst, ihr farbenfrohes Seelenlicht - und sie fangen an zu leuchten.

Egal wohin unsere Augen wandern, der Sonnenlichtpfad wandert immer mit uns mit, weil wir darin eintauchen sollen, weil wir es dürfen und weil wir es können.

Aus der Vogelperspektive glitzert und funkelt das ganze Meer. Aus der Sicht von himmlischen Augen ist alles in warmes Sonnenlicht getaucht und wir Menschen dürfen einfach damit anfangen, uns selbst anzusehen und uns ins Licht zu stellen, denn es ist ohnehin immer da. Wenn wir uns bereit fühlen, dann brauchen wir nur liebevoll die Perspektive zu ändern, um uns und den Pfad des Lichts zu erkennen und das zu leben, was wir in Wahrheit wirklich sind.

Dieses himmlische Erdenkind.

✺

Kapitel 3
Wie wir alle bedingungslos geliebt werden.

Ich habe zwar zweifelnd darüber nachgedacht, ob ich wirklich ein eigenes Kapitel über die bedingungslose Liebe von Lichtwesen schreiben soll, doch es hat sich gestern einfach nicht richtig angefühlt, wenn ich mit dem nächsten Kapitel ohne diese liebevolle Grundlage begonnen hätte. Das wäre nicht rein von Herzen gewesen, denn ich war zum ersten Mal während und auch nach dem Schreiben nicht glücklich. Deshalb wusste ich, dass irgendetwas noch stimmiger sein darf.

Gestern nach dem Yoga hatte ich noch Zeit in der Sonne für mich allein, dafür war ich sehr dankbar - für die Sonne und für ein Durchatmen - nur mit mir, denn wenn ich mit jemandem ein Zimmer teile und dann in tollen kreativen Cafés, im Park oder auf der Klippe und sonst wo sitze, um mit mir allein zu sein, dann tu ich mich oft schwer, im „All-Einssein" mit mir selbst zu bleiben, wenn da dann doch wieder andere Menschen sind.
Ich merke einfach immer mehr, dass ich wirklich Ruhe und Stille brauche, um bei mir selbst anzukommen und um dann für andere aufrichtig wieder „da" sein zu können oder um mit Leichtigkeit an einer Gesellschaft teil zu haben - ich merke, dass mir das gesunde Mittelmaß fehlt.

Und wie sinnvoll ist Zusammensein mit vermeintlicher Verbundenheit, wenn man doch eher irgendwie getrennt ist, damit man es überhaupt schafft, seine Energie bei sich zu halten und mit sich selbst verbunden zu bleiben? Da kann es anders zwischenmenschlich und energetisch viel wertvoller sein - für sich und für das Gegenüber. Als sich diese Erkenntnis für mich stabilisiert hatte, ich dem Gedanken in Form eines für das nächste Monat gemieteten Einzelzimmers Beachtung geschenkt hatte, war ich im nächsten Moment überraschenderweise wieder offen. Offen für mich selbst und offen für die ganze Liebe, die mich umgibt, weil ich mein Empfinden - mich selbst - anerkannt habe und weil ich mir selbst wieder die Nächste war und die Verantwortung für mich übernommen habe. Nur so kann es uns gut gehen und nur so können wir wissen, was unsere kleine Welt braucht.

Wenn man sich der Nächste ist,
man den Besuch bei sich selbst bestimmt nicht vergisst.

Aber jetzt möchte ich nicht wieder ins nächste Kapitel abschweifen und über die Welten der Menschen reden, sondern ich möchte dir von meinem Lieblings-Liebesthema erzählen.
Erinnere dich nur kurz an die Worte „ab dem Moment, ab dem ich akzeptiert und angenommen habe, dass ich meine kleine Welt jetzt endlich wieder erobern darf und mir „Raum" schaffen darf, dass ich sogar dafür verantwortlich bin - und nur dafür - ab dem Moment war ich plötzlich wieder offen für die ganze Liebe, die uns alle ständig und in jedem Moment umgibt."
Und jetzt nehme ich dich von ganzem Herzen gerne in mein gestriges Durchatmen mit.

Egal wer kommt oder geht,
wenn man die Liebe in sich spürt, die Tür offen steht.

Stell dir vor, dass du ganz entspannt und flach am Rücken liegst, deine Arme und Beine sind entspannt zur Seite gestreckt und wenn ein Vogel dich sehen würde, dann würde er sich fragen, warum dieser Mensch probiert, ein Stern zu werden. Also liegst du da wie ein menschlicher Stern - entspannt und verbunden mit der sonnengewärmten Erde.
Du schaust in den blauen Himmel hinein und du siehst nichts, nichts als Blau. Du siehst keine Wolken, nur den halbvollen Mond und ab und zu ein paar Vögel über dir vorbeifliegen. Wenn drei Vögel fliegen und einer von ihnen versucht, den

anderen hinterher zu kommen, dann fragst du dich, ob er sich wohl wie das fünfte Rad am Wagen fühlt. Vielleicht ist er aber auch das Kind und kann noch nicht so schnell fliegen wie seine Eltern. Dich selbst fragend, fehlt dir die Antwort, doch du gehst mal vom besten aus, weil du einmal gehört hast, dass man das im Zweifel immer tun sollte und du denkst, dass er einfach dieses Kind ist. Wenn dich der Gedanke nicht loslässt, deine Intuition dir sagt, dass er doch das fünfte Rad am Wagen ist, dann schickst du ihm einen sanften Hauch von Mitgefühl und Urwissen vorbei, den er einatmen kann wenn er das gerade braucht und möchte.

Du liegst da und es ist so unfassbar angenehm, so ruhig, so blau, die sanfte Sonne wärmt dich so tief und dir fällt auf, dass eigentlich alles um dich glitzert. Egal wo du hinsiehst, es ist, als wärst du von feinen glitzernden Funken umgeben. Du fragst dich kurz, ob das einfach nur Staub ist, der vom Schein der Sonne funkelt, oder ob es tatsächlich irgendwie ein göttliches Geschenk ist. Bei dem Gedanken, dass vielleicht irgendein Lichtwesen sich gerade mit dir freut, dass du den feinen Glitzerstaub überhaupt wahrnimmst, wirst du mit tiefer Liebe erfüllt und du spürst sehr viel Dankbarkeit, weil jemand dich so sehr liebt und sich so freut, wenn du dich erinnerst und davon berührt bist.

Du spürst ein warmes Kribbeln auf deiner Kopfhaut, so als würde jemand in deinen Haaren wuscheln, du musst irgendwie lächeln und deine Hände werden im nächsten Moment tief warm und es ist, als würde dir jemand zeigen wollen, dass er immer an deiner Seite ist, er immer gerne deine Hände nimmt und er dich bei allem unterstützt, was du machst, damit du die Verbindung zu deiner Seele spürst. Damit du die Verbindung zum Licht in dir immer bewahren kannst und du stets deinem Ruf aus dem Herzen folgst und deinen Seelenweg gehst. Er ist immer an deiner Seite, damit du deine kleine Welt - verbunden mit dir selbst - behütest.

Glitzerstaub

Frohes Funkeln für dein Herz,
dieser Glitzerstaub heilt deinen Schmerz.
Noch ein wenig Glitzerstaub für deine Gehirnzellen,
er beeinflusst deine Frequenz, deine Gehirnwellen.
Er zaubert dir deine Welt bunter,
macht dich plötzlich dankbar, zufrieden und munter.
Der Zerstäuber schenkt dir den Glauben an dich zurück,
dich in Freude zu sehen, das ist sein höchstes Glück.

✳

Stell dir vor, dass das Ganze real ist, dass du nicht träumst, dass du das mit deinen menschlichen klaren Sinnen erfasst und du dir einfach sicher bist, dass es da eine unterstützende geistige Welt gibt, die zwar für uns unsichtbar ist, doch ohne Bedingung mit voller Liebe ständig da ist, damit es uns leichter fällt, den Weg der Liebe zu wählen.

Du überlegst gar nicht, es zu hinterfragen, weil es nicht belegt und bewertet werden braucht, - du spürst, dass wir verlernt haben zu vertrauen. Du spürst, dass es da eine Zeit gab, zu der uns das mit Selbstverständlichkeit bewusst war, in der es nichts herauszufinden galt und gab. Du fühlst plötzlich ein tiefes Vertrauen in etwas, dass dich seit der Schöpfung begleitet, in ein Urwissen, das man nicht wissend machen muss und kann.

Eine tief vertraute Grundlage, die keine Beschreibung verlangt, die kein Buch zu füllen braucht und vermutlich mit keinem Buch und mit keinen Worten in seiner reinsten Wahrhaftigkeit beschrieben werden kann.

Worte versuchen stets Zustände zu beschreiben,
doch Gefühle im Herzen, die bleiben.

Stell dir vor, dass jeder Mensch (ohne Ausnahme und bis zum Ableben und in Ewigkeit darüber hinaus) einen großen Schutzengel hat, der nie weiter als zwei oder drei Schritte von dem Menschen entfernt ist, weil er sich so von dem inneren Licht, von dieser Liebe angezogen fühlt, weil er dazu berufen wurde, der Wächter für das innere Seelenlicht zu sein, von Gott beauftragt, deine Seele zu beschützen. Stell dir vor, jeder Mensch auf dieser Erde hat einen Schutzengel, der wie ein machtvoller Torhüter für unsere Seele ist. Ab dem Zeitpunkt, ab dem die Seele sich im Mutterleib mit dem Kind verbindet, ab dem Zeitpunkt ist der Schutzengel stets an der Seite des Kindes.

Selbst wenn wir uns selbst verlassen.

„Stell dir vor, du bist das Erdenkind, das einst vom Himmel flog geschwind, erinnere dich, du bist dieser Erdbewohner und du bist vieler Lichtwesen Schutzbefohlener."

Jetzt stell dir mal vor, dass du dieser Schützling bist, dass du in den Augen deines Schutzengels wie ein kostbares, unschuldiges Kind bist - egal wie erwachsen wir auch zu sein glauben, dass er es stets an die Hand nimmt, egal ob es rennt, ob es stehen bleibt, ob es stolpert, sich zusammenrollt, hoch in die Luft hüpft oder sich tief vergraben will.
Stell dir doch nur mal vor, wie süß das ist.
Dein Schutzengel kann diverse Gestalten haben, verschiedene Farben annehmen, so wie du es gerade brauchst und wie es für dich und dein Herz gerade dienlich ist. Du kannst mit ihm vereinbaren, dass er dir ein Zeichen geben soll, wenn du dir auf deinem Weg unsicher bist, damit du dich leichter für den Weg der Liebe entscheiden kannst.
Dein Schutzengel ist wie der Wegweiser der Liebe, des Vertrauens, des Mitgefühls, der Vergebung, der Erlösung,… . Ein vereinbartes Zeichen kann zum Beispiel sein, dass du Wärme spürst, du ein Kribbeln wahrnimmst, du dein Bauchgefühl

intensiver spürst oder das Licht zu flackern beginnt (egal wo eine meiner fünf Schwestern geht, ihr Schutzengel flackert mit ihr ihren Herzensweg - unglaublich, aber wirklich „licht"voll und wahr).

Im Grunde genommen ist jedes dieser Zeichen eine Verstärkung der Intuition, die wir haben, und Intuition wiederum unser Seelengefühl, unser Urgefühl, wenn wir von unserem Urwissen abweichen oder wir dementsprechend handeln. Und da auf spiritueller Ebene die Lichtwesen das Urwissen in sich tragen und sie für das Strahlen unseres Seelenlichts zuständig sind, können sie unsere Urgefühle beeinflussen, sodass wir sie mit unserem Verstand besser erfassen können und wir „frei-willig" unsere Schritte in Richtung Herzensweg lenken.

*Er schenkt uns unsere Weisheit zurück,
so lenkt er unser Glück.*

Du kannst immer, wenn du möchtest, mit deinem Schutzengel reden, er ist immer für dich da, er kann deine Gedanken hören und er würde niemals dich oder deine Gefühle und Handlungen bewerten.

Wenn du dir denkst, dass du irgendjemandem am liebsten den Arm abhacken würdest, dann hat er sehr viel Mitgefühl, denn er weiß, dass es da diesen gewaltigen und schwerwiegenden Grund für dich gibt, der dich in diese Verzweiflung gebracht hat und dessentwegen du diese lähmenden Gedanken hegst. Er weiß aber auch, dass du dich heilen kannst, denn er glaubt immer an dich, selbst dann, wenn du die letzte Hoffnung aufgegeben hast, dann wird er Licht in dein Dunkel bringen, wenn du nur deine Augen dafür öffnest.

Wenn du dich so freust, dass du komplett aus dem Häuschen bist und gar nicht weißt, wohin mit deiner Freude, wenn du am liebsten die ganze Welt und noch mehr umarmen möchtest, dann ist er da und freut sich von ganzem Herzen und aus tiefster

Liebe mit dir mit und er wird deine Glücksgefühle noch weiter verstärken, damit du dich immer daran erinnern wirst. Sein Ziel ist es nämlich, dass du den Glitzerstaub der guten Zeiten in Erinnerung behältst und ihn dir selbst schenken kannst, wenn du aus irgendeinem Grund das Funkeln um dich vermisst.

Er wird dich niemals für irgendetwas verurteilen, er wird niemals außer Reichweite sein, er wird immer für dich da sein, wenn du ihn brauchst, er wird immer für dich da sein, wenn du ihn nicht brauchen willst.
Dein Schutzengel schenkt dir die treueste, bedingungsloseste und ehrlichste tiefe Liebe, die du dir jemals vorstellen kannst. Er ist göttlich, trägt das Urwissen in sich – kennt alle universellen, alle irdischen wie himmlischen Geheimnisse und er unterstützt das Göttliche in uns, damit wir unser Urwissen zur Hilfestellung haben und er fiebert in jedem Moment mit uns mit.
Dein Schutzengel flüstert dir immer wieder ins Ohr, selbst wenn du von niemandem etwas hören willst – er fühlt sich da „Gott sei Dank" nicht angesprochen.

Würde das Licht keine Liebe mehr senden, wären wir im Dunkel oft verloren in unseren Händen.

Dein Schutzengel kann total lustig sein, manchmal vielleicht sogar schadenfroh und dann lacht er dich aus bzw. mit dir mit, in der Hoffnung, dass du lernst, auch über dich selbst zu lachen, aber in keinem Moment weichen seine Liebe und sein Mitgefühl von deiner Seite. Manchmal erlaubt er sich sogar einen total wirren Spaß mit dir, damit du lernst, das Leben leichter zu sehen und offen zu bleiben, und auch wenn du anfangs minimal genervt bist, schmunzelst du dann vielleicht über ihn, weil er kindischer ist als du selbst, wenn du deine verrückten fünf Minuten hast.
Er wird dir immer helfen und dich dabei unterstützen, deinen Herzensweg zu wählen und aus deiner ganzen Seele zu leben,

damit du dein wundervolles Licht in die Welt strahlen lassen kannst. Er kommuniziert sogar mit den Schutzengeln von anderen, in der Hoffnung, dass diese anderen Menschen dann auf das hören, was ihr Schutzengel ihnen von deinem Schutzengel ausrichten lässt und sie es dir sagen, damit sie dir helfen (er dir indirekt hilft), wieder auf deinem Seelenweg weiterzukommen.

Es ist ein liebevolles System, voll erfüllt und ohne irgendein Problem.

Manche Ärzte, Therapeuten, Heiler, Musiker, Autoren, Lehrer und Künstler aller Art,… sind wie „Kanäle" für Lichtwesen und sie sagen einem das, was Engel und ihresgleichen ihnen weitergeben. Dies werden aber keine genauen Vorhersagen über die Zukunft etc. sein, weil das eine Trennung des Jetzt bedeuten würde und alles, was nicht verbunden ist, nicht der göttlichen Liebe entspricht. Jemand, der verbunden ist, wird im Großen und Ganzen mit Vertrauen und Zuversicht in die Zukunft blicken - egal was kommt, dieser verbundene Mensch weiß, dass es immer irgendeine „Licht"ung gibt und man im Hier und Jetzt in den Spiegel der Liebe sehen soll.

Dieser Mensch weiß, dass er keinen „Kanal" braucht, weil er in sich selbst in denselben eintaucht.

Wir Menschen können wie Kanäle sein, indem wir auf unsere innere Stimme hören, die Bilder vor unserem inneren Auge sehen und unsere (Ur-)Gefühle wahrnehmen.

Dein Schutzengel ist supercool und meiner auch und all die anderen lichtvollen Wesenheiten natürlich auch.
Vorerst reicht es, wenn du deinem Schutzengel Beachtung schenkst und wenn du ihm vertraust, denn er wird dir stets

helfen, dich zu erinnern und in deine eigene göttliche Kraft zu kommen und oft auch dann, wenn du es am wenigsten erwartest, aber immer auch dann, wenn du ihn bewusst darum bittest und seine unterstützenden Zeichen in Vertrauen wählst.

Er freut sich sehr, wenn du ihn wahrnimmst und wird es dir niemals verübeln, wenn du es nicht tust. Dein Schutzengel kümmert sich um dich und holt andere lichtvolle Wesen an deine Seite, die du in manchen Situationen als zusätzliche Unterstützung brauchst. Er regelt das quasi alles und immer zu jeder Zeit für dich und ab und zu kannst du dich ja vielleicht Mal in Liebe bei ihm bedanken und seine Wärme zulassen. Auch wenn er nichts von dir erwartet, wirst du vielleicht spüren, wie sehr du dich mit der allgegenwärtigen Liebe verbindest.

Schutzengel

Dein Schutzengel ist dein treuester Begleiter,
dein mitfühlendster Freund, dein liebevollster Wegbereiter.
Dein Schutzengel ist unfassbar liebevoll,
im Gegensatz zu dir findet er dich in jedem Zustand supertoll.
Dein Schutzengel kann gar nicht von dir weg,
allein die Vorstellung dient überhaupt keinem Zweck.
Dein Schutzengel hat verschiedene Styles, sieht megacool aus
und in deinem Herzen ist er sein Leben lang zu Haus.
Er ist deine göttliche Unterstützung mit ganz viel Wärme,
braucht er Verstärkung, ruft er unendlich lichtvolle Schwärme.
Alle Unterstützung trägt liebevolles Urwissen in sich,
alles Licht dient deinem höchsten Seelenwohl, es ist für dich.
Ja, dein Schutzengel ist wirklich immer dort,
an jedem vergangenen, jedem gegenwärtigen und künftigen Ort.

Haben wir Glück, hören wir auf das Göttliche in uns, auf unsere Schutzengel und die anderen Lichtwesen, die uns ins Ohr flüstern, damit sie uns indirekt auf unserem menschlichen Weg weiterhelfen.

Haben wir Glück, dann erkennen wir, dass wir selbst die allergrößte Kraft in uns tragen. Das heißt nicht, dass Gott oder unser Schutzengel oder andere Lichtwesen die Verantwortung für uns übernehmen. Wir tragen ganz allein die Verantwortung für unser eigenes Leben. Wir haben es mit unserem freien Willen in der Hand, auch wenn die lichtvolle Welt es uns leichter machen kann, indem wir uns an das ursprüngliche liebevolle Wissen, an das ursprüngliche Vertrauen erinnern, auch dann ist es unsere Aufgabe, als Mensch mit diesem Wissen „frei-willig" zu handeln.

Freiwillig – für unser Herz stimmig.

In jedem Moment ist es wichtig, sich darüber urbewusst zu sein, dass unsere Seele in diesem menschlichen Körper wohnt, wir sind spirituelle Wesen und als Menschen auf dieser Erde und machen hier unsere Erfahrungen.

Die schönste Erfahrung ist vermutlich die, dass wir erkennen, dass es da immer dieses Urwissen gibt, dass uns aus jeder Lebenslage in unser höheres Selbst zurückbringen kann - dass wir erkennen, dass egal, was auch passiert, wir verdient haben, glücklich zu sein und wir es selbst wählen können.
Die Liebe der spirituellen Welt, die Liebe deines Schutzengels wirkt durch uns und sie ist dafür da, dass du die Zeichen wahrnimmst, die deinem Seelenglück dienen, dass du deinem Weg mit deinem Herzen folgst, dass du bei jeglichen Erfahrungen auf dein Urwissen, deine Urliebe, dein Urmitgefühl und dein Urvertrauen zurückgreifen kannst und du dieses Urbewusstsein (zu dir selbst) wieder entwickelst.

Tatsächlich bekommen wir stets liebevolle Zeichen für unseren Seelenweg, wenn wir darauf achten und unsere Augen dafür öffnen. Wahre Wegweiser. Die sind dann so herzergreifend, dass sie einen tief berühren und man sie kaum missachten kann, weil du zum Beispiel sehr gerührt bist, du ein warmes Gefühl im Herzraum hast, sich mit einem speziellen Gedanken ein (Gedanken-)Kreis schließt. …du wirst es merken, und wenn du dir einen Moment Zeit nimmst und überlegst, dann fällt dir vielleicht das ein oder andere Zeichen, die ein oder andere Fügung, aus deinem bisherigen stets von deinem ganz persönlichen Schutzengel begleiteten Leben ein.

Liebevolle Zeichen

*Etwas, worüber du einfach stolperst, nicht ignorieren könntest,
etwas, das sich so anfühlt, als ob du gar nicht allein tanztest.*

*Etwas, das du eigentlich gar nicht suchen musst,
etwas, das dich vielleicht an etwas erinnert, ganz bewusst.*

*Etwas, das du gar nicht erwartet hast,
etwas, das dich trotzdem befreit von deiner Last.*

*Liebevolle Zeichen werden nie von deiner Seite weichen,
sie werden in sich stimmig sein, vielleicht einander gleichen.*

*Liebevolle Zeichen sind Geschenke an jedem Tag
für den, der sie wahrzunehmen vermag.*

*Liebevolle Zeichen können dich auch deutlich erreichen,
vielleicht wirst du dein ganzes Leben mit ihnen vergleichen.*

*Du musst nicht auf sie warten oder auf sie bauen,
du kannst ganz einfach entspannt sein und vertrauen.*

*Liebevolle Zeichen kannst du immer auch erfragen,
und ohne Erwartung wird man sie gern an dich herantragen.*

✸

An dieser Stelle möchte ich noch hinzufügen, dass es total okay ist, wenn du dir denkst: „Jetzt schreibt sie von Urwissen und Engeln, eigentlich wird mir das Buch gerade zu viel, das mit „Gott" war schon Grenze genug". Ich verstehe das und es ist selbstverständlich total in Ordnung, wenn diese Gedanken in dir hoch kommen. Ich möchte dich auch nicht bekehren oder dir irgendwelche Gedanken mit auf den Weg geben, die für dich nicht stimmig sind.

Genau aus diesem Grund habe ich wirklich gezweifelt, ob dieses Kapitel in das Buch gehört oder nicht... ob nicht die Erklärung von der göttlichen Energie eigentlich schon reicht. Aber das tut es für mich nicht, weil ich das verleugnen würde, was mich täglich unterstützt, und weil ich das verleugnen würde, was ich bin und was mich ausmacht - abstraktes, kindliches, unerschöpfliches, gutgläubiges Traumdenken.

Ich will nur das Leben mit Liebe auf den Kopf stellen.

...und deshalb freu ich mich, wenn du frei von Vorurteilen eintauchst in meine Gedanken und du meine kleine Welt einfach auf deine kleine Welt wirken lässt. Du kannst immer entscheiden, was für dich stimmig ist und du wirst für dich selbst merken, was dir am meisten im Kopf bleibt - was dich am meisten berührt hat und was dich weiterhin begleiten wird.

Ich hoffe sehr, es wird ganz Vieles sein, das dich liebevoll begleiten und auf deinem Weg unterstützen wird und das ist dann mein größtes Geschenk.

Die lichtvolle universelle Welt hat es nicht verdient, dass wir sie abwerten und ihre unerschöpfliche Liebe ständig abstoßen, nur weil vor langer Zeit manche Menschen (die es damals nicht besser wussten und nicht besser handeln konnten, weil sie sich ihrer eigenen wahren göttlichen Liebe noch nicht bewusst waren) negative Assoziationen für Engel und andere Lichtwesen in die Köpfe vieler Menschen gebracht haben. Diesen Machtmissbrauch dürfen wir endlich loslassen oder zumindest versuchen, ihn nicht mehr negativ zu bewerten, sondern wertfrei betrachten und nachhaltig daraus lernen. Wir dürfen uns diese Macht in Liebe für die Liebe zurückerschaffen.

Ich finde es auch schade, wenn man Schutzengel mit „wenn es sie gäbe, dann würde es uns ja allen gut gehen und dann würde ja niemandem etwas passieren, dann bräuchte man ja keine Angst mehr haben" ab tut. Das ist einfach nicht fair, auch wenn die Lichtwesen immer Verständnis haben, mit menschlichen Augen finde ich das unfair und nicht eigenverantwortlich.

Wir haben unseren freien Willen, wir verleugnen uns täglich selbst, wir wählen so häufig das, was uns gar nicht entspricht, weil wir im Grunde genommen Angst haben und wir uns ehrlicherweise klein und gewissen Dingen einfach irgendwie nicht gewachsen fühlen. Angst ist aber nur dafür da, um überwunden zu werden, denn Ängste schaffen Grenzen und wir haben diesen freien (unbegrenzten) Geist, den wir uns selbst mit den vermeintlichen Folgen von Ängsten begrenzen.

Begrenzung. Beschränkung. Verrenkung.

Ich möchte Angst nicht in ein schlechtes Licht stellen, denn Angst ist wie eine Kerze, die darauf wartet, angezündet zu werden.

Oft steht sie sogar auf buntem Boden, den wir gerne entdecken würden, aber diese Kerze hält uns davon ab, denn sie ist einfach immer da mit ihrer subtilen Bedrohung. Glanzlos, trocken, emotionslos, irgendwie auch schön und geheimnisvoll, aber nur mit gewissem Abstand auszuhalten, weil ihr gefühlt das „Leben" fehlt und sie uns mit der entzündenden Erwartung quält.

Wenn das Leben für uns göttliche Menschen wie ein bunter Abenteuerspielplatz gedacht ist, den wir wie Kinder entdecken dürfen und wir uns aber immer eher auf den sicheren farblosen Wiesen mit sicherer Kerzen-Entfernung aufhalten, dann verlieren wir den Glauben an das, was man für uns geschaffen hat. Wenn wir nicht mehr vertrauen, dann können wir gar nicht anders, als uns eine sichere Welt zu bauen.

Es kann dann schnell passieren, dass dieser Abenteuerspielplatz aus ängstlicher Menschenhand komplett ins Graue, Beschwerte und Farblose kippt. Dieser graue Abenteuerspielplatz kann einem nur noch mehr Angst machen, und schau ich mir die ganze Welt so an, dann bekomme ich Angst.

Und wenn ich mich auf diese Angst konzentriere, dann merke ich, wie ich innerlich erfriere.

Doch wir können auch beginnen, uns langsam im Kleinen und Schritt für Schritt vorzutasten und die Kerzen anzuzünden, die uns besonders anziehen, die schon förmlich darauf warten, ihr Licht zu bekommen und transformiert zu werden.

Ob wir wollen oder nicht - die Kerzen haben sowieso stets unsere Aufmerksamkeit und dann lohnt es sich doch, gleich bewusst hinzusehen und der einschüchternden erwartungsvollen Anziehung nicht mehr zu widerstehen.

Wenn Angst wie eine unangezündete Kerze ist, dann wartet sie nur darauf, auf ihrem ohnehin Aufmerksamkeit erregenden, blühenden Untergrund entfacht zu werden, damit wir sehen, welche Schönheit sich hinter ihr verbirgt und wie unfassbar die Kerze zu strahlen beginnt, in welche Wärme ihre Umgebung plötzlich getaucht wird und wie sehr sich der Mensch darüber freut, der sie mutig angezündet hat.

Der Mensch, der sich der Kerze auf dem Abenteuerspielplatz angenommen hat, der Mensch erkennt nun, wie man sich fühlt und wie es ist - daheim. Er wird auch sehen, dass da unzählige andere Kerzen stehen - Kerzen, die zu ihm gehören, die der ganzen Welt gehören oder die vielleicht einfach andere Besitzer haben, weil sie ihm selbst keine Angst einjagen. Vielleicht kann er durch seinen Mut sogar andere ermutigen, dass sie auch losgehen auf das bunte Feld, das immer auf uns alle wartet.

Der Mensch und der andere Mensch werden erkennen, welches Lichtermeer hinter all unseren Ängsten liegt. Alle werden erkennen, wie viel Heilung und Transformation in Wahrheit auf sie wartet - wie viel Liebe und wie viele Geschenke sich hinter den größten Ängsten verbergen.

Angst

Angst ist da, um ihr ins Auge zu sehen,
damit wir nicht länger in großem Bogen um sie gehen.
Angst zieht dich an, will dich bei ihr haben,
dir ihre Wärme geben und Worte der Liebe sagen.

✹

Wenn einem stets jemand, der wirklich weiß,

„wo die Liebe lang geht"

ins Ohr flüstert, dass man doch den Mut aufbringen soll, dass man sich einfach trauen und es probieren kann, der Kerze entgegen zu wandern, dann sind wir selbst verantwortlich, wenn wir jegliche Ermutigung verwehren.
Es ist nicht fair, jemandem, der einem stets bedingungslose Liebe schenkt, indirekt für alles Unerwünschte verantwortlich zu machen. Denn wir erschaffen uns unser graues Leben selbst und meistens „frei-willig", aus den Energien der Angst. Um sicher zu sein, „vermeintlich daheim".

Täglich passieren so viele unschöne Dinge auf der großen weiten Welt und auch in den kleinen Welten vieler Menschen. Die Seele kennt ihren Weg und ihre Erfahrungen, sie kennt das Leid und den Weg hinaus. Wir Menschen sind unsere Seele mit unserem Körper als Erfahrungsfahrzeug und unserem Geist als richtungweisende Lenkung - in Richtung Angst oder Liebe.

Ich glaube, dass viel Leid aus Angst und deren Folgen entsteht, dass wir uns durch Mut und Vertrauen vieles ersparen könn(t)en. Und ich glaube - auch wenn es mir schwer fällt, mir das einzugestehen, dass selbst wenn wir in der Liebe sind, manche Erfahrungen und Geschehnisse uns vielleicht so aus der Liebe bringen, dass es eine Weile dauert, bis wir uns unsere Welt wieder aus Vertrauen und mit liebevollen Energien erschaffen können. Dass es manchmal vielleicht eben seine Zeit braucht, bis alles wieder seine bunten Kreise zieht. Und so schwer es uns oft fällt und so ausweglos es scheinen mag.
…es gibt immer diesen Weg, der uns an uns selbst erinnert und der uns die bunte innere Welt wieder näher bringen möchte.

Zum Glück ist die Liebe so und wird sie auch immer so sein.

Doch dürfen wir vielleicht auch darüber nachdenken, dass das, was wir Menschen „Schicksal" nennen, mit so einer tiefen Angst gekoppelt ist, dass dieses Wort wie eine tonnenschwere Kerze ist, die unseren Abenteuerspielplatz allein durch den Gedanken daran ins „tiefste Tal" erschwert und darüber hinaus bereits „am Gipfel" weite Schatten wirft. Doch ohne diese sorgenvollen Schicksalsbeweise kreieren wir uns eine viel vertrautere Reise.

Insgesamt gesehen sagen wir vielleicht häufig, dass „das Schicksal uns einen lieben Menschen in unser Leben gebracht hat", doch ich befürchte, noch öfter sagt die Menschheit insgesamt „nach jedem Hoch kommt wieder ein Tief".

Ich glaube, dass es viele liebevolle und mutige Menschen braucht, die gemeinsam losgehen, um diese Kerze für unseren inneren Frieden und für unser inneres Vertrauen zu entzünden. Und während diese Kerze immer wieder aufs Neue entfacht wird, während wir immer wieder von manchen Menschen daran erinnert werden, das Leben mit Liebe auf den Kopf zu stellen, stellen wir uns selbst wieder mit beiden Füßen auf die Erde und beginnen noch mehr Schritte der Liebe zu tun.

So wandern wir gemeinsam in unserer neuen Dimension umher und finden uns im Wassermann-Zeitalter wieder, indem es eines Tages keine Kriege mehr gibt und irgendwann die Liebe über alles siegt. In diese Richtung werden wir von allen Seiten ständig unterstützt. Von überall will uns die bedingungslose Liebe erreichen, damit wir an uns und an diese Welt, die uns zu Füßen liegt, glauben. Weil wir sie in uns fühlen.

Sich auf erfreuliche Wege wagen,
ganz oft Worte der Verbundenheit sagen
und ein richtig schönes gefühlvolles Leben haben.

✳

Kapitel 3 Erinnerungsbild

Kapitel 4
Wo wir immer einen Platz haben.

Es ist so leicht zu sagen, dass wir alles selbst in der Hand haben, dass wir einfach das Licht unserer Seele wieder entdecken dürfen.

Erfreuliche Wege wählen, Worte der Verbundenheit sagen, ein richtig schönes Leben führen. Es ist so leicht zu sagen, lebe einfach deine wahre Essenz und kreiere deinen eigenen Hafen und es ist noch viel leichter zu sagen, dass wir absolut alles, was wir in unserer kleinen Welt wahrnehmen, selbst mit unserer eigenen inneren Welt kreiert haben.

Auch wenn jemand dir versichert, dass du keine Angst zu haben brauchst, sondern du einfach losgehen sollst, um die Kerzen anzuzünden, um im Hellen wieder wahrhaftig zu sehen, auch dann fühlen sich unsere Füße oft wie Blei an. Von den tausend Gründen gegen ein „Losgehen" ganz abgesehen. Es ist extrem einfach, wenn jemand zu dir sagt, dass du für alles in deinem Leben selbst verantwortlich bist, dass alles in Wahrheit du geschaffen hast und du einfach nur verändern brauchst.

Was würde die Liebe sagen...

Eine Schamanin hat mir vor ein paar Jahren erzählt, dass sie sich diese Aussage gerne auf den Unterarm tätowieren lassen würde. Ich weiß nicht, ob sie es getan hat, doch ich würde sie feiern - jedenfalls hat sie mit diesem Satz ihre Spuren bei mir hinterlassen und spätestens jetzt auch in diesem Buch.

Die Liebe erklärt dir nämlich immer das, was du wirklich wissen musst und das, was wirklich zählt. Sie erklärt dir sinnbildhaft, dass dir ein „Spiegel" jederzeit als Hilfe dient, damit du deinen wahren Ausdruck zu gewissen Themen und auch der Haltung dir selbst gegenüber erkennst.

Der Spiegel dient als Mittel für ein Gefühl, das sich in deinen Augen widerspiegelt, und oft lohnt es sich, sich wirklich Zeit zu nehmen und mehrere Minuten genau in seine eigenen Augen zu sehen - sich Zeit für das Erfahren des eigenen Selbst zu nehmen. Du kannst dafür in den wirklichen Spiegel sehen oder dir einen imaginären Spiegel vorstellen und gedanklich deine Gefühle dazu wahrnehmen.

Das Spiegelbild ist so ehrlich wie Kinderaugen.

Die Liebe erklärt dir weiter, dass alles, was irgendwie ein Teil deines Lebens ist, du dir in deinem Spiegel vorstellen kannst und dass du deine intuitive Wahrnehmung dazu beobachten solltest. Du kannst dich sogar an Menschen und Gespräche, Beziehungen und Konflikte erinnern und sie im Spiegel der Liebe ansehen. Was würden deine liebevollen Augen im Spiegel der Liebe erkennen?
Wenn dir die Liebe geduldig erklärt hätte, was das mit den Spiegeln auf sich hat, und wenn du die Botschaft im Herzen verstanden hättest, dann würde sie fortfahren. Sie würde sagen, dass wahrhaftig alles in deinem Leben ein Spiegel für dich ist - ein Spiegel, in dem du sehen darfst, was du noch zu deinem Besseren wenden kannst, damit du auch in diesem Bereich, in dieser (zwischenmenschlichen) Beziehung Heilung und Glück erfahren kannst. Jeder Spiegel soll dir nur zeigen, wo du dein Herz, deine Seele noch zum Vorschein bringen darfst, damit du dein höheres Selbst leben kannst.

Alles ist wirklich ein Spiegel für dich, in dem du sehen kannst, ob dein Leben in Harmonie ist, ob du selbst mit dir in Harmonie bist. Alles spiegelt dich und die Liebe weiß, „das ist alles so einfach gesagt", „so einfach gedacht" und wenn du aber anfängst, das alles zu verstehen, dein Spiegelbild wirklich zu verändern, dann beginnst du deine Wahrheit zu leben, deine wertvolle Essenz mit diesem wundervollen Menschenleben auf dieser Erde zu hinterlassen. Wenn du anfängst, dass du dich zu der fröhlichsten Version von dir selbst entwickelst, dann kommst du in deine wahre Identität, in deine eigentliche liebevolle Kraft und weltbewegende Macht.

Sie möchte dich fröhlich in diesem Spiegel sehen, egal wie viel Zeit, wie viel „Arbeit", welche Wege und Überwindungen es erfordert - die Liebe glaubt an dein lichtvolles Spiegelbild.

...das würde die Liebe vermutlich sagen.

Und sie würde noch weiter reden und dich auf manche Dinge aufmerksam machen. Sie möchte dich nochmals ermutigen, daran zu glauben, jeden Tag zufriedener in den Spiegel zu sehen, weil du deine äußere Welt an deinen inneren Herzensruf versuchst anzupassen.

Die Liebe versichert dir, dass das Leben und diese Erde wirklich ein Abenteuerspielplatz sind, und sie sagt dir, dass du dir dein ganz besonderes Fleckchen Erde verschönern und kreieren darfst, wo du nach und nach alle Kerzen zum Leuchten bringen kannst, weil du Schritt für Schritt und mit Leichtigkeit alle Ängste überwindest.

Sie möchte dich ermutigen, immer weiter zu tanzen auf deinem besonders schönen Platz, und sie möchte deine Augen offen halten für all die schönen Nachbarplätze - denn nur gemeinsam kann die Welt in vollem Glanz erstrahlen.

Sie möchte dich auch vorwarnen, damit du nicht enttäuscht bist und es nicht persönlich nimmst, falls du an manchen Nachbarplätzen vorbei kommst und du massive Eisendrahtzäune oder eiskalte Mauern entdeckst. Normalerweise ist es so gedacht, dass jeder bunte Platz mit einer funkelnden Glitzerstraße getrennt und verbunden ist, die eine liebevolle Kommunikation und einen liebevollen Austausch ermöglicht.

Doch manche Plätze auf dieser Welt sind noch grau, die Menschen auf ihren sicheren Feldern bauen möglicherweise sogar eine dicke Schutzmauer, wenn sie dein Märchenschloss entdecken, und ziehen sich lieber in ihre Höhle zurück, bevor sie mit deinem Glück konfrontiert werden und sie dich als ihren für sie sehr schmerzhaften Spiegel erkennen.

Die Liebe möchte uns ermutigen und uns vorwarnen, damit wir auf alle Eventualitäten gefasst sind und damit wir mit liebevollen Augen Verständnis für alle Geschehnisse und für alle involvierten Menschen aufbringen können.

Was man aus Mitgefühl tut, ist immer richtig.

Der Knackpunkt ist nämlich oft der, dass wir nicht davon ausgehen können, dass andere zur gleichen Zeit sich in die gleiche Richtung entwickeln möchten. Wir können nicht erwarten, dass andere mit unseren Einstellungen einig sind, weil wir gerade für uns eine neue stimmige Erkenntnis hatten. Und das sind dann vermutlich die Momente, in denen wir am meisten gefordert sind.

Das sind dann die Momente, in denen wir Spiegel in Form von Mitmenschen vorgehalten bekommen und dann vielleicht sogar unseren eigenen stimmigen Weg in Frage stellen und anfangen zu grübeln, ob wir nicht vielleicht einem neuen Schein gefolgt sind. Zumindest fühlt es sich für mich oft so an, als würden manche Menschen gewisse Dinge in uns triggern und wir dann mit alten Themen konfrontiert werden, denen wir nochmals objektiv aus der Vogelperspektive ins Auge sehen dürfen, um sie mit neutraler Haltung besser erfassen zu können.

Das sind die Momente, in denen wir gefordert werden, in denen die Verbundenheit und das Vertrauen für uns und unseren Weg gefragt sind. Und das sind die Momente, in denen wir uns oft abschotten und abgrenzen und lieber wegsehen, als die Verbindung mit einem Menschen weiter einzugehen.

Mit sich und anderen verbunden

Abgrenzung oder Verbundenheit,
was ist die goldene Mitte in Wirklichkeit?

Abgrenzung schützt und trennt von Fremdenergien,
mit eigener Verbundenheit ist man stabil trotz anderen Galaxien.

Doch hilft Abgrenzung nur, um sich mit sich selbst zu verbinden,
damit eigene Zweifel und Trennung vom Gegenüber schwinden.

Und wenn man mit sich selbst im Klaren und verbunden ist,
dann fühlt man die reine Energie, die in allen Beziehungen fließt.

※

Wenn wir manchmal die Herausforderung haben, bei einem Thema bei uns selbst zu bleiben, dann hilft mir das Bild von Energiekugeln.

Ganz egal, was ein anderer Mensch in uns hervorruft, es wird irgendetwas mit uns zu tun haben - irgendwas dürfen wir in diesem „Ruf" hören. Bevor man sich in energiesaugenden Verteidigungskämpfen wiederfindet, weil man einfach nicht mehr schafft, neutral zu bleiben und man emotional versucht, sein Recht zu bewahren, ist es besser, Abstand zu nehmen und sich zu sortieren und seine Energie für sich und auf das bestimmte Thema, das bestimmte dazugehörige Gefühl, zu sammeln. Und wenn sich deine Energie zu einem Thema sammelt, dann hältst du selbst eine Energiekugel in der Hand, wenn du beginnst, deine Themen zu teilen.

Teile erst, wenn du es auch behalten kannst.

Manche Menschen sind einfach extrovertierter und finden in den äußeren Spiegeln ihre Antworten oder bilden sie gemeinsam mit anderen Menschen. Vielleicht vertrauen sie sich zu wenig. Andere Menschen sind vielleicht introvertierter und brauchen mehr Ruhe und meiden zu viele Kontakte und diverse Meinungen, damit sie in ihrer Welt bleiben können oder eventuellen „Bewertungen" ausweichen, um stark zu bleiben. Vielleicht misstrauen sie anderen ein wenig. Und bestimmt vereint sich in vielen Menschen, je nach Situation, beides.

Einmal so und einmal so,
Kennen wir uns selbst, dann sind wir froh.

Ich denke, dass es egal ist, wie man ist, dass es egal ist, was man braucht, so wie es in Kapitel 2 geschrieben steht, bin ich aber davon überzeugt, dass es bedeutsam ist zu wissen, was man braucht - zu wissen, wer man selbst ist, damit man seinen eigenen Gefühlszustand erkennen und seinen eigenen Platz überhaupt einnehmen kann.

Wenn wir Extreme bezeichnen würden, dann sieht man auf der einen Seite vielleicht die besonders extrovertierten und auf der anderen Seite die auffällig introvertierten Menschen. Ohne Wertung. Trotzdem glaube ich, dass wir auch hier ein Bewusstsein für die goldene Mitte entwickeln sollten.
Weil es nicht gesund sein kann, wenn Menschen auf Dauer immer Meinungen vom Außen bekommen, um letztendlich ihre eigene Meinung zu bilden.
Weil es nicht gesund sein kann, dass das Außen einen indirekt bestimmt, obwohl man sich dessen vielleicht nicht einmal bewusst ist, denn manche Menschen sind einfach total offen und tragen ihr Herz auf der Zunge und bedenken gar nicht, dass es für sie vielleicht manchmal gesünder wäre, wenn sie in Stille Zeit für sich hätten und sie sich diese aber zu selten nehmen.
Ich finde, man kann alles mit jedem teilen, nur sollte man sich im Klaren darüber sein, dass das Wort „teilen" in diesem Zusammenhang eben eine große Rolle spielt.

Angenommen wir verlieben uns, unser Bauchgefühl ist so besonders und die kunterbunte Energie, die entsteht, wenn wir mit offenem Herzen an diese Person denken, ist für uns klar und ganz, dann wird diese kunterbunte Energie sich automatisch teilen, sobald wir mit anderen darüber sprechen (und wir andere Meinungen entgegengebracht bekommen).

Die Energie teilt sich vor allem dann, wenn wir uns nicht bewusst darüber sind, dass sie sich teilen kann. Die anderen erzählen uns aufgrund ihrer Erfahrungen und ihrer eigenen Einstellungen, was sie über den Mann oder die Frau denken, und wenn wir zum Beispiel in Bezug auf die besondere Person nicht in unserer klaren, kunterbunten, ganzen Wahrnehmung sind, dann kann diese Energie einfach nicht mehr ganz sein und dann machen wir es uns selbst schwer, denn wir müssen sie ja dann selbst wieder zusammenbasteln.

Das ist das, was ich mit „teilen" meine.

Wir zerstückeln uns selbst, wenn wir nicht ganz sind.

Wie können extrovertierte Menschen, die so gut wie alles mit anderen besprechen, bevor sie vielleicht selbst das Gefühl im Herzen und im Bauchraum wahrgenommen haben, wie können diese Personen direkt ihrem wahren Herzensruf folgen, wenn die Menschen im Außen vielleicht gegen den ursprünglichen Herzensruf reden - ohne dass sie es böse meinen oder sie diesen Gegenwind beabsichtigen.

Stelle ich dir die Frage, was du über Max denkst, wirst du mir deine Meinung dazu sagen, die auf deinen Erfahrungen, deinen Ängsten, deinem Vertrauen, sogar auf unserer Beziehung zueinander beruht.

Habe ich Glück, hältst du mir einen Spiegel vor und stellst mir selbstlose Fragen, sodass ich selbst meine Meinung und meine dahinterstehenden Lernaufgaben, Themen, Ängste, Erwartungen etc. erkennen kann.

Habe ich Glück, bist du ganz bei dir selbst und kannst deine Themen außen vor lassen, damit du mir reine Liebe und ehrliches Vertrauen schenken kannst - egal, was meine Erfahrung mit Max mit sich bringen wird, sie wird für mich wertvoll sein und du hilfst mir, mich daran zu erinnern, dass ich den Mann meiner Träume gewählt habe und er eines Tages vor mir stehen wird, wenn er es nicht jetzt schon tut.

Unser Universum braucht das Vertrauen und den Mut.

Dieses Glück kann ich aber nicht erwarten, weil ich mir selbst bewusst darüber bin, wie oft mir das bei anderen schon nicht gelungen ist und auch heute manchmal immer noch nicht gelingt.
Zum Glück können wir von diesem Glück nicht ausgehen, weil das größte Glück für uns sein sollte, dass wir eigenständig unsere Leben in die Hand nehmen dürfen, unseren Herzen und unseren Wahrheiten folgen und wir uns selbst für all unsere Entscheidungen verantwortlich machen und fühlen - wie immer mit den liebevollen Augen.

Würdest du mich also fragen, was ich von Max halte und ob ich denke, dass das klappt mit euch beiden, dann würde ich dich fragen, ob du denn schon an deine eigene Weisheitsbotschaft der Liebe gedacht hast und ob du glaubst, dass du das größte Glück der Welt verdient hast und ob du glaubst, dass der Mann zu dir kommt, der deine Welt noch bunter macht.
Ich würde mich freuen, wenn du mit „Ja." antworten würdest und dann würde ich nach deinen Zweifeln und Ängsten in Bezug auf Max fragen, du würdest sie benennen und ich würde versuchen, sie in echtes Vertrauen zu transformieren. Nicht in das Vertrauen, dass Max der Mann deines Lebens ist, sondern in das Vertrauen, dass du dein Bauchgefühl hören wirst, und in das liebevolle Wissen, dass du es verdient hast, die Partnerschaft zu wählen, die dein ganzes Glück noch glücklicher macht.

Du würdest spüren, wie es mit Max weitergeht - früher oder später, ganz gleich, ob heute oder zu einem anderen, für dich wahren Zeitpunkt. Du würdest deine liebevolle Energiekugel wahrnehmen und wenn du deine Geschichte mit deiner Familie oder deinen Freunden teilst, würdest du die Kugel gekonnt herumjonglieren oder sie immer für dich selbst wieder ganz machen können - egal, was sie sagen und wie gut sie es dir meinen.

Du bist der Hüter deiner schönen, vollkommenen, lichtvollen, bunten Energiekugel und das ist die kräftigste Gabe, die wir geschenkt bekommen haben.

Du hast deine Energie in der Hand.

Also wird es für sehr offene Menschen hilfreich sein, wenn sie sich mehr ihrem eigenen Urbewusstsein und der Wahrnehmung dessen widmen, um die eigene Wahrheit zu erkennen bzw. um den eigenen Herzensweg zu gehen, den eigenen Platz haben zu können. So folgen sie ihrer eigenen Herzensweisheit, ohne die ungewollten Verwirrungen davor.

In sich gekehrte Personen hingegen haben manchmal vielleicht zu viel Zeit zum Nachdenken und Nachspüren, sodass sie das ursprüngliche, bunte, lichtvolle Energiekugel-Gefühl zerdenken und zerspüren und sich eigentlich auch nicht mehr wirklich auskennen.
Was ist da die Lösung, das frag ich mich gerade selbst - ich bin früher eindeutig immer eher der offene „Herz auf der Zunge"-Mensch gewesen und deshalb hab ich diesbezüglich mehr Erfahrungen gesammelt und für mich dank anderer Menschen erkannt, wie wertvoll die Mitte ist.

Reinspüren, um dann die Gefühle auszuführen.

Die Mitte - das Reinspüren, das liebevolle Zusammensein und das bewusste Teilen, gekoppelt an nachhaltige Verbundenheit zu sich selbst, um für sich selbst beständig zu sein.

Es erfordert wirklich Übung, dass man seine eigene Intuition erfühlt und ihr auch vertraut. Vielleicht habe ich auch keine gänzlich erprobe Lösung, weil ich das gerade selbst lerne und sich vor allem in Beziehungsthemen die Meinungen der Menschen ins Unendliche „teilen".

Geteilt schmeckt nur die Liebe gut.

Wenn ich ins Gedankenkreisen komme, dann frage ich die Schöpfung, die Liebe, wie ich es auch während des Schreibens immer wieder auch mache, und meistens habe ich dann die Antwort, die meine Kugel wieder klar und rund und bunt macht, und ich versuche meine Liebe nicht an einen bestimmten Mann zu binden, sondern an das Vertrauen, dass das Universum das Beste für mich bereit hält.
Man sollte keine Erwartungen an andere Menschen knüpfen, man sollte keine Wünsche für andere aussprechen. Stellen wir uns doch nur mal vor, dass jemand von uns etwas erwartet, das wir gar nicht erfüllen wollen. Vor allem einen Partner, den wir uns nicht an unserer Seite vorstellen können oder irgendeinen anderen Wunsch, den wir uns selbst echt nicht wünschen würden. Erwartungen sind Mängel in uns selbst, die mit unserer eigenen Liebe gefüllt und geheilt werden möchten. Tankstelle Liebe…

Meine beste Freundin ist schon immer eher ein introvertierter Mensch und sie hat ein unfassbar starkes Bauchgefühl, das sie häufig in Stille zerdenkt. Ich glaube, ihr hilft es, wenn sie mir in voller Euphorie Dinge erzählt, wenn sie ihr erstes Gefühl mit mir teilt und ich sie an dieses Gefühl erinnern kann, falls sie nach sehr viel Stille und Zerdenken es nicht mehr kann. Tatsächlich fragt sie mich manchmal „Anna, du weißt ja noch, dass ich dir das mit ... erzählt habe, wie habe ich damals eigentlich geklungen?" - Ich liebe diese Art von Frage, denn meistens weiß der, der das fragt, dass das insgeheime Vorhaben goldrichtig ist und ich versuche einfach meine Wahrnehmung objektiv und liebevoll zu schildern.

Ich glaube, für introvertierte Menschen ist es auch ein guter Weg, wenn sie sich erste Intentionen und Gefühle zu bestimmten Themen aufschreiben oder sie wie ich die Schöpfung fragen. So können sie ihr Aufgeschriebenes immer wieder nachlesen und sich so selbst wieder ins liebevolle Vertrauen bringen, denn dann sind auch sie für sich stabil und dann können sie Menschen in ihr Leben ziehen, die ihnen diese Stabilität bestätigen, und gleichzeitig erkennen, wenn die Wahrnehmung anderer nicht mit der eigenen bunten Lichtkugel d'accord geht.

Menschen, denen es schwer fällt, sich zu öffnen, sind so wertvolle Spiegelbilder für Menschen, die sehr offen sind - und natürlich auch umgekehrt.
Es ist die gesunde goldene Mitte, der sich alle Menschen annähern können, wenn sie denn möchten. Und vermutlich verhalten wir uns alle bei manchen Themen oder in manchen Lebensphasen offener und suchen mehr das Außen und bei manch anderen Themen und Lebensabschnitten mehr die Stille.
Alles ist okay, solange wir uns Zeit für unser eigenes Gefühl nehmen und auf unsere innere Stimme hören.

Wir können auf die Liebe schwören.

Hier ist das Phänomen von „gleich und gleich gesellt sich gern" wieder interessant, denn je stabiler wir uns in Bezug auf unsere eigene Wahrheit fühlen, desto stabiler wird unsere Umwelt auf gewisse Themen reagieren.

Wenn wir uns sicher sind, dass Max gut für uns ist, dann werden wir Menschen in unser Leben ziehen, die uns darin bestätigen - sie werden bestätigen, dass sie sehen wie klar wir unsere bunte Lichtkugel präsentieren, sie werden selbst ohne Aufforderung erkennen, dass wir in unserer Mitte sind, dass wir uns unserer Selbst bewusst sind und die Entscheidung in jedem Fall handhaben können.

Herausfordernd sind unsere nächsten Menschen, wie Familie, Freunde, Partner - hier ist besondere Stabilität und Klarheit für unsere eigene Gefühlswelt und unsere eigene Wahrheit gefragt, denn diese Menschen kennen uns sehr gut, was schnell unbewusste Zweifel aufflackern lässt und dazu verführt, die Meinung der engsten Menschen „schwer" zu wiegen - vor allem eben, wenn sie eine andere Meinung teilen.

Das ist dann eigentlich wie ein „in-sich-schau"-Test für uns. Ein Test, ob wir wirklich bei uns selbst sind, „wenn sich Gegensätze anziehen", damit wir nochmal unsere Sicht im Spiegel „klären" und erkennen, ob wir wirklich Hüter unserer bunten lichtvollen Energiekugel in Bezug auf ein gewisses Thema, ein gewisses Gefühl,... sind.

Haben wir ein zweifelndes, unsicheres Bauchgefühl, dann werden wir Menschen in unser Leben ziehen, die uns genau dieses spiegeln und die uns indirekt zeigen sollen, dass wir genauer hinfühlen dürfen, damit wir unser Herzensgefühl in Bezug auf Max kennen - ohne Ängste, dafür mit ganz viel Liebe.

Weil man mit klarem Gefühl Selbst-Bewusstsein schafft und man offen bleibt und wahrhaftig in seiner Kraft.

Da gibt es eben die Augenblicke, in denen unsere Leichtigkeit in Bezug auf unsere Standfestigkeit (ganz egal zu welchem Thema) gefordert wird - irgendwie ein Widerspruch in sich, aber so kann man es ganz gut beschreiben.

Sind wir wirklich stabil in unserer Mitte, dann beginnen wir nicht unsicher hin und her zu schwanken.

Die Liebe würde vermutlich einfühlsam sagen, dass die letzten unterbewussten Zweifel, Ängste und das Misstrauen - anderen und uns selbst gegenüber, hervorgerufen werden, damit wir sie erkennen und transformieren können, um als Folge mit Leichtigkeit stabiler zu stehen. Wir haben einen festeren Stand, weil unser Vertrauen, unsere Balance, unsere Mitte - generell unsere innere Haltung - stärker sind, als alles, was uns jemals zuvor so richtig ins Wanken gebracht hat.
Und vielleicht sagt die Liebe mit einem mitfühlenden Schmunzeln im Gesicht, dass es uns ab und zu vielleicht auch gut tut, wenn wir ein wenig ins Wanken geraten, dass wir dadurch offen bleiben und Dinge nochmals aus einer neuen Perspektive beleuchten und immer wieder ein bisschen dazulernen. Sie nimmt uns an der Hand und sagt, dass wir mit bewegten Gedanken locker im Fluss und offen bleiben und uns das vor fest gewachsenen Betonstampfern schützt.

Wenn man offen bleibt, bleibt man stets in seiner Kraft, weil nur die Weite neue klare Gedanken schafft.

Generell ist es einfach sinnvoll zu erkennen, dass wir unsere kleine Welt haben und, dass wir auf sie auch aufpassen sollten. Wir haben unsere Welt sprichwörtlich in der Hand.
Stell dir mal das Bild von einem Menschen vor, der seine eigene Weltkugel in der Hand hält, seine Welt, die er sich genau so aufgebaut hat, wie sie ihm entspricht und wie sie ihm gefällt.
Diese Welt leuchtet weit ins Universum in der Farbe, die dieser Mensch am allerliebsten mag und er kann diese Farbe jederzeit ändern, nach Lust und Laune entscheidet er, welches bunte Spektakel er mit seiner ganz eigenen Weltkugel in das Universum schenken möchte - er entscheidet über die Farben

und über das Muster, das er am großen Fleckenteppich unseres Abenteuerspielplatzes für seinen eigenen Platz wählt.

Dieser Mensch scheint so „klein" auf dieser großen, weiten Welt zu sein, aber für seine eigene kunterbunte Welt ist er der mächtigste Schöpfer aller Zeiten.

Ohne ihn kann diese Welt nicht mehr leuchten, denn er ist das Sonnenlicht, das er ihr jeden Tag aufs Neue schenkt. Nur weil er der Hüter seiner kunterbunten Welt ist, weil er sie mit seinem Seelenlicht unterstützt, nur deshalb können die wunderschönen Bäume, die er einst gepflanzt hat, zu starken, stabilen, kraftvollen, mit Leichtigkeit im Wind tanzenden Tannen heranwachsen und nur aus diesem Grund können die zahlreichen, vielseitigen Blumen jeden Tag aufs Neue strahlend blühen und ihn immer wieder aufs Neue erfreuen.
Nur weil er stets geduldig und liebevoll seine Welt pflegt, nicht Dienliches entfernt, Dienliches weiter treibt und treiben lässt und er seine Welt mit dieser blühenden Energie übergießt, deshalb hat seine Welt diesen besonders schönen Glanz.
Weil er immer wieder neue Samen säht, weil er sich über die verbindenden Glitzerstraßen austauscht mit anderen Schöpfern die sich ihre Welten geschaffen haben, weil er sich wertvolle Tipps für seine eigene Welt einholt, wenn er manchmal nicht weiter weiß und er aus diesen Ratschlägen ganz neue für seine Welt funktionierende Systeme kreiert,... nur deshalb kann seine Welt so schön leuchten. Sie kann sogar im Dunkeln unendlich viele Räume erhellen - sogar in vergangene dunkle Räume kann diese Welt Licht bringen und zukünftigen Ängsten kann er mit Mut und Vertrauen entgegensehen.

Weil der Schöpfer sich selbst Stärke schenkt,
er alle Wege mit Vertrauen lenkt
und er seinen eigenen Rückhalt stets bedenkt.

Weil er mit dem Rückhalt seiner eigenen Welt den Mut hat, früher oder später jeder Kerze ins Auge zu sehen - alle Ängste zu entfachen, damit auch sie sich in liebevolles Verständnis transformieren können.

Stell dir ganz bewusst diesen Erdbewohner vor, der auf der Erde wohnt und dir lächelnd, voller Stolz seine wunderschöne Welt, seinen bunten Platz auf diesem weiten, abenteuerlichen Fleckenteppich präsentiert. Wenn er dich zu sich nach Hause einlädt, dann wirst du jederzeit von Herzen willkommen sein, bei ihm „daheim". Und falls er sich mal eine gewisse Zeit nicht meldet und in seine Welt vertieft ist, dann ist er gerade dabei, sie zu pflegen, damit sein zu Hause auch dieses „Daheim" bleiben kann und damit er dann wirklich Zeit für dich hat, wenn du ihn besuchst. Vielleicht sammelt er auch gerade ein paar Energiekugeln, die er noch nicht bei sich behalten konnte und sie aber gerne mit dir teilen möchte.

Stell dir vor, dass du dich genau in ihn hineindenken kannst, dass du verstehst, wie glücklich er sich fühlt und wie bedacht und achtsam er seine Welt behütet.

Du weißt, dass auch dir diese Welt gebührt und dass sie dir in jedem Moment zu Füßen liegt. Und mit diesem Urwissen trefft ihr euch und lasst in vertrauter Verbundenheit die Sonne auf eure Welten scheinen, ihr erfreut euch an deren Schönheit und ihr seid voller Abenteuerlust, sie gemeinsam zu erkunden. Ihr wisst genau, wann es an der Zeit ist, sich wieder der eigenen Welt zu widmen und freut euch über den Platz, den wirklich nur einer einnehmen kann. Ihr selbst.

Deine Kleine Welt

Das ist der Ort, der ohne dich auseinander fällt,
deine kleine Welt, die in jeder Sekunde auf dich zählt.

*Das ist die einzige Welt, die immer auf dich angewiesen ist,
sie ist die Welt, die deine Abwesenheit nur schwer vergisst.
Das ist die Welt, die du wirklich pflegen musst,
weil du sonst ein Leben führst, gefüllt von Angst und Frust.
Das ist die Welt, die dich so sehnlich erwartet,
die sich darauf freut, wenn ihr beide endlich durchstartet.
Das ist die Welt, von der du immer alles gibst und nimmst,
alles zurückbekommst, weil du sie selbst bestimmst.
Deine kleine Welt will erobert werden,
hat Verständnis, auch wenn du denkst, sie würde sich verbergen.
Sie will, dass du sie erkennst und will dich an ihre Spitze stellen,
dann werden Zweifel schwinden, alle noch so schweren Wellen.
Mach dich auf den Weg und erschaffe dir deine Realität,
es ist nur nach deinem letzten Atemzug zu spät.
Mach dich auf den Weg und hab Spaß dabei,
denn wenn du dort bist, ist das Leben nie spät genug vorbei.*

※

Ja.

Wir haben alle unsere kleine Welt auf unserer großen gemeinsamen Welt und diese Erkenntnis hält unfassbar viel Heilung bereit.

Vielleicht ist es oft so, dass wir einen großen Teil unseres Lebens damit verbringen, uns verkrampft an das Spiegelbild zu halten, das wir gerne verändern möchten - vielleicht bringen wir zu viel Energie auf das Bild vom Außen. Wir sind nicht dafür geschaffen worden, um dauernd die äußeren Umstände zu harmonisieren oder dafür, dass wir ständig Frieden im Außen schaffen sollen.

Wir müssen auch keine Bedingungen um uns herum erfüllen damit wir unsere Ruhe finden. Nein, das ist nicht unsere Aufgabe. Darum kümmern sich Gott sei Dank ganz viele andere fleißige und lichtvolle Helfer.
Es ist im ersten Schritt nur unsere Aufgabe, dass wir den Fokus auf unsere eigene Welt lenken und wir in unserer kleinen Welt - bei uns selbst alleine beginnen „aufzuräumen".

Frieden in uns, bringt Frieden um uns.

Irgendwann, wenn wir das entspannte Gefühl haben, dass diese Welt harmonisch ist und in sich stabil, dann wenn unsere kleine Welt aufblüht und kein Regen unsere Harmonie zerrütten wird, dann blühen wir mit dieser Welt auf.
Es wird sich dann automatisch eine friedliche Atmosphäre um unsere Welt herum einstellen.

Denken wir hier wieder an das universelle Phänomen der Anziehung, dann wird deine farbenfrohe, strahlende Welt sich zu anderen zufriedenen, in sich angekommenen Schöpfern gesellen und wiederum andere sich zu ihr und zu dir.
Du wirst auch Menschen anziehen, die gerade erst dabei sind, ihre eigene Welt zu entdecken, sich dafür zu öffnen und die dich gerne um deine Ratschläge oder deine Meinungen für ihre Welt bitten werden. Du wirst Menschen anziehen, die dir spiegeln, wie schön und toll deine kleine Weltkugel ist und wie schön sie es finden, dass du so gut auf deinen besonderen Platz aufpasst. Du wirst ohne Erwartung in deiner Vollkommenheit, in deinem Glück bestätigt werden, wenn du dieses Glück pflanzt, es pflegst und dich an seinem Wachstum, seinem Erwachen freust.
Wenn du aus irgendwelchen Gründen deine eigene Welt vernachlässigt hast und du zu der Erkenntnis gelangst, dass es wieder an der Zeit ist, dich um dein eigenes Territorium zu kümmern, weil du dich in einem anderen vielleicht irgendwie

„verloren" hast, dann wird deine eigene Welt immer da sein. Sie wird immer voller Vorfreude auf dich warten - solange du lebst.

Unser aller Abenteuerspielplatz.

✺

Ich habe das alles, glaube ich, selbst erst gerade wirklich mit meinem Herzen verstanden.

Jetzt - irgendwo mitten in Portugal in der Pampa, irgendwo in einer für mich fremden Welt, an einem Ort, in dem ich niemanden kenne und die Menschen so unfassbar freundlich sind, dass ich jedes Mal aufs Neue dankbar bin.
In dem Café, in dem ich vorgestern geschrieben habe, hatte ich zum ersten Mal kein Geld dabei und ich war extrem froh, dass ich einfach am nächsten Tag wieder kommen konnte - „I trust you" hat sie lächelnd gesagt, die wunderschöne Frau, die von innen heraus strahlt und damit Berge versetzen könnte.

Ich habe mich daran erinnert, dass mein Papa uns Kindern mit seiner Schihütte beigebracht hat, dass die Gäste immer morgen oder übermorgen zum Bezahlen wiederkommen können und sie auch nichts hinterlassen müssen, falls sie ihr ganzes Geld vergessen haben. Und ich erinnere mich auch daran, wie sehr es mich jedes Mal gefreut hat, wenn Gäste an der Kasse dankbar waren über das herzliche Vertrauen - und auch daran, dass sie fast immer wirklich wiedergekommen sind.

Danke Papa, danke Strahlefrau.

Hier in dem Ort gibt es auch Minibauern, die hauptsächlich sich selbst und ihre wenigen Nachbarn im Ort mit dem Mini-Supermarkt versorgen. Kommt man dem Hof zu nahe, wird man tatsächlich noch von Hunden verjagt und die sind so laut und groß, dass man auch als Hundeliebhaberin immer wieder schnelle Füße bekommt, um Meter zu gewinnen.

Wenn ich am Nachmittag durch den Ort spaziere, dann sitzen da oft verschiedene Opas auf der Bank in der Sonne und sehen einfach nur zufrieden aus. Wenn ich mich frage, was sie wohl so reden, und wenn ich ihre Gesichtsausdrücke deute, dann sind sie glücklich mit dem einfachen Leben, das sie für sich gewählt und gelebt haben. Sie würden bestimmt gerne meine Geschichte wissen, denk ich mir manchmal - meine Visionen und Träume erfahren, aber einfach nur so, weil sie mich sympathisch finden und nicht, weil ich ihnen irgendwas geben soll, das sie ohnehin schon haben. Nicht aus Mangel, sondern aus Fülle, denn diese Opas haben bereits alles - so fühlt es sich für mich zumindest an und das macht mich sehr dankbar.

Hier an diesem Ort sitze ich und schreibe diese Zeilen und bin gerade emotional berührt, weil diese Worte aus meinem Herzen fließen und sie sich wie eine Erlösung anfühlen. Und jetzt kribbelt wieder mein Kopf, als würde mir jemand durch die Haare wuscheln und mir zeigen, dass diese Erkenntnisse und diese Erinnerungen an ein tiefes altes Wissen gerade noch jemanden freuen. Für mich ist das mein Schutzengel, für andere traditionelle Heiler oder Yogis sind es vielleicht energetisierte Meridiane, Akupunkturpunkte, das verbundene Kronenchakra etc. und die heiße ich auch zustimmend willkommen, nur eine psychische Wahrnehmungsstörungs-Diagnose würde ich mit einem mitfühlenden Lächeln abtun.

Wir sind ein echtes Wunder und das anzuerkennen ist auch eins.

Aber um jetzt auf die Essenz und zu dem zurückzukommen, was ich sagen wollte: Wir werden das anziehen, was unsere eigene Welt ist - im heilen, wie im erschwerenden Sinne - wir ziehen das an, um es zu erkennen, um das zu sehen, was ist.

Wir werden vielleicht nicht immer gleich schaffen, unsere Welt zu heilen, aber wir können lernen, sie immer wieder neu zu erfinden - bis uns das Spiegelbild so richtig gut gefällt. Und so oft wir auch denken, dass es noch gewisse Schritte zu tun gibt, so oft realisieren wir vielleicht auch, dass es auch wieder Zeit ist zu ruhen und im Moment anzukommen.

Wir dürfen an einem gewissen Punkt dann auch einfach annehmen und sehen, dass unsere Welt mittlerweile stimmig ist und wir, wenn wir möchten, in die Weite blicken können. Wir dürfen dankend annehmen, dass nun alle Wege, die man zu sich selbst gegangen ist, in die eine Straße des Herzens münden.

Kapitel 4 Erinnerungsgedicht

Wo wir immer einen Platz haben.
Egal wie verschlossen dir die große Welt auch scheint,
deine kleine Welt ist die, die sich immer mit dir vereint.
Ganz egal, was dich beschäftigt, was dich verletzt,
deine Welt ist immer da, ob du sie versetzt oder zu ihr hetzt.
Egal, wie oft du die falsche Haustüre nimmst, dich verrennst,
du kannst entscheiden, ob du deine bunte Farbe bekennst.
Egal, worauf du deinen Fokus auch lenkst,
es ist an dir, dass du deinen immer währenden Platz erkennst.
Immer entscheidest du, was oder wem du Beachtung schenkst,
immer entscheidest du, wie du Themen siehst, sie benennst.
Wo wir immer einen Platz haben?
Das kann ich dir jetzt gerne sagen.
Überall und nirgends auf dieser Welt,
du entscheidest, was du baust, wo du aufschlägst dein Zelt.
Dort, wo dein Herz sich zu Hause fühlt,
das ist der sichere Ort, an dem dich so schnell nichts aufwühlt.
Da, wo wir immer einen Platz haben,
müssen wir nichts und niemandem nachjagen.
Dort lassen wir uns nichts in den Weg legen,
wir bitten niemanden um seinen Segen,
wir gehen mit liebevollen Augen auf unseren eigenen Wegen,
wir wissen, dass wir an diesem Platz alles selbst hegen,
alle Glaubenssätze, Erfahrungen und Wunden pflegen.
Wo wir immer einen Platz haben, das ist dort,
wohin du die Menschen einlädst, die genauso wie du schätzen
deinen wundervollen, paradiesischen Ort.

Kapitel 5
Über Elefanten und den liebevollen Fokus.

Egal, ob wir unsere kleine Welt gerade neu erschaffen, ob wir bereits glücklich in unserem Hafen leben oder wir wieder einmal dabei sind, irgendeinen Feinschliff vorzunehmen - es gibt da manche andere Welten, manche andere Menschen, bei denen unsere Welt immer wieder leicht ins Wanken gerät, wenn wir auf sie treffen.

Bei manchen ist es vielleicht sogar eine Art Aufprall, als würden zwei Wellen kurz vor unserer Bucht mit Schwung explodieren und sich die Kollision weit in die Höhe erstrecken - ein für jeden sichtbares Spektakel.

Wenn Wellen weit nach oben brechen,
wird ein Regenbogen auf dieses Licht treffen.

Fragen wir die Liebe zu diesem Thema, dann würde sie sagen, dass die anderen Menschen mit ihren anderen Welten keine bewusste Absicht hegen, nicht mit ihrem Herzen, genauso wie wir selbst keine bestimmte Absicht hegen, nicht mit unserem Herzen. Und sie würde auch hinzufügen, dass man auf sich achten und seine definitiven Grenzen kennen soll.

Warten wir nämlich zu lange, überschreiten wir immer wieder unseren Akzeptanzbereich und das kann dazu führen, dass unsere Welt ihren Schöpfer verliert und der Schöpfer seine Eigenverantwortung.

Es ist deshalb viel geschickter, wenn wir unseren Bereich liebevoll markieren und jeder das Territorium des anderen wertschätzend akzeptiert und wir Bedingungen für neutrale Felder festlegen. Sollte trotz dieser Toleranzbereiche eine Welle kurz vor beiden Buchten kollidieren, dann gibt es immer noch das Sonnenlicht, das in das Schauspiel einen Regenbogen zaubert, der viel Liebe und Weisheit für alle bereit hält, zumindest wenn wir in diesen Spiegel der Liebe sehen möchten. Und wenn man Dinge vorerst respektvoll trennt, dann kann zwischen zwei Schöpfern, zwischen zwei Menschen oft erst eine richtige Tiefe entstehen.

Ich möchte hier nämlich kein egoistisches oder getrenntes Weltbild vermitteln, sondern darauf aufmerksam machen, wie verschoben unsere kleinen Welten, wie verschoben unsere Verantwortungen so häufig in so vielen Dingen sind.
Würden wir wieder die Liebe um Hilfe bitten, würde sie uns darauf aufmerksam machen, dass wir andere oft für uns selbst verantwortlich machen, wenn es uns nicht gut geht. Wir haben vergessen, dass wir für uns selbst die größte Heilung inne tragen.
Die Liebe bringt Verständnis für uns auf und sie weiß, dass wir manchmal einfach nicht anders können, dass es manchmal einfach so viel leichter ist, die Lösung und die Erwartungen im Außen zu suchen. Wir könnten die Erwartungen selbst erfüllen und die Wunden mit der richtigen Unterstützung selbst heilen, doch wir klopfen oft lieber an die Haustüre eines anderen.

Wir müssen uns nicht die Themen anschauen, vor denen wir irgendwie Angst haben, die unsere Selbstzweifel hervorrufen und die uns vielleicht so schmerzen, dass wir nicht noch zusätzlich Salz in die Wunden streuen wollen. Aber wir können es ja auch vorsichtig mit Honig probieren…

…um uns nicht selbst von unserer Welt fern zu halten und sie so richtig cool zu gestalten.

Unsere kleine Welt ist wirklich das Beste und das Besonderste, was wir uns auf diesem Abenteuerspielplatz erschaffen können. Sie ist ein Sinnbild für das, was hinter der eigenen Haustüre sein kann und das Miteinander, das wir in allen Beziehungen führen können. Wir können es versuchen, auch wenn es dafür manchmal erst diesen Abstand braucht und vielleicht sogar diese raue See mit vielen Wellen und vielen Regenbögen entsteht. Je mehr wir uns unserer Selbst bewusst sind, desto besser können wir unterscheiden, wer wir sind, was unsere Themen sind, was überhaupt „unsere Haustüre" ist und welche „die Haustüre eines anderen Zuhauses" ist.

In keinem Haus lebt man gerne dauernd alleine - nicht ohne Besuch und nicht ohne Freunde oder Familienangehörige, nicht ohne Haustiere.
Jedes wunderschöne Haus braucht andere Menschen, die das eigene Haus noch wärmer und kuschliger machen, schließlich leben wir hier nicht allein auf dieser Welt. Und mittlerweile habe ich per Zufall auch mitbekommen, dass es nicht 1,irgendwas Milliarden Menschen auf der Erde gibt, sondern rund sieben Milliarden - da hab ich wohl was verpasst.
Also leben hier ganz viele andere Menschen mit uns gemeinsam, und wenn wir endlich für uns das Schlüsselerlebnis hatten und wir erkennen, dass jeder einzelne sein Haus, seine Welt erbaut, sein sicherer Hafen ist, dann erkennen wir vermutlich auch, wie viele das noch nicht so sehen, wie viele das noch nicht erkannt haben. Und das ist auch in Ordnung.

Jeder hat seinen Weg. Du gehst jetzt im Vertrauen deinen.

Denn es macht nur Sinn, in einem Haus zu leben, das dich mit Liebe und Glück erfüllt, wenn du es betrittst und auch die Mitmenschen dir das so spiegeln, weil sie sich genau so wohl darin fühlen.
Viele Mitmenschen fühlen sich bereits wohl in deinem Haus, sie werden sich dort vermutlich immer wohl fühlen, egal was du machst, egal wie du dich entwickelst, egal wofür du einstehst - auch wenn du das in diesem Moment vielleicht noch nicht glauben kannst. Außerdem flüstert dein Schutzengel fleißig deren Schutzengeln ständig ins Ohr, dass sie bitte Verständnis für dich haben sollen und dich unterstützen sollen, weil du jetzt

beginnst, aus deinem Cocon zu schlüpfen und ein Schmetterling für deine Welt zu werden.

Es werden da immer Menschen sein, die dich unterstützen, wenn du irgendwie unsicher wirst. Auch wenn du am Ende selbst der Hüter über deine Welt sein sollst, dann haben wir andere Mitmenschen geschenkt bekommen, damit sie uns bei unserer Entwicklung unterstützen. Diese Menschen werden auch immer einen Ehrenplatz in unserem Herzen tragen, unabhängig davon, ob wir ihnen das sagen, weil wir es fühlen und sie es auch.

Solltest du das Gefühl haben, dass dich niemand versteht, dann frag die Liebe, was sie dir rät. Vielleicht erklärt sie dir, dass du noch nicht die richtigen Worte für deine Herzenswahrheit gefunden hast. Oder sie erinnert dich an den Weg, auf die Unterstützung von Menschen zurückzugreifen, die ihrem Ruf gefolgt sind, anderen Menschen zu helfen, wie Therapeuten, Autoren, Lebensberater oder Hilfsorganisationen. Sie ermutigt dich vielleicht auch, dass du stark genug bist, du alles in dir trägst und du vorerst nur deine eigene Unterstützung brauchst, weil du insgeheim schon an deinen Weg glaubst.

Die Liebe versichert dir auch nochmals, dass unterwegs ganz viele Helferleins auftauchen werden, als Menschen, als liebevolle Zeichen und als liebevolle Wesen - sie erinnert dich erneut daran, dass du mutig sein kannst und sie dich bereits auf manche abweisende Zäune hingewiesen hat und sie immer an deiner Seite ist.

Freundlichkeit ist eine Sprache, die der Blinde lesen und der Taube hören kann (Mark Twain).

In uns lebt das ewige Göttliche, das ewige Licht und wir sind zwar kraftvolle Kunstwerke, doch sind wir nie auf uns alleine gestellt, weder als Mensch, noch als Seele mit universellem Geist. Wie gut, denn das macht es schon ein wenig leichter.

Wenn du anfängst, deinen Weg zu gehen und dich manche sonst sehr nahe Menschen einfach nicht verstehen wollen und dich das tiefer verletzt, als du zugeben möchtest, dann fühlt es sich oft doppelt schmerzhaft an, weil du ja eigentlich jetzt erst beginnst, dein wahres Sein zu leben.

Du erkennst dein Licht, du beginnst dein Licht zu strahlen und erfreust dich daran und kannst einfach nicht verstehen, warum jemand mehr oder weniger bewusst deine Flamme eindämmen will, dein Feuer klein halten möchte - warum jemand deine „Schein-Version" lieber mag.

Wenn jemand deine Schein-Version lieber mag, dann schreib dein Buch und gründe deinen eigenen Verlag.

Es hilft keine Verzweiflung und es ist nun einmal so zu akzeptieren, weil diese besonderen Menschen es gerade nicht anders tun können, weil sie es gerade einfach nicht besser machen können. Du bist auch nicht dafür verantwortlich, diesen Grund zu beheben, doch du bist dafür verantwortlich, es für dich zu verstehen und für dich in Liebe zu verarbeiten.

Du kannst mit offenem Herzen da sein, wenn sie dein wahres Ich sehen und sich mit dir darüber austauschen möchten. Irgendwann schaffen sie es, ihren wahren Sonnenscheinweg zu gehen oder dich auf deinem wiederzusehen. Es ist in Ordnung.

Jeder hat seine Zeit und jeder hat seinen ganz persönlichen Glücksweg und es ist besser für dich, wenn du selbst dich stets mit jedem deiner noch so kleinen Minischritte mitfreust.

In lichtvoller Wahrheit freust du dich nie allein.

Oft sagt man doch aber auch, „dass einem Steine in den Weg gelegt werden", obwohl wir sie uns eigentlich nur selbst in den Weg legen, weil wir unsere Aufmerksamkeit auf sie richten.

Wir können den Stein als Teil unseres Weges sehen - gekonnt darüber klettern oder leichtfüßig darübersteigen, wie eine Abwechslung auf unserem ebenen Pfad.

Wir verletzen den Stein dabei nicht, sind achtsam mit ihm und lassen den Stein einfach Stein sein. Wir haben selbst in der Hand, wie viel Aufwand wir ihm schenken möchten, wie sehr er unseren Weg erschweren darf. Meistens versuchen wir ihn aber wegzuschieben, ihn wegzustoßen und wir betreiben unfassbar viel Aufwand, unseren Weg so sauber und so rein wie möglich zu halten - ganz egal, wie viel Energie uns das kostet und wie ausgelaugt wir ohnehin schon sind. Wir vergessen irgendwann vielleicht sogar unseren weiteren Weg, auf den wir uns so gefreut haben, den wir schon so gerne gegangen sind.

Möglicherweise haben wir dann gar keine Kraft mehr, unseren eigenen Weg zu gehen, und unsere kleine Welt, die wir gerade dabei sind so viel schöner zu machen, gerät ohne ihren Hüter so richtig ins Wanken. Oft sehen wir unseren eigenen Weg nicht mehr, weil wir unsere Aufmerksamkeit auf ein vermeintliches Hindernis gerichtet haben, und das ist dann der schwere Sch(t)ein, der uns von unserem sonnigen Sein abhält.

Guten Morgen Guten Morgen Guten Morgen Sonnenschein
...diese Nacht blieb dir verborgen,
doch du darfst nicht traurig sein. (Nana Mouskouri)

Wir können aber auch versuchen, entspannt vor uns hin zu spazieren - wie eine Elefantendame oder ein Elefantenherr.

Wir gehen Schritt für Schritt in dem Tempo, dem unser Herz noch folgen kann. Wir stapfen jeden Tritt sicher auf den Boden und wir haben sogar ein leichtes Lächeln unter unserem Rüssel, weil wir uns schon so auf die nächsten entspannten Schritte auf unserem Sonnenscheinweg freuen.

Den Steinen, die wir glauben schon von weitem zu erkennen, blicken wir mit liebevollen Augen entgegen und wir sehen rücksichtsvoll über sie hinweg. Diese Steine können uns nämlich nicht aufhalten, selbst wenn sie sich in eine riesige Steinwand transformieren sollten - wir wissen, dass wir links und rechts drumherum auch einen Weg für uns finden und vielleicht können wir da sogar noch ein paar coole Abenteuer mitnehmen, herzergreifende Erfahrungen machen oder ganz besonders unterstützende Menschen kennenlernen.

Falls Steine sich von weitem durch unseren warmen Blick auflösen oder sich als neugierige Mini-Elefanten entpuppen, dann begleiten wir auf und mit unserem Weg vielleicht viele andere auf ihrem sonnigen Weg zum Sein.

Und...
...wenn wir nicht mehr zu hören oder zu sehen sind, dann bleibt da das liebevolle Gefühl im Wind.

Was dein Innerstes dir sagen möchte: Egal wie schwierig er auch sein mag, dein Weg, egal was dir scheinbar in den Weg gelegt wird, dein Weg ist mit deinem Herzen immer da und du entscheidest, wohin du deinen Fokus lenkst.

Es werden da auch immer die Menschen sein, die uns ganz besonders wichtig sind und die wir wirklich nicht verlieren möchten. Manchmal denken wir aber auch einfach zu viel nach und wir tragen zu viel Verantwortung für das Leben anderer, obwohl andere das gar nicht erwarten oder ihnen das gar nicht bewusst ist. Vielleicht sind andere glücklich mit dem Leben, das sie führen.

Wie die zwei Opas hier auf der Bank in meinem schönen Pampa-Ort. Vielleicht hätte ich früher nicht verstanden, warum sie so viel gearbeitet haben und sich am Ende des Tages darüber beschweren, dass sie so müde sind. Vielleicht hätte ich mich gefragt, warum sie ihr Leben nicht anders aufbauen, sodass sie abends nicht beschwert sind, und bestimmt hätte ich die perfekte Lösung für sie bereit gehabt und bestimmt hätte ich ihnen meine Lösung voller Freude und Hoffnung präsentiert und bestimmt hätten sie meine Lösung nicht einmal richtig verstehen können, geschweige denn umgesetzt, und bestimmt hätte ich mich selbst damit beschwert und bestimmt hätten sie sich dann gefreut, dass ich Anteil nehme an ihrem Beschwernis.

Phu.

Ganz schön viele Interpretationen und Beschwernisse, ganz schön viele Fremdbestimmungen, die man selbst bestimmt hat und die der Ehrlichkeit halber eigentlich Eigenbestimmungen heißen sollten.

Jetzt sitze ich hier in diesem anderen Café und muss aufpassen, dass ich nicht gleich zu heulen anfange, weil mich das gerade so berührt und weil ich so dankbar für diese Erkenntnis bin. Das ist ein großes Geschenk, denn es ist sehr herzergreifend zu erkennen, dass ich diese beiden Opas glücklich auf der Bank sitzen sehen darf, ganz gleich, welches Leben sie für sich gewählt haben und wie anstrengend es für sie war. Ganz gleich, wie viel sie sich in ihrem Leben noch beschwert haben, sodass sie jetzt ganz bucklig sind, einen großen Bauch haben und ohne einen Stock nicht mehr von ihrer Bank heim kommen - die zwei zufriedenen Opis hier sind glücklich und frei und sie hätten nie verlangt, dass irgendjemand durch ihr Beschweren sich selbst beschwert. Das hätte ihr Herz nicht ertragen.

Also gehen wir dahin auf unserem Weg und lernen uns selbst immer mehr kennen. Wir sind glücklich mit unserer eigenen kleinen Welt und wir sind dankbar für alle Menschen, die daran teilhaben und involviert sind und wir erfahren, wo wir immer unseren Platz haben.

Es ist unser aller Geschenk.

✺

Kapitel 5 Erinnerungsbild

Kapitel 6
Über Katzen und bewegende Kreise auf der Reise.

Ich versuche irgendwie schon seit mehreren Kapiteln tiefer in das einzutauchen, was für uns auf dem Weg (mit einem offenen Herzen und liebevollen Augen) meistens herausfordernd sein wird. Weil wir als fühlende Menschen wertvolle bestehende Beziehungen aufgebaut haben und weil Emotionen uns häufig leiten, da wir nicht als Einsiedler unter den vielen Milliarden von Menschen in unserer eigenen kleinen Welt enden wollen. Es soll auch nicht das Ziel sein, dass wir uns unsere eigene Welt erbauen und alle Menschen darin austauschen, damit wir leichter zurechtkommen und wir uns nicht mit manchen Themen auseinandersetzen müssen.

Wo blieben da die liebevollen Augen? Wo blieben da das Verständnis und das Mitgefühl?

Doch wie vorher schon erwähnt: Wenn wir uns dafür entscheiden, unseren Weg zu gehen, dann wollen das vielleicht manch andere aus deren eigenen Gründen nicht sehen.

Wenn wir beginnen unseren eigenen Schatz zu sehen, wird manch einer seinen Wert vielleicht nicht verstehen.

Ich glaube, mir hat in den letzten Tagen immer das passende Bild dazu gefehlt und jetzt sitze ich hier in der Küche in dem Haus, in dem ich gerade wohne, und alle anderen sind in der Arbeit. Ich sitze hier allein am Küchentisch und fühle mich wohl, doch generell beschäftigt mich derzeit immer wieder die Thematik, dass man manchmal Menschen irgendwie nicht „mitnehmen" kann, sie einem nicht „nachkommen" können, man mit ihnen nicht über gewisse Dinge und Zukunftspläne reden kann.

Man kann mit ihnen darüber reden, aber man kann kein Verständnis erwarten und auch keine Unterstützung, selbst

wenn man sich das wünscht. Manchmal lassen wir von Menschen so viel Fokus und Ablenkung auf sich ziehen, dass unsere subtilen Ängste und Zweifel Hochzeit feiern.
Es ist herausfordernd, erstmals ganz bewusst und selbstständig unseren Herzensweg zu gehen, und Mut und Vertrauen sind zwar unsere treuen Begleiter, doch sind sie vielleicht nicht immer da und manche Menschen in unserem Umfeld spiegeln uns genau diese Herausforderung.

Wir werden daraus wachsen, wenn wir glauben, dem noch nicht gewachsen zu sein.

Schon vor Tagen, habe ich noch in Lissabon dazu etwas verfasst, aber erst heute passt es hier ins Buch. Spannend irgendwie, weil das Bild, das es zu diesem Thema wohl vorher gebraucht hat, in diesem Moment die Katze gebracht hat, die mich gerade wirklich nervt. Ich mag Katzen. Zwar nicht unbedingt soo, Hunde sind mir lieber, weil sie in meinen Augen einfach ehrlicher sind, aber das ist ein wertender Glaubenssatz von mir.
Da in diesem Haus wohnen aber nun einmal keine drei Hunde, sondern drei Katzen und Isis, die Gastgeberin. Sie ist wie eine gestresste Fee und sobald man sie einmal in ihrer verrückten Freude mit den Katzen sieht, mag man die Katzen automatisch und man lernt sie anders wert zu schätzen, auch wenn diese Tatsache vor allem Isis und dem Respekt für ihre Katzenliebe zuzuschreiben ist.
Am meisten stören mich einfach die ganzen Katzenhaare, vor allem wenn man sie aus dem Essen fieselt oder man sich frisch angezogen hat und man die Haare überall mit hin nimmt - aber gut, dass ich heute dann doch das von gestern angezogen habe.

Jedenfalls sitze ich hier in der Küche und da ist immer diese eine von den drei Katzen, die gerne mit mir schmusen möchte. Das ist auch die Katze, die mich immer begrüßt, wenn ich nach einem Spaziergang nach Hause komme, sie hat mich sogar begrüßt, als ich in der ersten Nacht mit starkem Kopfweh und total müde hier angekommen bin, und das fand ich in dem Moment wirklich lieb und es war ein schöner, gelungener Überraschungsempfang.

Trotzdem hält Shanti, die Katze, mich gerade von meinem Schreiben ab und heute möchte aber so viel aus mir fließen und ich bin total fokussiert auf mein Buch und sehe es schon förmlich vor meinem inneren Auge. Ich sehe, wie sehr ich mich freue, wenn ich es in der Hand halte und zum ersten Mal selbst durchlese, das freut mich riesig, aber das versteht Shanti natürlich nicht. Wie denn auch! Ich habe ihr tatsächlich schon gesagt, dass ich jetzt schreiben möchte und ich sie danach streichle - dann, wenn ich zufrieden bin mit dem, was ich aufs Papier gebracht habe. Aber meine Streicheleinheit wäre für sie eben jetzt und in diesem Moment das I-Tüpfelchen nach ihrer Mahlzeit und außer mir ist da ja niemand.

Ich hab versucht, ihr verständlich zu machen, dass ich jetzt schreibe, sie hat mich nicht in Ruhe gelassen, hat weiter mit großen Augen fragend miaut und ich habe schließlich gesagt „Okay, dann hüpf hoch und leg dich auf meinen Schoß, aber ich kann dich nicht streicheln, ich schreibe."

Zack, schon war sie auf meinem Schoß, aber sie hat sich nicht an meine Bedingung gehalten, weil sie sie nicht einmal verstanden hat oder weil sie die Hoffnung hatte, dass ihre Wärme und ihre süße Kuschelaktion mich von ihr überzeugen würden und ich dann endlich mit dem Schreiben aufhöre. Das habe ich auch kurz getan und ihr dann gesagt, dass sie sich jetzt hinlegen soll, weil ich jetzt in Ruhe schreiben mag. Pustekuchen - ich habe begonnen, sie zu ignorieren, sie hat mich fast wahnsinnig gemacht und mir irgendwann sogar in meinen Daumen gebissen.

Hahaha, jetzt muss ich wirklich lachen. Ich habe die Augen verdreht, mein Ding weiter gemacht und habe ihr nochmals gesagt, dass sie sich hinlegen kann oder gehen muss.

Wenn Bedürfnisse anderer unsere eigenen überschreiten.

Shanti hat das Spiel weiter getrieben und ist irgendwann einfach runter gehüpft, und eine Zeit lang war es dann kalt auf meinem Schoß und damit musste ich dann auch zurechtkommen. Die Wärme darf mein Körper jetzt selbst wieder produzieren und die ganzen Haare,... ja, die habe ich in Kauf genommen, als ich ihr zu verstehen gegeben habe, dass sie zu mir hochhüpfen kann.

Sie hat jetzt nochmals was getrunken, sich kurz hingelegt und mittlerweile ist sie wieder zu mir hochgehüpft, tatsächlich hat sie mich vorher aber wieder mit diesem fragenden Blick angesehen und ich habe zu ihr gesagt „Komm, aber du kennst die Bedingung.".

Zack war sie wieder da, ich habe sie gleich ignoriert und kurz hat sie ihr Kuschelphänomen probiert, aber dann hat sie es gelassen, stattdessen auf meinem Oberschenkel herumgetapst und sich dann hingelegt. Jetzt streichle ich sie ab und zu, sie sieht mich dann total lieb an, kuschelt sich an meinen linken Schreibarm und ich freu mich über die Harmonie, die sich tatsächlich eingespielt hat.

Als sie gerade wie aus dem Nichts aufgesprungen ist, ohne sich von mir zu verabschieden, damit sie ihr Revier vor der unerwünschten Nachbarkatze an der Terrassentür verteidigen kann, war mein Schoß wieder kalt. Dieses Mal aber anders kalt, weil es wirklich schön warm war und ich ja sowieso schon voll mit Haaren bin.

Ich habe mich daran gewöhnt, dass ich mein Ding durchziehen kann und sie mich irgendwie mit ihrer Wärme und ihrem ruhigen Geschnurre unterstützt und sie hatte sich daran gewöhnt, dass sie bei mir sein kann und ich sie streichle, weil sie nichts mehr von mir erwartet - bestimmt war das auch für sie ein schönes Gefühl. Doch wie es immer so ist, hat jedes Lebewesen seine Bedürfnisse und am Ende ist man sich immer selbst der oder die Nächste.

...weil nur wir selbst übrig bleiben, wenn andere gehen.

Tatsächlich habe ich auch nicht erwartet, dass ich sogar aufstehen müsste, weil meine Oberschenkel sich selbst irgendwie nicht mehr aufgewärmt haben.
Diese Gelegenheit habe ich genutzt, um meine Kleidung von all den Haaren zu befreien, mir meine Hände zu waschen und meinen Frühstücksbrei zu machen. Ich war beschäftigt und an die Katze habe ich gar nicht mehr gedacht, sondern war in meiner kreativen Gedankenwelt vertieft und war mir plötzlich auch darüber bewusst, wie ich das nächste Kapitel füllen werde und darüber, wie das nächste Kapitel stimmig zu diesem hier passen wird. Ich habe mich gefreut, habe mich auf meinen Stuhl gesetzt und in Gedanken schon weitergeschrieben und die Worte haben sich fast überschlagen, weshalb ich nicht bemerkt habe, dass mir mein heute extra flüssiger Haferbrei, in der heute extra randvollen Schüssel, auf meine Oberschenkel läuft. Tja, noch kurz ein Bananenstück hinterher, denn auch das Essen hat seine Aufmerksamkeit verdient und auch auf diese Aktivität könnte man seinen Fokus, seine Energie richten... - und das nachfolgende Zitat hängt über dem Küchentisch, an dem ich gerade sitze:

Er sagte: „Versuche zu lernen tief zu atmen, das Essen wirklich zu schmecken, wenn du isst und wirklich zu schlafen, wenn du schläfst,... (übersetzt von Ernest Hemingway)

Stell dir nur mal vor, die Katze wäre dann noch gekommen, hahaha. Aber zum Glück hatte die Katze ihre eigene Beschäftigung und wenn sie gekommen wäre, hätte sie klar an meinem Ausdruck erkannt, dass es gerade wirklich nicht geht.
Also habe ich mich umgezogen, mich kurz geärgert darüber, dass ich heute morgen nicht auf meine Intuition gehört und nichts Frisches angezogen habe.

Während ich mich umgezogen habe, hab ich darauf vertraut und darum gebeten, dass ich mir alle Worte merke, die ich sagen wollte und bin zu dem Schluss gekommen, dass es heute klüger ist, in das Café mit der strahlenden Frau zu gehen.

Während ich am Küchentisch meinen Laptop eingepackt habe, ist mir Shanti aufgefallen, die ruhig auf dem Stuhl geschlafen hat, auf dem sie mich vorher „zurückgelassen" hat. Irgendwie hatte ich dann plötzlich das Gefühl, dass sie dem Moment von vorher nachhängt und sie mir sagen wollte, dass sie nicht anders konnte, als schnell ihr Revier zu verteidigen.
Sie kann nicht ahnen, dass ich sowieso Verständnis für sie habe, dass ich mir meiner und ihrer Verantwortung bewusst bin, auch wenn es manchmal anders bequemer und kuschliger wäre. Also hab ich die Katze zum Abschied gestreichelt, sie hat auf dem Stuhl weitergeschlafen und nun sitze ich in dem Café, mit dem friedlichen Gefühl einer reinen „Anna-Shanti-Beziehung" und mit frischen schönen Klamotten. Hier wurde ich gerade mit offenen Armen empfangen und ich versuche mich nun an meine Worte zu erinnern, die ich aus meiner heutigen, länger als gedachten, Katzenküchengeschichte schlussfolgern wollte.

...in Liebe alle Wege sehen.

Denn ich wollte für uns Menschen, für unser Miteinander und für unseren eigenen Weg in unsere eigene kleine Welt noch ein anderes Sinnbild schaffen.
Es ist in unseren bestehenden Beziehungen nämlich genau so, dass wir manchmal das Gefühl haben irgendwie kein Verständnis entgegengebracht zu bekommen, weil eben jeder seine Bedürfnisse und seine eigenen Themen hat. Und wir sehnen uns alle nach Anerkennung und danach, von allen verstanden zu werden. Doch wenn es manche Mitmenschen, so gern sie uns auch mögen, nicht tun, dann können diese Menschen wie schwere Steine auf unserem Weg entarten, weil

wir der Thematik zu viel Gewicht und zu viel Beachtung schenken. Das sind dann die Momente, in denen wir mit allen Mitteln versuchen, die Steine aus unserem Weg zu räumen, anstatt die Steine Steine sein zu lassen. Das sind die Momente, in denen wir oft den Fokus auf unseren eigenen Weg verlieren. Die Momente, in denen wir manchmal vielleicht sogar lieber nicht mehr unseren eigenen Weg weitergehen möchten, weil es uns zu zweit sicherer vorkommt, es zu zweit gemütlicher ist.

*Doch wir sind nie allein,
wir haben ein unsichtbares Liebes-Daheim.*

Versuche ich das Sinnbild der Katzengeschichte aufzugreifen, dann sind wir der mutige Mensch, der zum ersten Mal in seinem Leben selbstständig und im Vertrauen seinen Herzensweg geht.

Die Katze ist wie ein Mensch auf unserem Weg, der sich versichern möchte, dass wir ihm noch genug Aufmerksamkeit schenken, dass wir diesen Menschen nicht vergessen haben. Wir spüren aber, wie sehr dieser Mensch an uns zieht und wie viel Fokus dieser Mensch von uns erwartet, weil er von uns nicht kennt, dass wir begonnen haben, erst auf uns selbst zu achten.

Wir ignorieren die Katze, diesen Menschen nicht, sondern wir bringen Verständnis und Mitgefühl auf und mit liebevollen Augen versuchen wir ihn in unseren Weg zu integrieren, sodass wir aber trotzdem den Hauptfokus auf unsere Welt gerichtet haben, die wir uns gerade erschaffen möchten.

Wir schlagen dem Menschen eigentlich einen liebevollen Deal vor und wenn dieser Mensch sich entscheidet, den Weg vorerst alleine weiterzugehen, weil er uns einfach nicht verstehen kann, dann müssen auch wir diese Entscheidung akzeptieren. Diese Entscheidung ist dann auch nicht gegen uns oder gegen unser Herz, sondern diese Entscheidung ist für den Weg der anderen Person, auch wenn sie uns anfangs vielleicht die Schuld gibt, weil sie zutiefst verletzt und enttäuscht ist.

Solange wir liebevoll und mit mitfühlenden Augen die Beziehung zu dem und die Handlungen des anderen Menschen betrachten können, solange senden wir liebevolle Kreise aus. Wir starten eine bunte Energie, zünden einen lichtvollen Energiekreis für unseren eigenen Weg und zünden auch Lichtkreise für alle Menschen, die uns auf dem Weg begegnen. Es ist trotzdem nicht unsere Verantwortung, ob der andere Mensch auf unseren liebevollen Deal eingeht - ob ihm die Aufmerksamkeit genügt, die wir gerade für ihn zur Verfügung haben.

*Wir können gefühlvolle Worte sagen
und nach tausend Worten den Liebesschritt weiter wagen.*

Unsere liebevolle Sichtweise bleibt und das ist ein wichtiger Schlüsselpunkt in bestehenden Beziehungen, die plötzlich ins Wanken geraten. Denn denkst du kurz an die Kreise, die ich anfangs beschrieben habe, dann erinnerst du dich vielleicht daran, dass alles, was wir mit Liebe, Verständnis und Mitgefühl aussenden, sich auch in dieser Form schließt und zu uns zurückkehrt.

Wir können zwar nicht davon ausgehen, dass es in der Form von dem Menschen, der uns mit seinem Bedürfnis auf die Probe stellt, zurückkehrt, doch der Liebeskreis wird sich in irgendeiner schönen Form schließen.

Caro, die Freundin, die mich mit den Kreisen inspiriert hat, hat mir gesagt, dass sie ursprünglich an Beziehungskreise gedacht hatte, weil sich jeder Mensch in Kreisen bewegt und solange sich die zwei Kreise von zwei Menschen an irgendeinem Punkt noch berühren, solange besteht die Möglichkeit, dass Menschen sich in Liebe wiederfinden. Wenn beide in irgendeiner Form einen Liebeskreis für den anderen aussenden, ausgesendet haben, dann bleibt die Verbindung offen, wenn sich auch die Wege vorerst trennen.

Wir sind nur für unseren Teil verantwortlich und wenn der andere Mensch kein Licht mehr für den Kreis in Bezug auf unsere Beziehung übrig hat, dann können und müssen wir nichts tun. Wir müssen nur entscheiden, wie viel Fokus wir dem Lichtkreis schenken, den wir für diesen Menschen übrig haben.

Wir entscheiden, wir sind dafür verantwortlich, was und wen wir mit offenem Herzen auf unserem Weg empfangen möchten, und trotzdem können wir von anderen Menschen nicht erwarten, dass sie uns einen Platz offen halten.

Wenn wir uns bewegen, berühren wir uns, berühren wir uns, bewegt sich etwas in uns.

Um auf das Sinnbild mit der Katze zurückzukommen: Die Katze hat uns nicht den Rücken zugekehrt, obwohl sie gesehen hat, dass es eine andere Beschäftigung gab, sie war nicht enttäuscht. Vielleicht konnte sie aber noch gar nicht einschätzen, wie sich die Erfahrung von weniger Aufmerksamkeit von unserer Seite für sie anfühlen würde. Sie ist voller Vorfreude auf unseren Schoß gehüpft und war dann überrascht, wie anders dieses Gefühl doch ist und sie hat für sich dann entschieden, ihren Weg anders weiterzugehen und uns vorerst zurückzulassen.

Auch wenn wir anderen Menschen manchmal indirekt Bedingungen stellen müssen bzw. wir unsere gesunden Gefühlsgrenzen aufzeigen, weil wir in der Aufbauphase unserer Welt sind und unsere schöpferische Kraft, unser Mut und unser Vertrauen auf Hochtouren gefragt sind, auch dann sind wir selbst manchmal überrascht, wie es sich anfühlt, wenn diese lieben Menschen sich für einen anderen Weg entscheiden und sie auch nicht bereit dafür sind, gemeinsame neutrale Felder festzulegen.

Genau so schmerzlich ist es manchmal, wenn diese vertrauten Personen sich überraschenderweise dazu bekennen, dass sich für sie etwas unstimmig, unharmonisch und nicht mehr richtig anfühlt und sie lieber ihren Weg ohne uns weitergehen. Ja, das kann manchmal eine große Kälte hinterlassen, weil es so vertraut und kuschlig war, so ruhig und in sich harmonisch. Man war irgendwie ein gutes Team, war auf seinem Weg, konnte fokussiert bleiben und man war dankbar, dass man ein Stück davon begleitet wird.

Weil man zu zweit zwei Herzen hat.

Und auch wenn man in jedem Moment Verständnis für die andere Person aufbringen möchte und man es schafft, mit liebevollen Augen den anderen Menschen zu betrachten, weil man weiß, dass jeder seinen eigenen Weg in seine eigene Welt hat, darf man traurig darüber sein.
Dann ist es manchmal einfach so, dass man kurz aufsteht, sich selbst Wärme schenken darf, und dass man sich Zeit nimmt um sich zu sortieren, sich zu reinigen und die Leere zu akzeptieren, die gerade entstanden ist - denn das eigene Revier zu verteidigen hat nun einmal höchste Priorität. Manchmal schadet es dann auch gar nicht, wenn man sich weiter ablenkt und die Leere, der man sich bewusst ist, versucht mit irgendetwas zu füllen, das einen im Herzen berührt und glücklich macht.

Sich ablenken, dem Gefühl Beachtung schenken und glücklich für das eine Herz weiterdenken.

Man wechselt den Fokus auf etwas, das einem leichter fällt, um sein Ziel dann wieder mit Leichtigkeit verfolgen zu können. Genau wie mir die netten amerikanisch-portugiesischen angetrunkenen Männer am Nebentisch in diesem Moment gerade Leichtigkeit gegeben haben, als sie mich aufgezogen haben, worüber ich denn so vertieft schreibe. Einer von ihnen, Steve, hat mit der Rolle als betrunkener Mann im Hintergrund im Film „Same same but different" mitgespielt - das Gelächter, als er das gesagt hat, war echt herzzerreißend, vielleicht hat er auch Blödsinn erzählt, aber in jedem Fall hat mich das gerade aus meinen schwermütigen Worten erweckt.

Das sind dann die kurzen Momente, die einen wieder in die Leichtigkeit des Seins zurückholen und einen daran erinnern, dass wir alle „gleich und gleich aber unterschiedlich" sind. Die Momente, die uns daran erinnern, dass, wenn manche gerade (vorerst) gegangen sind, wir trotzdem nie alleine sind, wir trotzdem andere Menschen geschenkt bekommen, wenn wir empfänglich dafür sind. Und so wie die Katze in meiner heutigen Geschichte, so werden die Menschen wieder zu uns kommen, die auch für uns noch Liebe übrig haben und so werden sich die liebevollen Kreise schließen und sich Menschen und Wege wiederfinden, die sich wiederfinden möchten.

Bewegende Kreise

Weil sich alles in Kreisen bewegt,
bestimmen wir selbst, wer mit uns geht.

Weil sich alles in Kreisen bewegt,
ist es nicht leer, wenn niemand mehr neben uns steht.

Weil sich alles in Kreisen bewegt,
wird zu uns zurückkommen, was wurde mit Liebe gepflegt.

Weil sich alles in Kreisen bewegt,
ist Verständnis das, was Mitgefühl hegt.

Weil sich alles in Kreisen bewegt,
sind Berührungspunkte das, womit man leichter lebt.

✺

In dieser Woche hat mich von zu Hause aus eine traurige Nachricht erreicht.

Immer wenn ich aus meinen Wolken geholt und geerdet werde - dem Leben und den Umständen gegenüber, dann fühle ich ein tiefes Mitgefühl und eine Traurigkeit, weil gewisse Dinge gewisse Lebensumstände veranlassen.

Ich bin dann traurig darüber, dass so viele Menschen ihren wahren Weg nicht gehen und solche schmerzhaften Ereignisse entstehen.

Es tut mir Leid, dass so viele ihr Licht nicht anerkennen und dass so viele, die es erkennen, all die, die ihren Herzensruf unterdrücken, den Weg nicht finden oder den Mut nicht aufbringen können, um für diesen Ruf einzustehen. Einfach dem inneren Ruf zu vertrauen und ihm zu folgen.

Beginnt man nie wirklich seinem Herzen zu folgen, dann muss man sich doch bewusst sein über die Folgen...

Mich macht das unfassbar traurig, weil das eigentlich der Ursprung allen Leids ist. Der Ursprung von Krankheiten, von Missverständnissen, von Trennung, von Egoismus und von Gewalt. Mir fällt kein Grund auf dieser Welt ein, dessentwegen wir nicht glückselig sein dürfen - zumindest keiner, wenn ich mit liebevollen Augen suche.

Bei mir ist es dann meistens so, dass ich bei traurigen Nachrichten zuerst einen Gedanken im Kopf habe, der mit liebevollen Augen erklärt, warum das so ist, dann werde ich traurig und mitfühlend und dann werde ich irgendwann wütend, weil ich mich vor dem Schmerz schützen muss und ich den ganzen Frust an irgendjemandem auslassen möchte - und wenn es in meinem Fall hier sogar ein ganzes System ist, für das sich vielleicht eine Seele geopfert hat.

Man könnte sich jetzt kritisch fragen (das tut mein Verstand ja auch immer wieder mal gerne), warum ich dieses Buch für die Liebe schreibe, was ich denn der Welt weitergeben möchte, wenn ich selbst solche innerlichen Kämpfe austrage und ich selbst nicht nur „Friede Freude Eierkuchen" bin.

Ich möchte der Welt reale Liebe weitergeben, die sie bei sich selbst beginnen kann, genauso wie ich es versuche und jeden Tag erneut einen Eierkuchen backe - mal größer, mal kleiner, mal besser, mal schlechter, mal vegan und auch mal mit Eiern von ärmsten Hühnern.
Wir sind Menschen und haben einen bestimmten allgemeinen Entwicklungsstand, der uns insgesamt beeinflusst - wir backen den Eierkuchen am Ende gemeinsam.

Backe, backe Kuchen, die Erde hat gerufen.

Alles ist Energie und alles hängt zusammen, alles ist miteinander verknüpft und ineinander verwoben. Ist man getrennt, ärgert man sich über die anderen „Weltzerstörer", die einem seine eigene kleine Welt so schwer machen und derentwegen die ganze Welt nicht vorwärts kommt; ist man verbunden, dann hält man den „Weltschmerz" kaum aus und man fragt sich, wo man anfangen möchte mit seiner eigenen kleinen Welt, um sie heil zu halten und einen Beitrag zu leisten. Man fragt sich vielleicht, wie man seine eigene erfüllende Tropfenwahrheit einbringen kann, dass sogar andere davon profitieren und man trotzdem in der vollen Eigenverantwortung bleibt.

Es beschäftigt mich selbst immer wieder, wie man seine eigene kleine Welt heil hält und wie man mit seiner kleinen Welt Teil der großen Welt wird. Die Lösung für mich ist: Keine Sorge haben, sich selbst nicht begrenzen und sich immer wieder fragen, was denn die Liebe zur eigenen Welt sagen würde, welchen Kommentar Gott hinterlassen würde, wenn er bei uns zu Besuch wäre.
Fragen wir uns mit den Augen der Liebe, dann machen wir sowieso nie Fehler, wir machen höchstens das nächste Mal

etwas anders und dann machen wir vielleicht wieder etwas anders, obwohl wir es ja schon einmal anders gemacht haben.

Irgendwann haben wir dann das Gefühl, dass Gott nicht extra vorbeischauen muss, wir ihn nicht wieder fragen müssen, weil sein Mitgefühl und seine Liebe in unserer kleinen Welt wohnen und somit über allem thronen. Wir erkennen, dass wir unsere Macht an ihn als „externe Komponente" abgegeben haben, obwohl wir seine unerschöpfliche Quelle in uns tragen.

Wir bitten und wir danken uns selbst in Gebeten, auch wenn wir in den Zauber der Mutterliebe eintreten.

Also habe ich selbst merken müssen, dass ich in meinem Leben gut darin war, mich von meinem Weg fern zu halten, mich selbst zu verleugnen, dass ich besser darin wurde, meinem Herzen zu folgen, ich besser darin wurde, mich zu akzeptieren, ich schlechter darin wurde, Menschen zu akzeptieren, die mich nicht mehr akzeptiert haben - ich habe die Kreise von meiner Seite aus nicht mit Liebe offen gehalten, sondern aus Schutz für mich verschlossen.

Ich habe erkannt, wie ich wiederum besser darin wurde, für mich einzustehen, bis ich irgendwann schlecht darin wurde, jemand anderen für mich einstehen zu lassen. Ich wurde extrem gut darin, mich zu kennen, ich habe schnell ein Bewusstsein für „richtig und falsch" bzw. „göttlich und nicht göttlich" entwickelt und war mit wenigen Ausnahmen gut darin, mein Ding durchzuziehen.

Heute weiß ich, dass man dieses vermeintliche Bewusstsein „spirituelles Ego" nennt, und dass man sich getrennt fühlt, wenn man vermeintlich überlegen ist - weil Gott in Wahrheit in allem ist.

Heute weiß ich, dass wenn ich die Liebe - die Mutter meiner Seele gefragt hätte, was sie über meine kleine Welt denkt, sie mir göttlich in Form von diesem Gedicht geantwortet hätte:

Meine kleine Scheinwelt

„Anna, du glaubst heil zu sein,
befreie dich von diesem schmerzlosen Schein.
Anna, du meinst, die einzige Antwort zu kennen,
durch dein Verständnis ja und nein als richtig zu benennen,
doch muss ich dir Bewertungsfreiheit als meine Liebe nennen.
Warum fragst du, wie mir deine Welt entspricht?
Ich bin da. Verstehst du nicht?
Anna, du beweist dich, jagtest dem nach zu gefallen,
geh in dich, denn deine wahre Gabe wird in Liebe nachhallen.
Achte und befreie dich, vertrau und hab Spaß an deinem Leben,
du wirst dich wundern, was du alles hast zu geben - viel Segen.
Bitte wisse, ich liebe dich in reinster Urform - das ist „sehr",
ich freu mich, wenn du mich ausdrückst immer mehr."

✻

Heute weiß ich, dass mit offenem Herzen verletzt zu werden weniger schmerzt als mit verschlossenem Herzen andere zu verletzen.

Heute weiß ich - Gott und der Liebe sei Dank - auch, dass jede Form von Bewertung Trennung von Liebe und Mitgefühl bedeutet, und dass Verständnis dankbares Mitgefühl und bedingungslose Liebe zur Folge haben.

Vor einem Jahr war ich in meiner Scheinwelt, die ich mir mit viel Mut und schöpferischer Tatkraft als meine kleine Welt aufgebaut habe, weil ich vor dem geflüchtet bin, was mir am meisten Angst bereitet hat - der bedingungslosen Liebe, denn dafür hätte ich mein Herz öffnen und wieder fühlen müssen.

Bestrafung ist, andere Menschen verletzt zu haben, die für uns ihre Herzensoffenheit ohne Erwartung wagen.

Und auch wenn ich manchmal dazu neige, mich selbst zu verurteilen und mich sogar dafür schäme, dass ich es einfach nicht anders geschafft habe meine kleine Welt gleich in Liebe zu verstehen und die Menschen um mich immer mit Mitgefühl zu sehen, auch dann werde ich daran erinnert, dass ich mich selbst genauso mit liebevollen Augen betrachten darf, wie ich es bei anderen heute tue und dass ich mir selbst dafür vergeben darf.
Denn wie soll man einen wahren Kreis der Liebe aussenden, wenn er sich für sich selbst nicht einmal vollenden darf?

In meinem Kopf habe ich immer das Gefühl gehabt, dass ich achtsam sein muss, wie ich das über die eigene kleine Welt alles so schreibe, denn ich war mir bewusst darüber, dass der Grad so schmal ist, auf dem man da wandert, weil ich selbst dort gewandert bin. Ich weiß, wie es ist, ein Helfersyndrom zu haben und ich weiß, wie es ist, sich da rauszuboxen. Und das Schönste ist... alles, wessen man sich bewusst ist, kann man für die nächsten Momente der Ewigkeit anders machen. - Ohne von sich selbst abzugeben und ohne schützende Mauern um das Leben.

Und deshalb gibt es dieses Buch als „Denkmal", denn nicht alles muss man selbst erfahren, wenn man es gefühlt und im Herzen verstanden hat.

Für ganz, ganz viele bewegende Kreise auf unserer Reise.

✺

Kapitel 6 Erinnerungsgeschichte

Über Katzen und bewegende Kreise auf der Reise.

Jetzt fällt mir gerade eine Geschichte von einer lieben Heilpraktikerin am Tegernsee ein, die ich etwas umformuliert habe:

„Früher, als Gott mit seinen Engeln die Erde in Liebe schuf, beratschlagten sie, wo sie die Weisheit der bedingungslosen Liebe verstecken sollen, weil die Menschen einfach noch nicht so weit sind, achtsam mit ihr umzugehen, denn die Menschen führen bald noch Krieg und sie missbrauchen die Liebe für materielle Zwecke.

Sie beratschlagten und fanden kaum eine Lösung, weil die Menschen so klug sein würden und alles entdecken möchten. So sagte ein Engel dann, dass man die Weisheit ja in den tiefsten Tiefen der Meere verstecken könnte, denn dort werden die Menschen niemals nach der Wahrheit des Seins suchen.

Nein, sagte ein Engel, die Menschen sind klug, mit einem U-Boot haben sie bald die tiefsten Tiefen des Meeres erobert und trotz der Meeresverschmutzung werden sie die Liebe finden und missbrauchen - wir müssen sie auf dem höchsten Gipfel dieser Welt verstecken, da kommen sie niemals hin.

Nein, sagte ein anderer Engel, die Menschen trainieren aufs Äußerste, egal ob ihr Körper das aushält oder nicht, die Menschen werden sich nicht zufrieden geben und alles erklimmen und sie werden sogar den höchsten Berg auf sich nehmen, um die göttliche Essenz zu missbrauchen.

Dann folgte Stille, denn Gott war ratlos und auch seine Engel wussten keinen Weg, den sie den Menschen verwehren könnten und ohne die bedingungslose Liebe konnte die Welt nicht geschaffen werden, weil aus ihr alles wächst.

Tage vergingen, bis die Engel im Chor Gott sangen - „Ich weiß, wo die Menschen zuallerletzt suchen werden, dann, wenn sie alles probiert haben und dann, wenn sie innerlich gefühlt nichts mehr besitzen, obwohl sie von außen alles herangetragen haben, dann werden die Menschen anfangen, wahrhaftig zu denken, die Menschen werden sich auf sich besinnen, sie werden beginnen, Dinge zu hinterfragen und dahinter sehen.

*Sie werden neugierig dahinter sehen
und sie werden gefühlvoll verstehen.*

Und dann, wenn sie hinter ihre Fassade blicken, dann werden sie die göttliche Weisheit, die bedingungslose Liebe und wahre Essenz in sich finden und beginnen, ihre Wege danach auszurichten."

Gott strahlte in all seiner Liebe und alle waren sie erfüllt mit tiefer Dankbarkeit und mit dem Vertrauen, dass diese ganze große Welt durch all die vielen kleinen Welten eine der Schöpfung entsprechende Wende der Liebe nehmen wird."

Die Weisheit der bedingungslosen Liebe – in uns.

✸

Kapitel 7
Sich in den Fluss des Herzens begeben.

Wenn man sich nun bewusst darüber ist, dass wir alle lichtvolle, bunte, unterstützte, geführte und geliebte Wesen sind und man sich selbst ehrlich begegnet ist und sich selbst ohne Wertung so wahrnimmt und akzeptiert, wie man nun einmal ist, dann lernen wir uns so kennen, dass wir nicht nach ein paar Jahren uns selbst in eine andere Version, „die für uns ein tolles Bild darstellt", ersetzen möchten.

Wir können bei uns bleiben und ersparen uns vermutlich das Gefühl, dass wir noch einmal ganz neu anfangen wollen, dass in unserem Leben gefühlsmäßig etwas gar nicht stimmt und so richtig schief läuft. Wir lernen uns selbst so kennen, dass wir auch sonst nicht mehr das dringende Bedürfnis haben, andere Menschen plötzlich auszutauschen.

Kein Tausch aufgrund keiner Täuschung.

Wie viel Heilung in der Beziehung zu uns selbst liegt, wie viel Schmerz wir uns ersparen, wenn wir uns ohne Masken und Schein entdecken und so anderen Menschen begegnen.
Wie viel Liebe wir erfahren, wenn wir in unseren Spiegel sehen und unsere Augen uns voller Mitgefühl, tiefer Dankbarkeit und Stolz entgegensehen.
Wir schauen in diesen Spiegel und sind berührt, tief aus unserem Herzen für uns selbst.
Wir sind stolz auf uns, dass wir diesen ganzen Mut aufgebracht haben, hinter Dinge zu sehen. Wir sind stolz auf uns, dass wir uns selbst so kritisch angesehen haben, wie wir andere auch oft angesehen haben, wir sind stolz auf uns, dass wir anderen Menschen Verständnis entgegenbringen konnten, dass wir sie wirklich „gesehen" und „verstanden" haben. Wir sind einfach

stolz auf uns, dass wir sogar Vergebung finden konnten. Für uns selbst und für andere. Wir sind so unfassbar überwältigt von unserem Mut und von all dem, was wir uns so schwer erarbeitet haben.

Es hat sich manchmal vielleicht angefühlt wie ein Kampf - manchmal hatten wir das Schwert in der Hand, um mit unserer letzten Kraft unser eigenes Revier zu verteidigen und manchmal haben andere uns die Pistole auf die Brust gesetzt und wir konnten kaum noch atmen und hätten alles getan, um diesem Schmerz auszuweichen. Wir hätten sogar unser Herz davor abgedichtet, damit wir im Fall des Falles nicht fühlen müssen, wie schmerzhaft manche Verluste sind. In vielen Fällen haben wir unser Herz aber vorher schon verschlossen und der Angreifer, der uns die Pistole warnend auf die Brust gesetzt hat, hatte sowieso keine Chance, uns zu drohen, uns auszuschalten, weil wir ohnehin schon nicht mehr eingeschaltet waren. Zumindest nicht mit dem Liebeskraftwerk unseres Herzens.

Manche Kraftwerke laufen einfach rund und manche erzeugen sogar Wärme dabei.

Vielleicht haben wir in den letzten Jahren unsere eigene Welt geschaffen oder wir haben immer mehr unseren inneren Ruf gehört, wir haben immer mehr unseren Weg erahnt.
Alle Wunden der Vergangenheit und alle Schmerzen, die wir noch mit uns herumgetragen haben, wollten wir mit unserem neuen Weg einfach zurücklassen - volle Kraft voraus.

Wir haben uns oft selbst wieder wärmen müssen, manchmal hatten wir einfach keine Wärme mehr übrig und wir haben uns mit Dingen abgelenkt, die uns wieder Leichtigkeit geschenkt haben. Wenn uns jemand aufrichtig Wärme schenken wollte, dann war uns das vielleicht zu nah und wir konnten es nicht annehmen, weil das Öffnen eines verschlossenen Herzens eine

Drahtschere braucht und eine Wärmelampe, die nie wieder aufhört zu leuchten, um das dicke Eis zu schmelzen. Diese Mühe hat sich vielleicht nur selten jemand gemacht und hätte sich jemand diese Mühe wahrhaftig angetan, dann hätte uns der Verlust dieses Menschen vielleicht wirklich das Herz für immer gebrochen, weil es sich nach und nach versteinert hätte und die Kraft nicht für einen weiteren „Schlag" gereicht hätte.

Ein verschlossenes Herz

Ein verschlossenes Herz ist geschützt,
nichts gibt es, was sein Besitzer unwissend mehr beschützt.
Es ertrug sehr viel Schmerz - ist nicht ohne Grund verschlossen,
ohne diesen sicheren Schutz, wäre es vermutlich gebrochen.
Tief im Inneren hält es aber ganz viel Wärme bereit,
mit dieser Wärme übersteht das Herz jede Eiszeit.
Egal ob die Eiszeit der Besitzer oder das Außen schafft,
diese Wärme trägt in sich alle universelle Urkraft.
Es beschützt das Licht und strahlt hell,
fällt ein Strahl ins Dunkel verstärkt es den Schutz ganz schnell.
Es liebt ganz im Stillen,
diese Liebe unterliegt nicht des Hüter's Willen.
Oft weiß der Besitzer gar nicht, wie sehr es auch ihn liebt,
denn er fokussiert sich auf alles was seiner Kontrolle unterliegt.
Oft weiß der Hüter seines Kraftwerkes nicht,
dass seine Welt immer wieder auseinander bricht.
Dieser Mensch fühlt das, was er zu fühlen bereit ist,
er ist der, der seinen wahren Wert vergisst
der, den sein eigenes Herz am meisten vermisst
der, zu dem die ganze Liebe zu jeder Zeit bedingungslos fließt
der, der viel zu viele Tränen nichtmal innerlich vergießt.

Dieser Mensch glaubt fest daran, seinen Weg zu gehen,
um am Ende doch wieder traurig vor seinem Spiegel zu stehen.

※

Das geht ganz schön tief. Falls dich das gerade auch berührt, dann möchte ich dir sagen, dass das ja schon einmal ein supergutes Zeichen ist. Denn du fühlst es und allein deshalb bist du nicht allein und bekommst eine Liebesbotschaft von deinem Herzdaheim.

Wenn man fühlt, dann ist man mit allem verbunden und selbst wenn du nichts fühlst, dann wartet da immer noch ein ganz besonderer Platz in dir auf dich, der deine ganzen Schätze für dich behütet hat, und du kannst dich darauf einlassen, weil dir nichts passieren kann. Du wirst maximal liebevoll überrascht und mit Wärme empfangen.

Erwarte nichts von irgendjemandem, sondern alles von dir und suche nicht nach Auffangbecken, sondern sei dein kuschlig weiches Nest. Es kann dir nichts passieren, solange du achtsam mit dir selbst und mit deinen Gefühlen bleibst. Es kann dir nichts passieren, solange du dir selbst treu bist und mindestens sagen kannst „Es geht mir gut.", wenn du in den Spiegel siehst. Es kann dir nichts passieren, solange du dir deiner und anderer bewusst bist und du dir all die Zeit der Welt gibst, dein Verständnis auszuweiten und offen für all die Unterstützung zu sein, die du in dir und um dich herum empfangen wirst. Weil du es verdient hast und du darauf vertrauen kannst.

Jetzt läuft gerade das Lied „Deine Heimat" von der lieben Clara Louise auf meiner Playlist - wenn das kein Zeichen ist. Ein Zeichen, dass wir alle heim kommen dürfen in unser eigenes Herz und in die Herzen anderer. Wenn das kein Zeichen ist, dass wir uns mit uns selbst verbinden dürfen, um uns wahrhaftig mit anderen verbinden zu können. Für mich ist es auch ein Zeichen dafür, dass wir alle noch einmal ganz ehrlich in den

Spiegel schauen und uns fragen können, ob unsere Welt wirklich unser „Sein" aus unserem Herzen ist. Ob wir wirklich in unserem Herzen daheim sind. Ob wir unsere Welt wirklich fühlen. Im offenen Herzen. Ob wir unsere Welt wirklich sehen. Mit liebevollen Augen. Ohne Sicherheitsweste.

Herz über Kopf gewinnt.
Versprochen

Und oft gewinnt es deshalb, weil wir nicht planen, wie es gewinnen kann. Es gewinnt deshalb, weil wir es nicht planen. Und es kommt der Tag, an dem wir einfach merken, dass wir uns blockieren, wenn wir im Kopf sind.
Jetzt muss ich wieder an meine Mama denken „Anna! Planen, planen, planen - nervst du dich nicht selber schon?" oder noch besser „Tut dir eigentlich dein Kopf weh von dem ganzen Denken?". Auch wenn der letzte Satz darauf beruht, dass ich einfach noch nicht mit dem ganzen Verständnis umgehen konnte, war mein Kopf echt schwer. Seit ich wieder schreibe - Gedichte und vor allem seit diesem Buch fühle ich mich einfach befreit. Im Fluss. Es fühlt sich so an, als hätte ich jetzt das erfüllt, was ich im Kopf schon lange verstanden hatte. Ich konnte es nicht erfühlen, weil mein Herz verschlossen war und wie meine Mama im ersten Satz gesagt hat „geplant, geplant, geplant" habe. Auslaugend. Für einen selbst am Ende noch viel mehr als für andere.

Plane, aber lass der Liebe und dem Universum Platz.

Ich versuche es so zu erklären: Du trägst das Wissen in dir.
Das Urwissen. Du weißt alles, wenn du vertraust, dass du es tust. Aber wir Menschen haben (auch wenn wir uns das selbst geschaffen haben) durch zig Kriege und Millionen Opfer einen animalischen Instinkt auf dieser Erde, der nicht diesem

menschlichen Urvertrauen entspricht. Es schwingt irgendwie so ein tiefes Misstrauen auf unserem Erdboden, und es ist an der Zeit, das Vertrauen des Himmels nach unten zu zaubern - und das können auch wieder nur wir selbst erschaffen.

Und allein weil ich dieses Buch schreibe und weil du es liest und weil wir gemeinsam versuchen, veganen Eierkuchen zu backen, zaubern wir schon ein bisschen den Himmel herunter oder besser: Wir zaubern die Erde hinauf - das ist ein schöneres Bild, obwohl das andere auch sehr viel liebevolle Weite in sich trägt.

Wir versuchen alles in das All-Einssein zu bringen und nehmen dafür unser Urwissen her. Während wir das tun, leuchten wir aus Sicht des Universums wie bunte Lampions in einer kalten Nacht und aus Sicht unserer Dachterrassen-Vögel versuchen wir nicht nur Sterne zu werden, sondern nun auch schon bunte Glühbirnen zu imitieren - „Ganz schön erfinderisch bunt werden sie jetzt die Menschen".

Die Liebe war schon immer voller Überraschungen.
(Eva Johanna Lohninger)

Das Universum füttert unser Leuchten stets von oben mit seinem bunten Licht und es wählt die Farbe, die perfekt harmonisch zu unserem Leuchten passt, damit wir die perfekte Unterstützung haben, die wir für unser Vorhaben brauchen.

Das Universum macht das immer, wir müssen nie danach fragen und die Lichtwesen versuchen unser Leuchten hoch zu halten und immer öfter schaffen sie es, weil immer mehr Menschen ihr Herz als den Ursprung ihres Herzens anerkennen. Immer mehr und immer öfter funktioniert diese Verbindung und immer dann, wenn wir nicht planen und nicht darauf beharren, dann funktioniert sie am besten.

Wir lassen uns ins Licht fallen und werden vom Licht aufgefangen, und wenn man sich fallen lässt, dann muss man erst einmal darauf vertrauen, dass man nicht ganz tief fliegt und nicht ganz schmerzhaft landet, wenn da „nur Licht" uns halten soll. Es ist ganz normal, dass wir Zeit dafür brauchen und, dass wir uns langsam an dieses Vertrauen herantasten möchten. Es ist sogar wichtig, denn so kann die Verbindung entspannt und schön langsam wachsen und sich wirklich tiefes Vertrauen aufbauen. Und auch hier gilt „was getrennt ist und tief geht, kann sich langsam in der Tiefe verbinden, ineinander verschmelzen und vom unsichtbaren Untergrund bis auf unsere sichtbaren Ebenen zusammenwachsen.

*Weil zwei Teile Tiefgang brauchen,
damit sie im wahren Vertrauen tauchen.*

Alles, wofür wir uns achtsam Zeit nehmen, kann in unserem Unterbewusstsein verbindende Wurzeln schlagen, sodass es in unserem Verstand, in unserem klaren Bewusstsein verankert ist.
Also wächst dieses universelle Licht in uns selbst ganz langsam, fließt in dem Tempo, das gut für uns ist, und mit der Zeit und mit unserem Vertrauen wird es größer und größer und es wächst zu einer wahrhaftigen Lichtsäule heran, mit einem starken Fluss, den man kaum noch trennen kann, bei dem man schnell spürt, wenn er nicht mehr verbunden ist.
Es fehlt die Verbundenheit, weil man vermutlich mit seinem Kopf, mit seinem Denken eine Trennung hervorgerufen hat. Egal, wodurch man sich getrennt hat und wie schwerwiegend der Grund für das Bedürfnis der vermeintlichen Sicherheit war, wir trennen damit die Verbindung - wir trennen sie. Und wir können sie immer, wenn wir uns wieder bereit fühlen, auch wieder herstellen.

Ich stelle mir das so vor, dass zwar unser Körper, unser inneres Licht, unsere Aura, dass zwar eigentlich alles noch bunt ist, jedoch unser Kopf, das Haupt-Eingangstor für die universelle göttliche Energie, mit einer grauen und kühlen Energie den Eingang blockiert.

Unser Kopf blockiert den Fluss des Herzens.

Und je länger wir diesen Herzensfluss blockieren, desto grauer wird es und desto schwieriger wird es für die noch existierende bunte Energie in und um uns herum, die Wärme zu wahren. Nach ein paar Jahren beginnt diese starke liebevolle Energie vielleicht kälter zu werden, nach vielen Jahren ist sie vermutlich kalt und nach Jahrzehnten verliert sie sogar an Farbe - je nachdem, wie stabil ein Mensch ist, dauert es länger bzw. weniger lang. Je nachdem, wie viel ein Mensch aushalten kann, wie viel ein Mensch erträgt, wie viel er sich schützen kann.

Unser Körper spricht sonst immer in der Sprache der Liebe mit uns, hat Verständnis für alles, was wir machen wollen und er gibt alles, damit wir auch wirklich schaffen, was wir uns vornehmen. Unser Körper versucht uns nie im Weg zu stehen, doch auch er verliert seine Kraft und wird entweder schwach, bis seine Energie ihm wirklich nicht mehr für die Selbstheilung reicht oder er schafft es noch irgendwie, die Kraft für eine Krankheit aufzubringen und uns auf diesem Wege daran zu erinnern, dass wir da vielleicht noch einmal was überdenken sollen. Oder besser. Überfühlen.

Lass uns fühlen und den Kopf kühlen.

Die größte Kunst wird dann sein, ehrlich mit dir selbst umzugehen. Es ist allein für dich, es dient dir und es gibt keine Angst, die nicht hell leuchtet, wenn du sie erst angezündet hast.

Die getrennte Energie breitet sich auch in unseren Beziehungen aus, und weil sich gleich und gleich gern gesellt, ziehen wir die

Dinge an, die uns noch mehr schwächen - zum Nachteil für uns und auch für andere. Und weil wir die bunten Gegensätze, die wir wie Geschenke in unser blasser werdendes Leben ziehen, ziemlich sicher nicht mit einem offenen Herzen empfangen können, hilft uns im Endeffekt auch die Liebe von außen nicht. Wir können sie ja gar nicht zulassen.

Schritt für Schritt gleitet uns unser Herz aus den Händen, ohne es wirklich zu merken. Ohne es wirklich zu fühlen.
Schritt für Schritt suchen wir automatisch noch mehr nach allen Unstimmigkeiten in unserem Leben, wir fokussieren uns auf unsere Probleme, um wie immer - im Fall des Falles - vorbereitet zu sein und „ein Adlerauge auf die Probleme" gerichtet zu haben. Und zum Glück sichert das zumindest unser Überleben, aber wo bleibt da das Geburtsrecht der dem Leben verbundenen Glückseligkeit? Wo bleibt da die Lust, neugierig Dinge zu entdecken? Wo bleibt die Sonne auf dem Abenteuerspielsplatz? Wo bleibt da das Gefühl von Freiheit, von Liebe, von „Leben leben"? Wenn du geschaffen wärst, um zu existieren, dann hättest du keine Gefühle, dann gäbe es doch all diese liebevollen Wesen nicht. Wenn du geschaffen wärst, um in deiner Körperhülle zu existieren, wie unfassbar gemein wäre es, dass du eben doch diese Gefühle hast, die du wegschließen musst, um sie auszuhalten. Wie gemein wäre das, wenn du die Theorie zur Liebe und sogar die Emotionen kennst und du die Liebe aber nie praktisch leben und fühlen dürftest?

Du wärst wie der größte Brückenbauer aller Zeiten und hättest die Brücke nie mit deinen Augen gesehen und nie mit deinen Füßen betreten - die Freude und den Stolz, die aus dir fließen wollen, nie gefühlt.

Wenn Liebe die Brücke zwischen einem und allem ist, warum ist man dann der, der im Fluss darunter fließt.

Im Grunde genommen sind wir selbst die größte Kerze, die angezündet werden will. Wir müssen uns nur trauen, uns selbst gegenüber zu treten. Wir dürfen den Mut aufbringen und uns selbst eingestehen, was wir kaum ertragen können und wovor wir uns so schützen möchten. Wir dürfen uns die Heilung schenken, die wir brauchen, und uns für die Unterstützung öffnen, die es gibt.

Nicht weil Unterstützung immer unterstützt, sondern weil wir wissen, was das Zerbrochene, das Wacklige und das Instabile in uns ist und wir offen für den Menschen sind, der genau das in uns stützt. Vermutlich gibt es da nicht nur eine Sache, aber die eine Sache, bei der alles anfing, und vermutlich arbeitet man vielleicht erst einmal an nicht so schwerwiegenden Sachen, bis man dann die Kraft hat, mit dem Friedenslicht der gewaltigen Sache gegenüber zu treten. Und du musst das nicht alleine machen. Das müssen wir nie, auch wenn wir es könnten.

Schmerz

Er ist der Ursprung, der uns von allem trennt,
hat so eine Wucht, dass man ihn auch Höllenqualen nennt.
Er ist der Ursprung von dem, was wir als Hölle bezeichnen,
er macht uns solche Angst, dass wir freiwillig Bösem weichen.
Ein Gefühl, das uns den Himmel auf Erden nimmt,
obwohl jeder Tag und jede Sekunde eigentlich mit Liebe beginnt.
Schmerz lässt uns die Dunkelheit auf Erden leben,
weil wir so unsere Angst leichter hegen.
Schmerz ist wie die Angst, sie gehen Hand in Hand,
nur steht er auf deinem Platz, auf deinem grauen Land.
Der Schmerz will von dir verstanden werden,
auch er will für dich den Himmel erden.

Er braucht dich, leidet genau wie du,
ruft dir entkräftete Hilfeschreie zu.
Dein Schmerz will Farbe bekommen, deine Liebe spüren,
er will dich an seine zweite Hand nehmen und zur Angst führen.

✷

Es erfordert das Hinsehen mit den liebevollen Augen und wie immer Zeit, mal mehr und mal weniger. Und die haben wir geschenkt bekommen, immer genau so viel, wie wir sie uns nehmen möchten.

Ein offenes Herz

Wie erkennt man ein offenes Herz eigentlich?
Mit dem Fühlen von allen Gefühlen glaube ich.
Aber wie kann man das dann ertragen?
Ganz ehrlich, das ist schon schwer zu sagen,
…lass uns mal die Liebe fragen.
Wie können wir unser Herz überhaupt offen halten?
Ihr könnt eure Ängste und den Kopf auf Durchzug schalten.
Aber wie können wir unsere Gedanken neu verwalten?
Indem ihr beginnt, bunt zu denken und zu gestalten.
Aber wie soll das so einfach möglich sein?
Fühlt hinein!

✷

Man fühlt sich irgendwie machtlos nach diesem Gedicht, oder? So als hätte man die Theorie schon irgendwie verstanden, aber man wüsste nicht, wo man jetzt überhaupt anfangen soll.

„Wo ist hier die Anleitung?" - das frage ich mich selbst schon auch manchmal. Und dazu ist mir ein schönes Bild eingefallen - ein sanftes Bild für ein sanftes Leben, indem sich langsam alles ebnen darf.

Stell dir vor, du nimmst die eigene Hand, die dir vertrauter ist, und du fühlst über eine bestimmte Oberfläche. Du kannst dir eine zarte Haut vorstellen über die deine Finger und deine Hand gleiten. Stell dir vor, du fühlst die Wärme und dieses feine Gefühl, wenn deine Finger und die Innenfläche deiner Hand als Einheit gemeinsam erkunden.

Vielleicht fühlst du einfach nur und nimmst die Wärme in dir auf, vielleicht überträgt sich die Sanftheit dieser Beschaffenheit auf deine Hand und auch auf dich. Vielleicht erkennst du aber auch, dass deine Finger zu suchen beginnen, sie suchen nach etwas, das uneben sein könnte. Vielleicht wollen deine Finger voraus tanzen und sie konzentrieren sich auf das, was nicht ebenmäßig ist oder was nicht eben sein könnte - sie haben ihren Fokus auf „potentielle Störung des Hautbildes" gerichtet. Bestimmt finden die hochsensiblen Finger auch irgendetwas, denn sie suchen so lange, bis sie etwas gefunden haben.

Und so kann man das eigentlich gut auf uns Menschen übertragen. Wir haben unser verletzliches, weiches Inneres - die Handinnenfläche und die präzisen Kontrollfühler - unsere Finger, die jederzeit als Schutz für unsere Verletzlichkeit dienen.

Wir ergründen eine Oberfläche häufig mit unserer weichen Seite und gleichzeitig schützen wir sie und sind auf der Suche nach potentiellen Störfeldern. Vermutlich finden unsere Finger immer etwas, auf das sie ihren Fokus richten und sie sich konzentrieren können, und während die Sensoren so in ihrem Element sind und Informationen an unser Gehirn feuern, werden alle Gefühle der eigentlich viel sensibleren Handinnenfläche überlagert.

Fokus auf dem Problem – es feuert das falsche System.

Ich meine nur, dass wir die Handinnenfläche wie unser Herz sehen können und die Finger vielleicht nur wie unser schützender Verstand sind.

Es ist kein Wunder, dass man nach vielen Verletzungen und mit dieser Misstrauensschwingung auf der Erde sich lieber auf sein hochsensibles Alarmsystem verlässt. Doch wenn wir an all die sanften Gefühle, an all die Herzensmomente und an all die zarten Verbindungen denken, dann verletzen wir uns mit dem Schönen, was wir nicht fühlen - obwohl es in jedem Moment auch „da" ist und gefühlt werden kann, am Ende am meisten.

Zumindest mich verletzt es, wenn ich an all die Momente denke, in denen ich so in meinem Schutz und so in meiner unbewussten Angst war, dass ich mich selbst dem Gefühl der Liebe vorenthalten habe.

Selbstverletzung = Liebesversetzung

Vermutlich gibt es bei jedem Menschen ein Thema, dass ihn am allermeisten verletzt und das vielleicht sogar so verdrängt ist, dass man sich nicht einmal daran erinnern kann, und er so viele andere Dinge vorher lösen muss, dass man überhaupt dahinter sieht. Dass man überhaupt erkennt, was da ansatzweise der Auslöser gewesen sein könnte.

Ich weiß nicht, ob jeder Mensch auf dieser Erde so eine tiefe Verletzung hat und tief ist für jeden anders, jeder ist anders fühlig, jeder hat eine andere Wahrnehmung, doch ich glaube, dass wirklich fast jeder „so ein Thema" hat, das er mehr oder weniger bewusst gekonnt überdeckt. So, als hätte man zu diesem Thema eine Maske auf - eine Maske, die so gut sitzt, dass sie wie unsere zweite Haut ist.

Diese Maske fühlt vielleicht sogar und kann Liebe empfangen, sie kann Liebe geben, sie kann sogar lachen und weinen und sie kann sich mit anderen freuen und andere trösten. Aber wenn wir ganz ehrlich zu uns selbst sind, wenn wir uns wirklich die Zeit nehmen, uns zwei Minuten in einem echten Spiegel anzusehen, dann erkennen wir vielleicht, wo unsere liebevolle Schutzmaske sitzt - über welches Thema sie sich gekonnt gelegt hat.

Ich möchte hier ein Sinnbild schaffen und auch mir selbst gegenüber ehrlich sein - ich bin ein sehr offener und herzlicher Mensch und ich kenne meine Schwachstellen sehr gut und man könnte von außen meinen „die Anna ist mit sich im Reinen", zumindest denke ich, dass man das vielleicht glauben könnte. Und allein die Tatsache, dass ich darüber nachdenke, spricht ja schon ihre eigene Geschichte. Bei mir gibt es da dieses eine Thema und es gibt hundert andere Themen, die ich lieber in Liebe transformiere, die ich lieber anschaue. Und während ich dieses Buch schreibe, gehe ich gefühlt noch einmal durch alle Themen durch - immer passend zu dem, was ich schreibe.

Als ich gestern nach „Fokus auf dem Problem, es feuert das falsche System" aufgehört habe zu schreiben, um mit der lieben Jasmin von diesem gemütlichen Co-Working Platz Feierabend zu machen, habe ich mir selbst genau diesen Denkzettel verpasst.

Wenn man ein Denkmal setzt, man sich den Spiegel der Liebe vorsetzt.

Mein Abend war mit Höhen und Tiefen verbunden und dieses eine Thema ist mit mir Achterbahn gefahren und ich hab es nicht anders ausgehalten, als mich selbst ans Steuer zu setzen und meine Maske aufzusetzen. Und dann ist mir das Gedicht „Ein offenes Herz" in den Kopf gekommen und genau so hat es sich wieder angefühlt - „Wie schafft man das denn?"

Ich habe begonnen zu zerdenken, wie ich denn fühlen könnte und ich habe mich so getrennt gefühlt, wie schon sehr lange nicht mehr und ich wollte dazu auch nichts aufschreiben, keine Schöpfung fragen, keine liebevolle Antwort haben und ich war einfach nur genervt und wollte meine Ruhe.

Als ich mir diese Ruhe eingestanden habe, mich mit den Händen am Herzen ins Bett gelegt habe, hat die Liebe in mir unaufgefordert begonnen zu arbeiten. Ich habe einfach tief geatmet, habe die Wärme meiner linken Hand genossen und das Kribbeln meiner rechten Körperseite wahrgenommen und die Tränen zugelassen, die kommen wollten.

Das war erlösend und schön. So viel schöner als die Achterbahnfahrt und so viel schöner als diese Schutzmaske.

Denn die perfekte Schutzmaske lässt uns zwar fühlen, doch sie verhindert, dass dieses Fühlen tief im Herzen ankommt und in Wahrheit ist bzw. wäre jedes Gefühl im Herzen erfüllend.

Jedes Lächeln, jede Mitfreude, jede Trauer, jedes Trösten - es findet den Weg zu unserem Herzen, aber einen Millimeter davor endet die Verbindungsbahn und es kommt nie wirklich an und diese Tatsache ist uns vielleicht nicht einmal bewusst. Es ist uns nicht bewusst, dass jedes Gefühl im Herzen „Erfüllung" nach sich zieht und es ist uns nicht bewusst, dass wir uns aus subtilem Selbstschutz immer mehr leeren. Es ist uns nicht bewusst, dass wir so nie wirklich aus ganzem Herzen bei uns selbst und bei einer anderen Person sein können. - Was für ein trauriger Schein und was für ein trauriges Zusammensein.

Es darf viel echter sein.

Ich habe das gestern vielleicht zehn Minuten geschafft, weil ich nichts erwartet habe von der Ruhe und weil ich dann schon wieder begonnen habe, die Gründe meiner Symptome zusammenzubasteln. Mein Therapeutenhirn sagte „ah ja - rechts die Meridiane, männliche Seite, ah ja - die linke Hand,

Herzchakra, ah ja – Pranayama Atmung hilft immer" und sogar „ah ja – Tränen sind ein Zeichen für Wahrheit, für Klarheit, für Loslassen,..." – unfassbar, wie uns unser ganzes Wissen trennt, wenn wir es gegen uns verwenden.

Wie klug unser Schutz ist, wie klug unser hochspezifischer Kontrollverstand ist. Wir sind wirklich ein Genie, doch Laien, wenn es um das Urgefühl, die Liebe, geht. Und darüber habe ich mich dann gestern auch noch gleich geärgert, sodass ich mich noch mehr getrennt habe und das alles heute an diesem Buch auslasse. Aber es soll ja ehrlich und authentisch sein und wenn das jeder wäre, dann bräuchten wir uns alle nicht mehr schützen. Kein Schutz vor Schutz – wie leicht eigentlich.

Jetzt möchte ich wieder liebevolle Worte wählen und dir noch erzählen, dass mein Schutzengel gestern es irgendwann wieder geschafft hat, dass ich das Kribbeln an meinem Kopf fühle und wahrnehme. Er hat mich daran erinnert, dass ich mir selbst mit Mitgefühl begegnen darf und ich alle Gefühle annehmen soll. Alles ist genau gleich wertvoll, alles ist genau gleich wichtig, und wenn wir nach einer Gesellschaft der Liebe streben, dann ist dieser Weg unumgänglich. Der Weg sich anzunehmen, mit allem, was man ist, mit allen Emotionen, die man hat, mit allen Stärken und den Schwächen. Das ist das Wundervolle „wie wir alle bedingungslos geliebt werden" – ohne etwas zu müssen.

Wundervoll

Was sind eigentlich die Wunder, von denen alle sprechen?
Sind sie die Erlösung von Leid und Gebrechen?
Was sind die Wunder, die uns Erfahrende so oft versprechen?
Sind es Dinge, die jegliche Verstands-Gesetze brechen?

Von Gesetzen kann hier nicht die Rede sein,
ein Wunder kannst du mit einem Gefühl erschaffen, ganz allein.

Den Verstand oder Gesetze braucht man dazu nicht,
dies weiterzugeben ist sogar des Weisen Liebespflicht.
Wunder passieren nicht, weil wir sie erdenken,
nicht, weil wir gezielt die Aufmerksamkeit auf etwas lenken.
Sie passieren, weil wir unseren Gedanken Vertrauen schenken.
Blumen erblühen nicht, weil wir sie erwarten,
nicht, weil wir ihn pflegen, unseren Garten,
nicht, weil wir vorbereitet starten und etwas Bestimmtes tun.
Sie erscheinen meistens dann, wenn wir ruh'n.
Blumen erblühen, weil wir auf uns vertrauen,
weil wir an das glauben, was wir tun und darauf bauen.
Sie erblühen, weil wir uns jetzt schon freuen
und sie sogar ohne Erwartung noch mehr Samen streuen.
Wir lieben ihren Duft, erfassen sie mit jedem Sinne.
Also wohnt jedem Wunder diese Blume inne.

※

Also können wir versuchen, unsere beschützenden Finger, unser hochaktives Kontrollsystem in Liebe zu entwarnen und sie bzw. es ein wenig zu bändigen. Es ist ein schönes Geschenk, dass sie bei uns sind und auch sie dürfen eine Einheit bilden und gemeinsam ruhen und entspannen. Wenn du dir noch einmal vorstellst, über die zarte Oberfläche zu fühlen, dann bringe bewusst alle Finger aneinander, um deine Hand als Einheit wahrzunehmen. Fühle bewusst deine Handinnenfläche, fühle bewusst mit deinem Herzen und bestimme du, wann du das Gefühl bekommst, besser einen Fühler auszustrecken.

Vielleicht fühlst du mit deiner Handinnenfläche manche Unebenheiten, auf die sich deine Finger früher schon lange gestürzt hätten, um sie zu erforschen und vielleicht erkennst du, dass, wenn du sie mit der feinen Haut deiner Innenhand wahrnimmst, du sie mit deinem zarten Herzen fühlst und sie hier viel unbedeutender sind, als dein Alarmsystem es einst dachte. Weil dein Verstand dich so beschützen möchte, konnte er es nicht besser machen. Er möchte immer, dass es dir gut geht und du nicht wieder so viel Leid erfahren musst, und es ist ihm bisher nicht bewusst gewesen, dass dein Herz dich besser beschützen kann und er freut sich, wenn du es ihm lernst. Herz über Kopf, er freut sich immer über neues Wissen.

Auch wenn echte Liebe wie eine neue Sprache ist.

Und jetzt läuft „You can't rush your healing" von Trevor Hall auf meiner Playlist. Deine Heilung beschleunigen, das musst du auch nicht. Zum Glück dürfen wir uns jeden Tag so annehmen, wie wir heute sind. Wir lernen das Vertrauen und das Annehmen aller Gefühle, wie eine neue Sprache - dann, wann wir Lust haben und immer, wenn wir uns danach fühlen.

Immer erfahren wir ein bisschen mehr, fällt uns etwas leichter, bis irgendwann alle Gefühle ein Teil von uns sind - in Liebe und aus der Tiefe kraftvoll mit uns verbunden. Immer mehr werden wir uns bewusst darüber, welch tiefer Spalt entstanden ist - zwischen uns und all dem, das wir einst abgelehnt haben.

Als ich das Erinnerungsgedicht zum ersten Kapitel verfasst habe, saß ich gerade in einem tollen Café in Porto. Ich saß da mit meiner lieben Fotografen-Freundin Alisa und mit ihrer Freundin und wir haben alle an unseren kreativen Projekten gearbeitet. Ich habe gedichtet und getippt und irgendwann ist mir die Hintergrundmusik aufgefallen - es lief das Lied „I am light" von India.Arie. Sie hat ein Album namens „Medicine" veröffentlicht und für mich ist diese Musik Herzensmedizin.

Der Erinnerungssong zu diesem siebten Kapitel, ist auch ein Song aus besagtem Album.

Kapitel 7 Erinnerungssong

Vielleicht suchst du den Song im Internet, legst dich an einen ruhigen Ort und hörst ihn ganz entspannt an. *Mach es dir schön, liebe Sonnenscheinseele.*

✺

Sich in den Fluss des Herzens begeben.
„Just let it go" von India.Arie
(übersetzt)

„Du bist durch so Vieles gegangen,
so viele Höhen und Tiefen.
Du hast deine Liebe gegeben,
hast den Weg, wie er sich entwickelt hat, nie gemocht.
Du hast dein Herz verschlossen,
hast die Last getragen
wie schwere Steine auf deinen Schultern.
Aber du brauchst nicht auf eine Entschuldigung zu warten
oder auf irgendjemanden, der dich erlöst.
Wenn du dich daran erinnerst,
dass die Heilung in deinen Händen liegt.

Lass es einfach los, Stück für Stück
Lass es einfach los und tu es noch einmal
Lass es einfach los, eines Tages wirst du verstehen,
Lass es einfach los, du wirst dich befreit sehen.
…"

*Lassen wir unsere Kontrolle los
nehmen wir uns unserem Herzen und unseren Gefühle an.*

✺

Kapitel 8
Von bunten Regenbögen und Schütteltechniken.

Auch wenn das 7. Kapitel eine wichtige Grundlage ist, die uns nochmals „aufweckt" und unser Sein stärkt, dann wird man nach dem 8. Kapitel erkennen, wie sich der „Fluss des Herzens" anfühlt.

Stell dir mal vor, dass es keine Probleme gibt, dass alles gut ist und du einfach du selbst sein kannst, weil du dir überhaupt keine Gedanken machen musst, weil die ganze Welt einfach gut ist und weil kein Mensch dich verletzen kann, weil sie alle wissen, was deine wunden Stellen sind und sie dir mit Leichtigkeit helfen, sie zu heilen, als deine schwere Schulter noch zusätzlich mit hundert Heilungsoptionen zu belasten.
Anstatt sich ganz lange mit der Heilung zu beschäftigen, würden sie dir wahrscheinlich schon von der Ferne zurufen, dass du jetzt endlich einmal den letzten Ballast abwerfen sollst, und mit entspannter Leichtigkeit könntest du ihn tanzend abschütteln, weil der letzte Funken Misstrauen durch seinen lockeren heilenden Blick verfliegt. Du hast nicht ansatzweise den Gedanken, dass dieser Mensch einen Hintergedanken haben könnte, weil du siehst und spürst, wie sein Herz dein Herz berührt. Und schon wäre auch die Wunde, die du so gut kennst und von der du dich einfach nicht zur Gänze befreien konntest, eine Liebesbotschaft deiner Vergangenheit, welche dich immer daran erinnern darf, wie schön es ist zu fliegen.

Wenn du wie ein Vogel dahinschwebst, dich an den Orten niederlässt, die dir gefallen, weil sie dir gerade entsprechen, du die Menschen kennenlernst und du neue Herzensverbindungen knüpfst. - Stell dir vor, wie du mit dieser Leichtigkeit am Horizont immer dorthin gehst, wo du gerade hingehen möchtest, dass du das tust, was du gerade tun möchtest, weil du das gerade am allerbesten kannst und das gerade dein Herz höher schlagen lässt. Stell dir nur einmal vor, wie leicht das wäre. Wie leicht es sein muss, wenn man sich keine Gedanken machen braucht, wenn man überhaupt gar nichts zu bedenken hat, weil man vertraut, ohne zu überlegen, ob man denn gerade überhaupt vertraut oder vertrauen kann.

„Nimm es leicht!", sagt sie.
„Nimm es du leichter!", sagt er.

Was für eine coole neue Begrüßung das wäre. Wenn aus dem „pass gut auf dich auf" (Ich hab dich lieb und du bist so wertvoll für mich, dass ich dich nicht missen möchte.) ein „verbrauche dich so richtig" (Ich liebe es, dich leben zu sehen und nichts wäre für mich eine schönere Erinnerung, wenn deine Zeit gekommen wär zu gehen) werden würde, weil das Leben einfach leicht ist.

Weil es in diesem Leben nur darum geht zu genießen, zu tanzen, zu hüpfen, zu lachen, einfach zu machen, was dich glücklich macht und was dein Herz höher schlagen lässt. Es geht darum, alles, was unser Herz ruft, auszuprobieren, anstatt ganz begrenzt nur das eine Fach in Richtung Doktor zu studieren, weil wir nur dann wissen können, was für uns Glück ist.
Unser Glück.

Was ist Glück?

Wenn du mich fragst, frage ich zurück.
Glück, das kannst nur du erkennen,
niemand sonst kann es für dich benennen.
Vielleicht wenn du dir deine Freiheit schenkst Stück für Stück,
dann holst du dir bestimmt ein Stück von deinem Glück.

Vielleicht fühlst du dich aber ja schon frei,
dann zieht meine Mutmaßung schon vorbei.
Vielleicht wenn alle Menschen um dich herum glücklich sind,
dann spürst du vielleicht dein Glück im Wind.
Vielleicht bist du selbst es aber ja nicht
und du änderst jetzt deine Glücks-Sicht.
Was ist Glück?
Wenn du mich fragst, frage ich zurück.
Ja, aber wie erkenn ich denn mein Glück?
Weil du fragst, bist du dabei - Stück für Stück.

❄

Stell dir einmal vor, dass alle Eltern ihren Kindern lernen, wie man sein glückliches Herz leicht hält, dass sie ihren Kindern lernen, dass sie immer Liebe und verständnisvolle Leichtigkeit wählen können und sie nicht den Ballast auf den Schultern fokussieren brauchen, sondern sie sich stattdessen auf fröhliche lockernde Schüttelmaßnahmen konzentrieren sollen.

Weil die Eltern selbst als die lockersten Schüttler in die Geschichte eingehen, lachen die Kinder die Eltern höchstens mit Freude aus, weil ihre Eltern noch so alte Schütteltechniken haben und sie die neuesten Trends echt verpasst haben müssen.

Das Allerwichtigste, was die Eltern ihnen mit auf ihren bunten Lebenstrip geben, ist, dass sie die Lebenswege wie einen farbenfrohen Regenbogen sehen sollen und immer, wenn sie auf einem Farbstreifen sind und das Leuchten einer anderen Farbe sie aus ihrem Herzen anzieht, dann sollen sie ganz entspannt dorthin springen, tanzen, fliegen oder purzeln. Sie sollen alles, nur wirklich nicht auf einer Spur bleiben, wenn diese immer mehr verblasst und an Farbe verliert und das ist das Einzige, was sie ihren Eltern versprechen müssen, denn die Eltern wissen, dass jeder bunten Farbe, die das Herz berührt, das wahre Glück inne wohnt. Und weil sie gelernt haben, wie sie ihre Wunden mit Leichtigkeit versorgen und weil sie diese Erinnerungen in ihrem fröhlichen Sein integriert haben, bleibt auch kein Schein zurück, nichts im Hinterkopf, kein Schutz, keine Maske, keine suchenden Finger, kein hochaktives Kontrollsystem.

Einfach das Leben „einfach" leben.

Wir machen uns vermutlich oft zu viele Gedanken und fühlen uns verantwortlich für hundert andere Gefühle von hundert anderen Menschen - wir machen alles kompliziert, ohne uns darüber bewusst zu sein, denn eigentlich wollen wir es ja einfacher machen für uns und andere.

Wir kehren vor anderen Haustüren, schwimmen in anderen Buchten, verweben uns mit unendlich vielen Energiefäden, anstatt einfach zu schauen, was uns gut tut. Und selbst wenn wir dann schauen, was uns gut tut, wenn wir tun, was uns gut tut und wenn wir den Weg gehen, der uns gut tut, dann haben wir auch noch ein schlechtes Gewissen, blockieren und erschweren wir uns selbst mit bestrafenden Gedanken - „Weil man ja eigentlich das muss und das muss und für den da sein muss." Wie ich anfangs im Buch geschrieben habe - nichts muss man, außer sich über sich selbst und seine Handlungen bewusst zu sein.

Wenn wir verstanden haben, dass wir unseren Mitmenschen so begegnen, wie wir uns selbst begegnen und wir im Spiegel allem und jedem - auch uns selbst - mit Mitgefühl und Verständnis entgegensehen, dann wird alles genau so leicht, wie ich es am Anfang dieses Kapitels geschrieben habe.

Nur wenn du dir selbst erlaubst, liebevoll und leicht zu leben, dann kann dein Umfeld dir so begegnen, und nur wenn du selbst so zu dir bist, kannst du so von Herzen zu anderen sein.

Es fühlt sich so an, als würden wir aus einer anderen Zeit kommen und es fühlt sich noch vielmehr so an, als dürften wir jetzt in unsere neue Zeit hüpfen. Voller Vorfreude, mit großem Anlauf und während wir in der Luft schweben die ganze Leichtigkeit aufsaugen. Wir landen in der neuen Zeit, die voll ist von echtem verbundenen Zusammen"sein" und in Hülle und Fülle tiefe Liebe beinhaltet, die uns im Herzen berührt.

Weil man die Zeit zusammen spürt,
sie einen tief im Herzen berührt
und man sich immer in die Leichtigkeit führt.

Wir blockieren uns so oft mit diesen selbstsabotierenden und strafenden Verantwortungsgedanken, dass wir uns selbst die Leichtigkeit nehmen und wir sie gar nicht mehr spüren können.
Wie sollen wir in dem Leben eines anderen Leichtigkeit schaffen, wenn es uns in Wahrheit selbst so erschwert.

Wenn du dir jetzt denkst, dass das doch irgendwie egoistisch ist, dann würde die Liebe vielleicht sagen, dass Egoismus wir Menschen als negativ bewertet haben, dass wir Menschen ihm diese dunkle Farbe gegeben haben. Die Liebe würde sagen, dass wir Vorteile für uns erlangen dürfen, dass wir unsere eigenen Wünsche erfüllen sollen, wenn diese uns Leichtigkeit schenken und sie uns im Herzen glücklich machen. Es ist gesund, wenn wir das tun und dabei aus Mitgefühl für uns selbst und andere Involvierte handeln. Unsere Seele will leicht sein.
„Egoistisch" ist es, wenn wir den Wünsche anderer nachgehen und erwarten, dass sie auch unseren nachgehen. Der negativ bewertete Egoismus entsteht aus dem Mangel heraus, er versucht etwas zu füllen, und der positive Egoismus entsteht aus der Fülle, wodurch man stets zu geben hat.
Wie wir es täglich am eigenen Leib ja (noch) erfahren müssen, haben wir Menschen vor langer Zeit beschlossen, alle Dinge generell in „gut und böse" zu teilen - so haben wir zum Beispiel

auch unsere ganze Sprache geprägt. Einst haben wir dann eben beschlossen, den Altruismus (Dinge für andere tun, ohne etwas dafür zu erwarten) als das Gegenstück des Egoismus zu bestimmen. Und mit liebevollen Augen behaupte ich, dass das Eine erst durch das andere entstehen kann. Wenn ich wieder an die zwei Teile denke, dann liegt die liebevolle „Tiefe" dieser Worte genau dazwischen und verbindet sich zu etwas Wundervollem, dass wir zwischenmenschliche Liebe nennen.

Egoismus und Altruismus

Wie sich diese Buchstaben gekonnt aneinanderreihen,
man fragt sich, warum man sie einst musste entzweien.
Egoismus dient dir selbst und macht dich ganz,
Altruismus verleiht auch der Außenwelt deinen Glanz.
Egoismus ist ein Schutz für dich und füllt dich auf,
Altruismus braucht ihn nicht, macht lieber noch einen drauf.
Das eine funktioniert ohne das andere nicht,
wir hätten sonst nie einen Spiegel, nie ein anderes Gesicht.
Geben wir uns nur selbst, haben andere vielleicht zu wenig,
geben wir nur anderen, sind wir nicht mehr unser eigener König.
Es ist die Waage, es braucht die Balance,
es pendelt sich ein, dauernd bekommt man eine neue Chance.
Egoismus und Altruismus lieben sich sehr,
in vielen Beziehungen sieht man das immer mehr.

✳

Ich glaube, dass ich fast mein ganzes Leben lang versucht habe, andere glücklich zu machen, weil es mich glücklich gemacht hat, wenn ich anderen Menschen ein Strahlen in ihre Augen zaubern konnte.

Mich hat es wirklich immer im Herzen gefreut, aber irgendwann habe ich die Erfahrung gemacht, dass manche Menschen nicht gestrahlt haben, dass manche Menschen meine Hilfe auch vielleicht gar nicht wollten oder sie sie nicht annehmen konnten. Ich habe erfahren, wie es ist, „Nichts", keinen Dank und kein erfüllendes Strahlen zu sehen und habe so auch erfahren, wie mich das tief im Inneren verletzt hat, weil ich so gutmütig war und ich nicht damit umgehen konnte, wenn jemand das anders gesehen hat.

Ich glaube, ich habe begonnen, Menschen wie eine Art Herausforderung zu sehen, um ihnen wirklich zu zeigen, wie „mutig" ich bin, ihnen das „Gute" in ihnen zu zeigen, und ich befürchte, dass ich mich sogar so weit aus dem Fenster gelehnt habe, dass ich mich wirklich verbogen habe, um es wirklich zu schaffen. Das war der Weg, die Erfahrungskette, die mich gesundes „Sein" lehren sollte. Das waren all die Spiegel, in die ich irgendwann begonnen habe zu sehen und (mit erst nicht so liebevollen Augen) zu hinterfragen.

...weil sich auch die Augen mitentwickeln.

Heute weiß ich, dass das egoistisch war und auf ein großes Selbstwertthema zurückzuführen ist, das sich aus diversen Erfahrungen von Kind an zusammengesetzt hat.
Heute weiß ich, warum welche Dinge aus welchem Grund passiert sind, und es ist auch heute immer noch ein Thema, das ich mir mal mehr, mal weniger bewusst mache - vor allem, wenn ich meine Leichtigkeit verliere und ich mich schwer fühle. Ein Thema, das ich mal mehr, mal weniger vergesse, aber immer seltener in meinem Spiegel sehe.

Interessanterweise ist es so, dass, wenn ich im Schutz bin, ich nur noch auf mich selbst schaue und mein Ding mache - ich verfalle in meinen Schein.

Aus den Augen der Liebe habe ich einfach lange in meinem Leben Egoismus mit Altruismus vertauscht und das auf eine ungesunde Art und Weise, sodass es irgendwann weh getan hat und ich heute manchmal einfach komplett in den Schutz verfalle, ehe ich meinen Spiegel reflektieren kann und das Bild wieder klar aus Liebe sehe.

Ist da zu viel, vor dem man sich schützt, dann wird es Zeit, dass man seinen Spiegel putzt.

Was mich an dem Ganzen heute aber wieder am meisten verletzt, ist die Tatsache, dass ich andere Menschen die nicht für andere da waren, obwohl sie es gebraucht hätten, als ungesund egoistisch bewertet und sogar bezeichnet habe.

Ich habe andere in eine Schublade geschoben, von der ich oft nicht einmal wusste, wie die Besitzer ihre Lade selbst beschriften würden. Vielleicht waren diese Menschen dabei, sich selbst „gesund" zu erfüllen, um dann ihren Glanz auf andere Menschen zu übertragen - vielleicht waren sie einfach gesund egoistisch mit einer nicht ganz so liebevollen Wortwahl.

Vielleicht konnten diese Menschen nicht anders und ich dachte einfach nur, dass ich anders konnte, obwohl auch ich davon irgendwann weit entfernt war. Anderen war es bewusst, mir nicht. Und das ist in meinen Augen immer noch die größte Bestrafung - zu erkennen, in welchen Momenten ich von dem Urwissen getrennt war, mir der Urliebe nicht bewusst war.

Denn wird es einem in seinem Herzen, ohne Schutz und ohne Maske bewusst, dann ist es an der Zeit, das Mitgefühl zu fühlen, das man für andere nicht aufbringen konnte, und man fühlt sich plötzlich so tief verbunden mit ihnen, dass man ihnen für die Erfahrung dankt und man hofft, dass sie einfach glücklich sind und „es leicht nehmen".

> *Also kein Grund sich zu beschweren,*
> *halten wir mit Leichtigkeit, alles was ist, in Ehren.*

Aber jetzt möchte ich dieses leichte Kapitel nicht wieder mit so viel Reflexion beschweren, denn jeder Mensch, der es leicht nimmt und der selbst in der Liebe ist, wird unser Verhalten immer auf die leichte Schulter nehmen, und vor allem, wenn wir nicht wissen, ob jemand anderer überhaupt so ein „Gewicht" auf unsere Meinung legt, beschweren wir uns mit den hunderttausend interpretierten Gedanken nur selbst.

Wenn irgendetwas dich überhaupt nicht loslässt und es mit einem Menschen zu tun hat, dann gehe zu diesem Menschen und entschuldige dich oder frage nach, wie er die oder die Handlung für sich gesehen und für sich bewertet hat.

Eine der wertvollsten Botschaften, die man zu mir jemals gesagt hat: „Anna, du weißt doch gar nicht, was der andere denkt, es sind alles Interpretationen von dir, und auch wenn du oft richtig liegst, heißt es noch lange nicht, dass es deine Aufgabe ist zu schauen, was richtig oder falsch für jemanden ist, schaue, was richtig für dich ist, und geht es um jemand anderen, dann frag ihn, wenn sich das für dich richtig anfühlt. Und Punkt."

Und die Liebe, die „dahinter steht": „Es ist schön zu sehen, wie sehr du an andere denkst, doch schaue zuerst immer, was gut für dich ist - wie du es leicht nehmen kannst, und bürde dir nicht die Last auf, für jemand anderen mitzudenken, und stell der Person einfach die Frage, die du dir für die Person in Liebe stellst - du wirst überrascht sein, wie viel Leichtigkeit ihr euch aufrichtig schenkt."

> *Die Liebe ist einfach echt nett.*

… und man kann so schön annehmen, was sie sagt - man kann in jeder Aussage, in jeder Botschaft, die uns ein Mensch mit auf den Weg gibt, die Liebe sehen, die Liebe hören und dann so antworten, dass der andere sie plötzlich auch hören kann. Das verändert unsere Beziehungen ganz grundlegend in eine wertschätzende und liebevolle Kommunikation.

Wenn wir schaffen, das Schwere - das für uns so „schwer Wiegende", mit der Liebe in Leichtigkeit zu transformieren, dann ist unsere Schulter so viel leichter und die des anderen gleich mit. Tolle Schütteltechnik oder...

Schüttel dich!

Kommt Schwere dir entgegen,
dann musst du dich nur bewegen.
Wiegen die Dinge so unfassbar schwer,
dann zaubere dir doch die Leichtigkeit her.
Will jemand dich total beschweren,
dann halte seine Botschaft mit der Liebe in Ehren.
Nie will dir jemand seine Last aufbürden,
er ist sich gar nicht bewusst über seine schweren Hürden.
Ein verrückter Tanz, einmal hoch hüpfen, einmal drehen,
die Liebe hilft dir, sie in allem zu sehen.
Zaubere für dich und du zauberst für ihn,
du wirst dich wundern, wie alle Lasten fliehen.
Das Leben kann so leicht sein,
wenn wir uns befreien von diesem schweren Schein.

✶

Danke an die Frau, deren Namen ich hier nicht erwähnen brauche, weil sie genau herausliest und „hört", was ich aus ihren Worten und dieser besonderen Spiegeltechnik gelernt habe. Sie weiß, sie hat den Samen gesät, als ich ihn noch nicht als Samen wahrnehmen konnte, und ich kann förmlich spüren, wie das Aufblühen und Umsetzen gerade das unerwartete Geschenk an sie zurück ist. Danke Margit, diese Blume ist mein Wunder an dich.

Möge diese Blume für alle viele Samen säen, weil es das größte Geschenk für mich ist, wenn wir gemeinsam leuchten und wir uns irgendwann alle - dann wenn es für jeden stimmig ist - in wahrhaftiger Herzensliebe aus der Tiefe wieder miteinander vereinen.

Wie Wunder entstehen, sie neue Samen säen,
auch wenn wir sie Jahre später vielleicht erst sehen.
Wir müssen nur vertrauen, einfach tun, daran glauben,
dann sehen wir in diese liebevollen Augen.

Wir sind auch so viel leichter, wenn wir einfach wir selbst sind. Wenn wir es uns erlauben so zu sein, wie wir sein wollen und noch viel besser - wie wir es in diesem Moment gerade sind. Mit bunter Kleidung, mit schwarzer Kleidung, geschminkt und ungeschminkt, trainiert oder gerade eher gar nicht in der Norm, frisch verheiratet oder frisch getrennt, mit Ersparnissen und Träumen oder pleite und im Moment treibend.

Wir können zu uns stehen und uns keine Gedanken machen, wie andere wohl uns und das, was wir tun, wie wir leben, sehen. Erschweren uns diese Gedanken ständig, dann können wir auch hier einfach fragen, wie wir wohl gesehen werden. Wir können zum Beispiel fragen „Findest du, dass ich heute weniger wert bin, weil …" und in dem Moment, in dem du diese Frage aus Liebe stellst, wirst du vermutlich die Liebe zur Seite haben bzw. sie wieder wahrnehmen können und das Mitgefühl, das du dir von anderen erhoffst, in deinem eigenen Herzen spüren.

Authentisch-Sein wird dich befreien.

Kapitel 8 Erinnerungsbild

Kapitel 9
Deine persönliche Selbsthilfegruppe.

1. Erkenne deine Gefühle wie Besucher an.

Wenn du die Leichtigkeit komplett verlierst, du an die Liebe wirklich nicht herankommst, du nichts fühlst und auch keinen Weg siehst, der für dich gerade richtig scheint, dann erinnere dich an all die Momente, in denen es dir schon einmal so ging, und erinnere dich daran, dass es immer wieder einen Weg gegeben hat, der dich in deine eigene Wahrheit geführt hat.

Auch wenn du nicht wahr haben möchtest, dass du gerade in diesem Tal gelandet bist, erinnere dich insgeheim daran, dass aus der Tiefe die größte wahre Liebe entstehen kann. Erkenne an, dass es dir gerade geht, wie es dir geht. So wie du es dir von und mit jemand anderem wünschen würdest - lass dich selbst in Ruhe, streite mit dir, halte dir was vor oder tröste und halte dich.

Anerkennung gibt allen Dingen ihre wahre Benennung.

Irgendwann verstehst du alles, doch erlaube dir, in diesem Moment einfach so zu sein, wie du sein willst und wie du dich fühlst. Nimm dich und das Gefühl an.

Lass es dich berühren und gib dem Gefühl die Reaktion, die es herausfordert, um dich dann letztendlich zu erfüllen. Sei nicht nur weise und klug, sondern begebe dich auf die Ebene der Emotion. Versuche nicht, sie zu ignorieren und dich über oder unter sie zu ordnen - schau das Gefühl an und frag es, was es in Gottes Namen von dir will. Sagt es nichts, dann fühle es so lange, gib ihm so lange Raum in dir, bis dieses Gefühl von alleine geht, und dann umarme dich selbst, weil du so mutig warst und du dir zugetraut hast, dem Ganzen ins Auge zu sehen, und erkenne an, wie stark dein Herz ist.

Die Kluft zwischen dir und einem unerwünschten Gefühl findet ihre Erfüllung im Herzen.

Hättest du das Gefühl weiter nicht beachtet, wäre es weiter gewachsen und dir sprichwörtlich irgendwann „wie das Wasser zum Hals gestanden" oder es hätte dich weiterhin in irgendeiner Form nach unten gedrückt, sodass du keine Kraft mehr gehabt hättest, aufzustehen. Ich denke, das Mindeste, was sich ein Mensch nach dem Erkunden dieser Kluft schenken kann, ist Anerkennung. Anerkennung sich selbst gegenüber und all dem, was mit seinen Ängsten in Verbindung steht.

Gefühle sind leise und wir schenken ihnen ihre Stimme.

Gefühle werden nie wirklich mit uns sprechen, wir können sie immer nur zuordnen - so wie wir sie gelehrt bekommen haben, so wie wir sie erfahren haben, so wie wir sie für uns bewertet haben.
Gefühle reden nicht, sie sind nicht schwarz oder weiß. Alle Gefühle sind göttlich und bunt, genauso wie alle Worte die Farbe haben, die wir ihnen geben. Und du entscheidest, wie du Worte bewertest, und ich entscheide, wie ich Worte bewerte. Und du entscheidest, wie du Gefühle bewertest, und ich entscheide, wie ich Gefühle bewerte. Wir werten alle anders.

Vielleicht ist ein mutiges Gefühl für dich sofort mit unfassbarer Anstrengung verbunden und allein der Gedanke daran saugt dich aus. Vielleicht ist das mutige Gefühl für mich eine Art das Leben zu spüren und lebendig zu sein und ich liebe es, an Mut zu denken. Vielleicht bist du richtig froh, wenn das Gefühl von Mut sich endlich in sicheres Vertrauen wandelt und vielleicht überlege ich schon, was ich als nächstes herausfordern kann, um mich noch lebendiger zu fühlen.
Vielleicht fühlst du dich lebendig, wenn du von der Klippe springst, und es ist für dich etwas, dem du mit sicherem Vertrauen begegnest, etwas, wofür du keinen Mut aufbringen musst, weil du in der Nähe dieser Klippe aufgewachsen bist, du dem Ozean vertraust und weil Mut für dich in ganz anderen

Ebenen ganz andere Gefühle hervorruft. Und vielleicht bekomme ich Panikattacken, wenn ich auf der Klippe stehe, und ich würde nicht hinunterspringen, selbst wenn meine ganze Familie voraus hüpft und mir zeigt, dass alles gut ist. Vielleicht liegt mein sicheres Vertrauen in ganz anderen Dingen und dein mutiges Vertrauen auch.

Wenn sich dieser Mut und dieser Mut treffen und sich dieses sichere Vertrauen und dieses sichere Vertrauen begegnen, dann werden sich für den einen und den anderen viele vertraute Gefühle in einer neuen gemeinsamen Erfahrung ebnen.

Erfahrung

Jede Erfahrung birgt eine neue Chance,
sie weckt dich aus der gefühlten Trance.
Jede Erfahrung ist einfach nur,
wie alle Emotionen sonst auch - erst einmal pur.
Bringst du in diese neue Erfahrung dein offenes Herz hinein,
wird ein Teil vom Herzen vielleicht erst noch verschlossen sein.
Andere Erfahrungen, andere Gefühle werfen ihren Schein
und es ist schwer für dich zu vertrauen - so schutzlos und allein.
Vielleicht sind es andere Menschen, die du beobachtest
und du lernst von deinen offenen Blicken mehr als du dachtest.
Du lernst, dass es für sie keinen Mut erfordert,
dass dieser Mut sie an anderen Stellen herausfordert.
Du erkennst nur aus dieser Beobachtung zu vertrauen,
weil diese Menschen auf ihr Vertrauen mit Freude bauen.
Du machst die Beobachtung zu deiner neuen Erfahrung,
um sie für dich mit offenem Herzen zu färben, ohne Tarnung
- du nutzt die Chance, lässt dich fallen, ignorierst die Warnung.

*Ob wohl andere Menschen ihre Augen auf dich halten,
um sich gerade im Vertrauen ihre eigene Erfahrung zu gestalten?*

✹

Es hat alles die Farbe, die wir den Dingen geben, und aus diesem Grund haben wir die Chance, in einem Leben ganz viele Leben zu leben und ganz viele neue Chancen zu geben. Wir haben die Möglichkeit, eine Erfahrung immer wieder neu zu erleben, je nachdem, welche Farbe wir ihr geben.
Generell alle Gefühle, alle Worte, alle Erfahrungen, alle Dinge, die wir als schwarz und „schlecht" bewertet haben und von denen wir glauben, uns fern halten zu müssen, kommen sowieso immer wieder um die Ecke, damit sie einen bunten Pinselstrich von uns abbekommen. Denn in Wahrheit ist es immer so, dass wir die farblosen Spiegel in unser Leben ziehen, weil die Liebe mit ihren Lichtwesen unerschöpflich versucht, uns die Liebe in diesem Spiegel zu zeigen.

Die Liebe versucht uns immer die Liebe zu lernen.

Diese Liebe können wir erst sehen, wenn wir überhaupt das Gefühl anschauen, und das tun wir, wenn wir es fühlen. Und das Fühlen ist viel leichter, als der Kampf dagegen - das kommt uns vielleicht anfangs nicht so vor, aber früher oder später haben wir so viel mehr Zeit und Energie damit verbracht, uns gegen etwas zu wehren, als uns tapfer etwas hinzugeben.
Diese Tapferkeit wird Schritt für Schritt auch immer leichter und immer seltener nötig sein. Bis es irgendwann leicht ist und sogar erfüllend schön. Vielleicht irgendwie vertraut und so, dass wir genau wissen, wie wir damit umgehen können. Als Schöpfer unserer Gefühle in unserer kleinen bunten (Gefühls-)Welt.

✹

11. Bestimme selbst, was du gerne in deinem Haus hast.

Wenn du dein Haus bist, dann ist das Gefühl letztendlich immer nur dein Besucher, den du mehr oder weniger bewusst angezogen hast (oder die Liebe für dich eingeladen hat).

Du empfängst in deinem kleinen Häuschen immer jeden und du gibst jedem Gefühlsbesuch die Chance, „Hallo" zu sagen, aber du legst die Bedingungen fest und du entscheidest letztendlich, wer in deinem Haus bleiben darf. Das ist dein Haus.
Das Gefühl kann wachsen, doch wenn du merkst, dass dir eine Emotion über längere Zeit nicht gut tut, dann ist es wie mit den Katzen - du bittest sie zu gehen, und auch wenn du dich manchmal zuerst unsicher fühlst und irgendwie gar nicht zurechtkommst, weil sie ja schon so „dazu gehört" hat und ein vertrauter Teil von dir war, dann ist es richtig, wenn sich etwas anderes für dich besser anfühlen würde. Vergiss nicht, du bist keine vorgefertigte, sondern eine vielseitige Sonnenscheinseele.

Wenn aus deinen Fenstern die Sonne strahlt, weil du dich an dem orientiert hast, was sich nach Sonne im Herzen anfühlt, dann kannst du jedem Gefühlsbesuch mit liebevollen Augen begegnen und dann sind auf deinem eigenen Elefanten-Weg kleine Babyelefanten aus den Steinen geschlüpft. Es sind in diesem Fall deine Gefühlskinder, die du jetzt vertraut großziehst, um sie dann im Vertrauen in die Welt fliegen lassen zu können.
Es sind deine Gefühle, die durch dich groß werden können - in der Farbe, die du ihnen schenkst. Und schenkst du ihnen deine Herzensanwesenheit, schenkst du ihnen automatisch dein Licht und so kann dich die Farbe jedes Gefühls noch bunter machen.

„Mach es bunt!", sagt sie.
„Mach es du bunter!", sagt er.

III. Bewerte so, wie du selbst bewertet werden möchtest.

Stell dir vor, jemand bewertet dich aufgrund der Erfahrungen, die er gemacht hat und steckt dich in seine „besser fern halten - mit Vorsicht zu genießen - lieber nicht"-Schublade.

Dieser Mensch hat dir dann nicht die Chance gegeben, sich wahrhaftig mit dir zu unterhalten. Er hat sich ein oberflächliches Bild von dir gemacht, doch ist es sein Recht, dich zu stigmatisieren? Hat uns nicht die Liebe gelehrt, dass wir das nicht einmal für uns selbst so verletzend handhaben sollten?

Aber er kann nichts dafür, denn er hat so viel Angst vor dem Gefühl, das hinter dieser Schublade steckt, dass er die Schönheit deiner Seele gar nicht erfahren kann, selbst wenn er sich alle Mühe gibt - diese Schublade kann er nicht verriegeln. Dieser Mensch blockiert sich durch dieses Gefühlsverhalten selbst und vielleicht wärst du die Liebe seines Lebens und er kann es nie erfahren, weil er sich immer verschließen wird, wenn seine Schublade aufgeht, weil ihn irgendetwas an dir daran erinnert - selbst wenn du seit Jahren versuchst, ihn vom Gegenteil zu überzeugen. Das kann sehr schmerzhaft für beide sein und gefühlt oft auch nicht so fair, weil wir irgendwann vielleicht kein Verständnis mehr aufbringen können, weil die Person es selbst auch nicht in reiner Form versteht.

So leben wir vermutlich alle jeden Tag, wenn wir ehrlich sind - mal mehr, mal weniger. Wir füllen fleißig alle Schubladen, die wir uns auf der Reise jemals zugelegt haben.

Gefühle sind von deiner Bewertung abhängig,
so wie du es von den Bewertungen anderer bist,
es sei denn, dass du mit leichter Liebe überdrüssig bist.

Wir können mit dem Feuerzeug bereit stehen, um die Kerzen anzuzünden, die uns daran erinnern wollen, dass sie erstickt von Bewertung nicht mehr leuchten können und sie in Liebe wieder ihr Vertrauen scheinen wollen.

Schauen wir mit Licht hinter alle Bewertungen und in alle Schubladen, dann werden wir bleiben. Wir werden nicht davonlaufen, wir werden unser Glück nicht selbst blockieren, wir werden selbst die Liebe, die in jeder Schublade verborgen liegt. Wir werden mit dem Feuerzeug voller Vertrauen da sein und wir werden die Kerzen erhellen, die uns ihr heilendes Licht schenken möchten, weil wir uns ihner annehmen - für unseren Geist, für unsere Seele und für unser Erfahrungsfahrzeug. So können wir bleiben und unsere geheilten Wunden zeigen.

Lernen „da" zu „sein" und „da" zu „bleiben".

Wofür ich unfassbar dankbar bin, das ist die Tiefe, die durch eine immer wiederkehrende Trennung von zwei Menschen, die sich gegenseitig ähnlich bewerten, entsteht - Schublade auf und zu - immer und immer wieder. Würden sie doch nur aufrichtig gemeinsam in den Spiegel der Liebe sehen...

Doch wenn der eine einen Liebeskreis aussendet, dockt ein unsichtbarer Faden an die tiefe Felswand des anderen, selbst wenn der andere verschlossen zu sein scheint. Das läuft fortwährend, solange sich die Kreise an einem Punkt in Liebe berühren. Tun sie dies im Wechsel (machen sie die Schubladen mit ihren schützenden Bewertungen im Wechsel auf und zu) entsteht ein richtig verbindendes Geflecht, und auch wenn es ihnen nicht bewusst ist, haben diese Menschen eine Verbindung, die sie spätestens dann sehen, wenn ihr Kunstwerk an die Oberfläche tritt.

So eine schöne Vorstellung für alle zwischenmenschlichen Beziehungen, in denen sich bewegende Kreise berühren, auch wenn man lange nicht weiß, wohin sie führen.

Solange der Mensch in Bewegung bleibt,
er kraftvoll sogar in der Tiefe Dinge treibt.

Jetzt läuft gerade das Lied „I am here" von Pink auf meiner „songs for a happy heart"-Playlist. In diesem Lied geht es darum, dass man sich vor nichts fürchtet, weil man schon alles geschafft hat, dass man alles Böse herausfordert, weil man sowieso „hier ist" nach allem, was schon passiert ist.
Die Minimalanforderung - hier zu sein und alles zu schaffen. Selbst wenn wir immer noch ab und zu sicherheitshalber eine Mauer errichten - wir wissen tief in unserem Herzen, dass wir es sogar irgendwann ohne diese Mauer schaffen können.

Eine Mauer brauchen wir nur, um beschützt zu stehen, damit wir dann entspannt in Ruhe dahinter sehen.

Ich möchte uns alle für die Maximalanforderung motivieren und das geht nur, wenn wir alles, was uns passiert ist und alles, was wir erlebt haben, alles, was uns so verletzt hat, irgendwann so bewerten, wie wir selbst bewertet werden möchten.
Die Maximalanforderung ist, unser Haus zu bauen und uns zu erlauben dort, „wir" zu „sein".

*Mal so, Mal so
- mit liebevollem Verständnis froh.*

Dinge dürfen sein und wir dürfen es auch - so wie wir wollen. Indem wir Tatsachen ins Auge sehen, erkennen wir, dass wir kraftvoller sind und wir immer noch hier sind, immer hier sein werden. Selbst wenn es um eine schwerwiegende Tatsache geht, wir sind noch hier, weil wir ein unfassbar starkes Urkraftwerk in uns tragen, das uns alle Liebeskraft der Welt gibt, damit wir wieder das Glück im Herzen spüren können.
Wir selbst wollen nicht bewertet werden, egal ob wir „Gutes" oder „Schlechtes" tun. Wir wollen akzeptiert werden mit all unseren „Stärken" und „Schwächen" und mit all unseren „Programmierungen" und „Systemfehlern".

Wir dürfen sein, wer wir sind, akzeptieren, wer wir sind und diese Bewertungsfreiheit zu allererst uns selbst schenken, denn dann können wir sie ganz automatisch an andere übertragen. Wir dürfen uns das erlauben.

Erlauben wir uns selbst das Sein,
erlauben wir auch anderen das Entkoppeln vom Schein.

Und wenn wir selbst annehmen, dass wir gewisse Gefühle in uns tragen, dann werden wir automatisch Menschen anziehen, die uns genau mit diesen Gefühlen akzeptieren, weil wir sie und uns selbst akzeptieren.

Alle, die uns für ein Gefühl „verurteilen" oder uns gefühlt in eine Ecke drängen, sind wieder nur ein Spiegel für das, was wir selbst noch nicht akzeptiert haben - für das, was „hinter den Mauern" transformiert werden möchte, damit es uns noch besser geht. Wenn wir uns nicht akzeptiert fühlen, dann dürfen wir uns die Zeit nehmen und uns selbst in Liebe akzeptieren.
Wir dürfen „wir" sein, und wenn wir uns das erlauben, können wir auch erst wahrhaftig erkennen, wie andere Menschen uns wirklich gesehen haben. Ob wir vielleicht nur denken, dass man nicht so akzeptiert wird, wie man ist, und andere uns nur sagen, was sie sehen (wie wir uns sehen) - ohne es zu bewerten.

Vielleicht erkennen wir, wie viel Liebe uns von unseren Mitmenschen entgegengebracht wird und vielleicht erkennen wir, dass es uns niemand böser meint, als wir selbst es tun. Vielleicht erkennen wir, dass wir die Mauern gar nicht brauchen, wenn wir nicht glauben, dass wir sie brauchen.
Vielleicht trennen Menschen sich nicht von uns, wenn wir sie mit uns verbinden lassen und vielleicht fühlen wir uns verbunden, wenn wir die Mauer Ziegel für Ziegel abbauen und unserem offenen Herzen nach und nach vertrauen.

Wir beschweren uns mit Trennung,
mit Verbundenheit finden wir dafür leichte Benennung.

✺

IV. Schau einmal, welche Sonne im Nebenzimmer sitzt.

Vielleicht sitzen wir manchmal in unserem eigenen Haus, das wir uns behutsam gebaut haben, und wir sehen zwar den Weg, der sich aus dem tiefen Wald ebnet, doch er ist irgendwie vernebelt und es fehlt uns die klare Sicht. Es fühlt sich „schwer" an, diesen Weg zu gehen - zumindest, wenn er uns Freude bereiten soll.

Also sitzen wir manchmal dort, haben unsere Gefühle als einen Teil von uns akzeptiert und es ist diese Gefühlsneutralität entstanden. Irgendwie ist unser Kopf vernebelt, weil man all diese Emotionen nicht richtig einordnen kann, aber wir wissen, dass wir sie aushalten, wir sie annehmen können - wir sind uns bewusst darüber, dass sie uns nicht selbst brechen, sondern sie maximal diesen Hauch von Nebel in uns hinterlassen, den wir nicht richtig einordnen können. Der Nebel, der unseren Weg in diesen Schleier gelegt hat.

Unser Herz fühlt sich nach Sonne an und gleichzeitig auch so, als würden diese Nebelwolken das Strahlen unserer Augen dämpfen. Wir wissen, dass es uns gut geht und wir unsere Mauern nicht brauchen, weil wir da diese schöne Sonne haben und gleichzeitig wissen wir nicht richtig, wie lange dieser Nebel bleiben wird.

Also sitzen wir da in unserem Häuschen und wir wissen, wie unser Weg weiterführt, aber wir geben uns die Zeit, die wir brauchen, bis der Nebel sich ein wenig lichtet. Wir beschäftigen uns mit Aufgaben, die wir schon lange erledigen wollten, und es fühlt sich gut und erfüllend an, dass wir die Zeit finden, unser

Haus aufzuräumen und diese normalen Dinge zu tun. Es ist, als könnten wir in Ruhe über die Situationen nachdenken, in denen wir bestimmten Gefühlen ins Auge gesehen haben und dabei etwas tun, das uns immer leicht fällt und nicht viel unserer Aufmerksamkeit erfordert.

Es ist, als wäre eine einfache Aufgabe gerade genau richtig für uns und unser benebeltes Sonnenherz und das freut uns irgendwie, weil wir uns die Zeit geben, die wir brauchen.
Wir können uns wirklich annehmen, wie wir sind, und das ist ein schönes Gefühl und zaubert uns ein sanftes Lächeln ins Gesicht und unsere Augen strahlen ein wenig mehr in diesem gedämpften Licht.

Wenn wir zufrieden umherwandern in unserem Haus und sich die Dinge beginnen ein wenig zu sortieren, bemerken wir vielleicht auch einen anderen Menschen im Nebenzimmer sitzen. Dieser Mensch strahlt uns voller Liebe an und wir freuen uns erst über diese Verbindung, doch dann verdichtet sich unser Nebel plötzlich irgendwie, weil dieser Mensch so aus seinem offenen Herzen spricht, total sonnig und ehrlich von seinen Themen erzählt und uns das gerade zu viel wird. Wir sind ja selbst erst dabei, uns zu sortieren und versuchen gerade, entspannt den Weg klarer zu sehen, nach dieser ganzen Gefühlsanstrengung, die wir hinter uns haben und all dem vertrauensvollen Mut, den wir erstmals für uns selbst aufbringen mussten und konnten.

Der Nebel verdichtet sich und der liebevolle Mensch versteht es nicht, dass wir uns gar nicht mehr so freuen, dass er hier sitzt, und wir verstehen irgendwie erst auch gar nicht, warum die Sonne sich immer mehr in uns versteckt.
Was glauben wir über den Menschen? Wie bewerten wir ihn?

Wir sind die Hüter unserer Glaubenssätze.

„Lerne da zu sein und da zu bleiben" - dieser bereits bekannte Spruch kommt in unseren Kopf und wir sagen der Sonne in unserem Nebenzimmer, dass wir kurz Zeit brauchen und wir dann gleich wieder da sind. „Wir beschweren uns mit Trennung und mit Verbundenheit finden wir dafür Benennung." - liebevoll werden wir von weiteren Gedanken erinnert und wir verstehen wieder, dass wir ja nicht alleine auf dieser Welt leben.
Wir erkennen, dass wir in jedem Moment kleine und große menschliche Liebesgeschenke bekommen, und wir erkennen, dass da vermutlich noch ganz viele andere ganz helle und offene Sonnen in anderen Nebenzimmern sitzen.

Wir erkennen, dass andere manchmal so offen sind, weil sie uns auf diesem Weg zeigen, dass wir es auch sein können. Mit dieser ehrlichen Offenheit von anderen Menschen bekommen wir den Spiegel der Verbundenheit, der uns zeigt, wie schön es ist, wenn das Strahlen in unseren eigenen Augen durch das Strahlen von den Menschen, die ohne Erwartung und immer gern in unserem Nebenzimmer sitzen, erweckt wird.

Es ist schön, diese Türe zu dieser besonderen Sonne entdeckt zu haben, denn sie ist bereit, uns zu stützen und sie freut sich so für uns, wenn wir auf unserem sonnigen Weg gehen und der Nebel sich lichtet. - Weil wir mit uns selbst wieder verbunden sind.

Um offen zu sein, kann man eine Tür einbauen, so kann man gut Verwahrtes einer Sonne anvertrauen.

Nach dieser Erkenntnis gehen wir in unser Nebenzimmer und empfangen wieder dieses schöne Strahlen. Wir bedanken uns dafür, dass dieser Mensch überhaupt da sitzt, und er gibt uns zu verstehen, dass er immer gerne für uns da ist.
Wäre er nicht da, hätte er gerade nicht aufrichtig die Zeit dafür. Diese Sonnenscheinseele erklärt sich gerade bedingungslos dazu bereit, den Sonnenschein tief in unsere Augen zu leuchten

und es ist nicht wichtig, wer dieser Mensch ist oder wie gut wir ihn kennen.
Dieser Mensch ist mit dem Göttlichen in sich verbunden und er erinnert uns an das Zuhause in uns daheim.

Neblige Lichtung

*Eine neblige Lichtung kann vieles sein
und ganz oft lichten wir Dinge ganz für uns allein.*

*Ganz oft ist es aber auch schön, Wärme zu empfangen,
diese tiefe menschliche Verbundenheit zu erlangen.*

*Deshalb schenkt uns das Licht oft jemand anderer,
irgendwie ist das auch im Herzen ganz oft besonderer.*

*Die neblige Lichtung ist so nah,
eigentlich kann man gestehen, sie wäre immer da.*

*Wie schön es ist, sie zu entdecken
und verbunden ins Universum einzuchecken.*

*Wenn der Nebel verfliegt und man wieder ganz klar sieht,
ist es so, als verstünde man, warum alles wie geschieht.*

*Es ist die Erleuchtung eines jeden Moments,
„wir verbinden's oder wir trennen's".*

※

Wir Menschen sind so wertvoll füreinander und niemand ist perfekt – kaum jemand ist sich über seinen wahren Wert bewusst. Ein Selbstwertproblem ist nicht etwas, das man nicht haben sollte, denn ein Selbstwertproblem hat man ganz einfach nun einmal „selbst als Problem bewertet".

...weil wir jede Problemlösung sind.

Es ist eigentlich so schön, wenn jemand an seinem eigenen Wert zweifelt, weil wir dann in der Lage sind, ihm so ein schönes Geschenk zu machen, indem wir einem Menschen zeigen und erklären, wie viel Wert wir in ihm sehen - mit unseren liebevollen Augen. Wir können ihn in Liebe spiegeln.

Wir können immer die Lichtung für andere Menschen sein und wir dürfen auch annehmen, dass andere Menschen es immer für uns sind. Wir können unsere Gefühle annehmen, auch wenn sie irgendwie neblig sind, und unser Haus sortieren, so lange wir möchten, und wenn uns sonnige Unterstützung angeboten wird, dann ist es ein schönes Geschenk, das wir annehmen dürfen.

Wir sind die Hüter unserer Sonne, denn wir wissen, „was" es zu stützen gilt und wo wir Unterstützung brauchen können. In unserem Fall ist es gerade so, dass wir etwas Klarheit gebrauchen könnten oder jemanden, der uns einen Spiegel vorhält, der uns zeigt, was er darin sieht. Wir freuen uns einfach über diesen Menschen, dem es so wichtig ist, dass wir vertraut in unserer eigenen Kraft in der warmen Sonne spazieren.

Und diesen Menschen dürfen wir dankbar annehmen.

Danke, dass wir so viele Menschen sind.

Ich bin wieder in dem gemütlichen Gemeinschaftsbüro und bin heute allein zum Mittagessen gegangen. Ich ging in dieses tolle Lokal, in dem sie alles so gesund und grün und bunt servieren, und man hat das Gefühl, dort gut aufgehoben zu sein und seinem Körper etwas Gutes zu tun.

Es regnet heute ein bisschen, deshalb war es sehr voll dort und die Bedienungen wollten mich auf nette Art und Weise hinaus schicken, aber ich habe mich dann zu einer jungen Frau setzen können. Und diese Frau war jetzt meine Sonnenscheinseele und ich ihre - wir haben uns so gut unterhalten und es war gerade wie ein Geschenk, das ich noch gar nicht realisieren kann.

Wir haben unsere mittlerweile leichten und noch schweren Themen geteilt, weil wir beide unsere Energiekugeln für diese Themen „zusammen" haben, wir haben nicht gewertet und offen zugehört, wir sind allen Themen und allen Involvierten mit Wertungsfreiheit und Verständnis begegnet, wir haben über unsere Balance und die gesunde Mitte der Beziehungen gesprochen - sie hat mich mit liebevollen Augen angesehen und ich sie auch. Es gab keine Abfolge von irgendwelchen Themen, sondern wir haben wirr durcheinander geredet, doch aufrichtig zugehört. Wir hatten gerade ein wunderschönes Gespräch, aus dem wir uns beide mit lächelndem Gesicht verabschiedet haben, um heute Abend dann weiter zu essen und zu reden. Und das ist das, was ich meine - die Geschenke sind überall, in jedem „Nebenzimmer" sitzt diese Sonne.

Mit liebevollen Augen vom Herzen des einen zum Berührten Herzen mit Strahleaugen des anderen.

Sie hat mir anvertraut, was ihr heute komischerweise im Magen liegt, hat mir zu verstehen gegeben, dass sie gerne meine Sichtweise dazu hätte und ich habe ihr einen liebevollen Spiegel vorgehalten, sodass ihre Augen begonnen haben zu strahlen.

Ich hab ihr erzählt, dass ich gestern komischerweise kaum schreiben konnte. Es ist einfach unfassbar überwältigend, wie dieses Buch mit mir arbeitet, denn das Leben erinnert mich immer wieder an all das, was ich schreibe, und ich bekomme „eine Prüfung nach der anderen" vor die Tür gesetzt bzw. „einen Spiegel nach dem anderen vor mein Gesicht gehalten" (und wenn es nur Gespräche von anderen sind und mein offenes Herz mit Lupe inspiziert wird bzw. ich es inspizieren darf).

Das Leben spiegelt alles, weil wir all das Leben in dem Spiegel sind.

Es ist so unfassbar faszinierend, denn wenn ich ein Thema noch nicht zu meiner Zufriedenheit mit den liebevollen Augen fertig geschrieben habe, dann weiß ich am nächsten Tag warum.

Es passiert immer noch irgendetwas, das mich an alles denken lässt und meine innere Authentizität überprüft - es passiert im Außen etwas, sodass ich im Innen überprüfen und inspizieren kann. Und alles, worüber ich schreibe, habe ich in Gesprächen mit anderen Menschen im Nachhinein gesprochen - auch ohne meine Anfangsworte. Alles ist Energie und die Liebe zeigt mir fleißig, was wirklich Liebe ist, und mein Schutzengel erinnert mich mit seinen Zeichen an das, was noch „rein gehört" in dieses Buch. Er erinnert mich an das, was in meinem Lebensroman hilfreich für mich war und an das, was ich noch nie als hilfreich beschreiben konnte, obwohl es das ist und ich es noch nicht gesehen habe.

Es ist, als würde ich in diesen drei Portugalmonaten mein Leben dritteln, von „abhängig getrennt" zu "unabhängig getrennt" zu „insgesamt verbunden". Und „verbunden" erkunden wir jetzt weiter, denn Ally, die junge Amerikanerin vom gesunden Restaurant, hat mich darin bestärkt und mit ihren liebevollen Augen mein Herz berührt und mich zum Strahlen gebracht, sodass es jetzt mit kunterbunter Energie weitergehen kann.

Ich habe diese Begegnung unverfälscht in meinen ehrlichen Schreibfluss eingebaut, weil dieses Kapitel ein „alles ist möglich in deinen Nebenzimmern" darstellen sollte. Es ist aus meinem Leben für dein Leben, aus meinem Hier und Jetzt für dein Hier und Jetzt, aus meiner Vergangenheit für deine Vergangenheit.

Für eine Zukunft in gefühlter Verbundenheit.

✺

V. Sonnenscheingrenzen für deine Zimmer.

Irgendwie fast ein Widerspruch nach den letzten Seiten. Doch nachhaltig verbunden können wir nur sein, wenn wir unsere Balance finden zwischen der Zeit mit uns selbst und der Zeit mit unseren Mitmenschen. Ich wäre gerne immer verbunden, mit mir selbst und mit anderen, aber noch lieber entspanne ich mich und nehme mich so an, wie ich in diesem Moment gerade bin.

Vor allem wenn wir gerade erstmals das Land der wahren Verbundenheit erkunden, erfordert es Achtsamkeit für unser offenes Herz und für alles, was uns gut tut. Wir dürfen uns von dem Gedanken verabschieden, dass die beste Freundin oder der beste Freund - bestimmte Menschen in unserem Leben, „immer" Zeit für unsere Bedürfnisse haben.

Wir können nicht erwarten, dass da immer der gleiche Mensch im gleichen Nebenzimmer sitzt, dass er stets als gleich helle und gleich strahlende Sonne für uns scheint. Wir selbst wollen schließlich auch nicht in dem Nebenzimmer eines anderen Hausbesitzers festgekettet sein, bis unsere eigene Sonne vor fehlender Eigenverantwortung fast erlischt und das Grün unserer eigenen Welt im Universum ohne ihren Schöpfer wankt.

Wir können für andere Menschen da sein, wenn wir für uns selbst da sind und indem wir unsere Grenzen liebe- und respektvoll kommunizieren, können wir bei uns bleiben, so wie auch unsere Mitmenschen das für sich tun können.

Niemand wird jemanden für seine Wahrheit und für das, was ihm gut tut, verurteilen, denn dieser Jemand weist nicht den anderen zurück, sondern spricht nur seine Herzensgefühle aus. Und dieser Jemand wird auch Verständnis für die Bedürfnisse anderer Menschen aufbringen können, wenn sie diese wertschätzend kommuniziert haben, denn wenn ein Herz zum Herz des anderen spricht, dann ist es der Sonnenschein, der mit Verständnis alle Grenzen bricht.

*Wenn ein Herz zum Herzen des anderen spricht,
dann sieht man Mitgefühl in jedem ehrlichen Gesicht.*

Wir pflegen in Liebe alle Beziehungen, zu uns selbst und zu anderen Menschen, und dafür braucht es Sonnenscheingrenzen.

※

VI. Energiekugeln basteln und Anker setzen

Nicht immer können wir rechtzeitig unsere Sonnenscheingrenze erfühlen und vielleicht entstehen manchmal wirre Gefühle in uns, die sogar andere Menschen in uns ausgelöst haben - durch ihre und unsere alten Erfahrungen und farblosen Bewertungen.

Wenn wir uns dieser Gefühle annehmen, können wir kraftvolle Energiekugeln für uns bauen und neue Anker setzen, bevor wir lossegeln.

Wir können unseren Nebel eben nicht immer mit der Sonne anderer liebevoller Menschen lichten und dann wieder selbst für eine klarere Sicht sorgen. Nach dem Motto: „alte Erfahrung und alte Bewertung - annehmen und anerkennen - vernebeltes Urwissen - andere Sonne oder eine eigene Methode lichtet".

*Wenn unser Urwissen vernebelt ist,
hilft das oder das für eine klare Sicht.*

Manchmal ist es so, dass neue Erfahrungen neue Gefühle auslösen, die wir dann wiederum als „unsere" Gefühle wahrnehmen und integrieren dürfen.

Es ist wichtig, dass man seine eigene Wahrheit fühlt, denn selbst wenn andere Sonnen uns an ihr Urwissen erinnern, sie uns sogar mögliche Tipps geben, die auf ihren Erfahrungen beruhen und ihnen erlösend geholfen haben, fühlen wir vielleicht trotzdem nicht klar, ob das auch „unseres" ist und uns selbst wirklich entspricht.

Es ist so, als würden wir beginnen zu differenzieren, ob das ein gut gemeinter liebevoller Rat war, der uns vielleicht auch für unseren Weg helfen kann, oder ob wir den Rat annehmen, weil wir uns die selben strahlenden Augen von dem Weg der anderen Person wünschen und erhoffen.

Ist es in Liebe „unseres" oder in Liebe „anderes"?

Man ist kein Mensch der anderen nacheifert, weil man Vorbilder sucht (wenn auch das größte Vorbild jeden Morgen in den Spiegel sieht) - nein, das möchte ich damit nicht sagen.

Als Vorbild-Wirkung reicht häufig bereits das berührende und strahlende Erzählen einer Person, für die wir Sympathie empfinden, und trotzdem heißt das nicht, dass dies auch unserem Weg entspricht.

Hast du jedoch ein klares, intuitives Bauchgefühl und spürst tief im Inneren, dass das ein Wegweiser für dich war, dann ist alles gut und diese Sonnenscheinseele bringt dir die neue Erfahrung in dein Leben, die auch du gerade brauchst. Nach der Abfolge „vernebeltes Urwissen - andere Sonne lichtet - neue Erfahrung auf Empfehlung - tiefe Erinnerung an unser Urwissen".

Weil des anderen Klare Sicht...

Manchmal fühlt man vielleicht aber im ersten Moment eher „Oh Gott, wie toll, bin ich dankbar, dass ich diese Option bekomme.", bevor man dann daheim und für sich in Stille beginnt nachzudenken und zu reflektieren.

Häufig ist es vielleicht so, dass die Gedanken zu kreisen beginnen und diese Kreise sich an andere Emotionen, Mutmaßungen und sogar Misstrauen knüpfen. Vielleicht fühlt es sich manchmal so an, als wären der Hoffnungsschimmer und die klare Sicht des anderen verflogen, und irgendwie zieht auch der Nebel auf unserer Lichtung wieder auf und wir finden uns in „alte Erfahrung - Anerkennen - vernebeltes Urwissen - andere Sonne lichtet - Gedankenkreisen - Lichtung vernebelt" wieder.

...noch lange nicht unsere Klarheit ist.

Es ist, als wären wir uns jetzt wieder nicht mehr klar, und obwohl wir da dieses eine Bauchgefühl haben, das wir schon die ganze Zeit subtil wahrnehmen können, vertrauen wir diesem Gefühl irgendwie nicht ganz.
Manchmal fragt man sich vielleicht „Was fühle ich denn jetzt eigentlich, jetzt probiere ich eh schon mein Herz offen zu halten und kenne mich gar nicht mehr aus…?!", …tja, zu viele Gedanken blockieren den Fluss, aber auch das darf man einfach nur so annehmen. Und schon wird der Ärger verfliegen und man muss vielleicht sogar über sich lachen und man fragt sich, wie oft einem das eigentlich noch passiert - wie oft man wieder in den Gedanken „versinkt" und man nach Gefühlen „taucht".

*Wenn wir nach Gefühlen tauchen,
wird der Kopf seine Pause brauchen.*

✳

Im Studium hatten wir eine Professorin, die zu meinem Glück die Psychologie der Therapeuten-Patienten-Beziehungen als ihr „Steckenpferd", so nannte sie das zufrieden lächelnd, gelehrt hat. Ohne diese Vorlesungen und diesen Input wär es für mich, glaube ich, noch viel schwieriger gewesen, dieses Studium heil abzuschließen.

Ich bin sehr dankbar, dass ich eine ihrer Übungen, die ich im nächsten Abschnitt erklären werde, mit auf den Weg bekommen habe, um zu entscheiden, ob ich den Bachelor dem Examen vorziehen soll, um im Endeffekt mehr Zeit fürs Lernen zu haben.

Du kannst dir vorstellen, dass das Examen für mich subjektiv betrachtet wie ein Scheiterhaufen war, auf dem ich als spirituelle fühlende Hexe entweder verbrannt werde oder ich es irgendwie dem Physiotherapeuten-System angepasst heil da raus schaffe. Ich war gut im Lernen, dank meines Examenspartners Manu besser im Verstehen und das Lernen war mit ihm sehr entspannt und irgendwie echt eine schöne Zeit, für die ich mein ganzes Leben dankbar sein werde. Wir sind sogar braun gebrannt vom Lernen auf der Terrasse ins Examen gestartet und gut und gesund gegessen haben wir auch - mit ganz vielen Eiscreme-Pausen. Danke, liebe Claudia, danke, lieber Manu. Hexe lebt!

✳

„Achtsamkeitsforscherin" Frau Roth hat diese Übung damals „Bodenanker setzen" genannt und heute weiß ich dank ihr, dass es Abwandlungen schon seit mehreren hundert Jahren durch verschiedene Achtsamkeitsforscher gibt.
Die Heilpraktikerin mit der „Weisheit in sich selbst verstecken"-Geschichte hat mich wieder daran erinnert, weil systemische Aufstellungsarbeit sehr ähnlich ablaufen kann und deshalb ist der nachfolgende Bodenankerstil mein individueller Mix aus beidem.

Generell finde ich die Bodenankerübung so wertvoll, weil sie eine Möglichkeit ist, sich selbst in sein Herz zu bringen und sich mit seinem lichtvollen Herzensgefühl zu verbinden.
Automatisch kommen wir vom Denken ins Fühlen und das nur durch Energien und Schwingungen von Worten und Buchstaben. Unterstützt von vielen lichtvollen Wesen, die uns von außen Liebe senden, damit wir uns mit Intuition und Liebe an unser wahres höheres Selbst erinnern.

Wir fühlen unser höheres Selbst.

Stell dir vor, du wurdest von jemandem inspiriert, weil diese Person so inspiriert von etwas war, und du bist jetzt zu Hause und versinkst in deinen Gedanken und deine kurz aufgeklärte Sicht wird unklarer.

Du nimmst dir ein paar weiße Zettel und einen Stift - es sollte eigentlich rein weißes Papier sein, doch irgendwann, werden auch Kästchen und Linien und Farben nicht ablenkend sein. Du nimmst zum Beispiel die Inspiration die du von jemandem bekommen hast und pickst dir zusätzlich die Gedanken heraus, die in deinem Kopf hin und her schwirren.

Lass dich ablenken, vielleicht wird dich das beschenken.

Angenommen du findest dich in „alte Erfahrung - Anerkennen - vernebeltes Urwissen - andere Sonne lichtet - Gedankenkreisen - Lichtung vernebelt" wieder und irgendjemand hat dieses Buch gelesen und dieser inspirierte Mensch freut sich so unfassbar darüber, dass er durch das Buch sein tiefes Vertrauen in sich wiedergefunden hat :-) …, dann kann es sein, dass es dir möglicherweise nicht entspricht.

Es kann sein, dass du daheim abwägst, ob dieses Buch gerade das richtige für dich ist, denn du hast ja eigentlich noch andere wertvolle Bücher, die dir schon andere Menschen empfohlen haben, bei denen du auch ein gutes Gefühl bekommen hast. Oder du denkst dir, dass vielleicht kein Buch, sondern eine bestimmte Heilungsmethode eines bestimmten Therapeuten passender für dich wäre, denn neben meinem Buch hat dir diese inspirierte Sonnenscheinseele auch noch weitere Möglichkeiten gegeben, die für sie wertvoll waren. Sie hat einen täglichen Meditationsabend in dem öffentlich zugänglichen Ashram erwähnt, daneben auch die Akupunkturbehandlung nach Ayurveda, die Therapie mit essentiellen Bio-Aroma-Ölen und den balancierenden Chakra-Heilungskurs des Yoga-Studios nebenan und jetzt weißt du nicht, wo du für dich anfangen sollst, was du für dich aus diesem wertvollen „Urwissen-Erinnerungs-Pool" überhaupt wählen sollst.

Ene Mene Muh und dran bist du.

Vielleicht ist dein Budget gerade darüber hinaus begrenzt, weil du auch hier den Fluss des Vertrauens bisher noch nicht finden konntest, und jetzt bist du einfach überfordert und weißt nicht, was du als erstes für dich und für deinen Weg in Anspruch nehmen solltest. - Zuerst, damit dein Weg durch diesen Anfang wieder von Sonnenschein erhellt ist, und weil du den Anspruch hast, danach wieder tief verbunden zu wissen, was zu tun ist, und dein Urwissen im Einklang mit deiner Intuition ist. Als Erstes, weil du dann vielleicht gar keine anderen Dinge mehr brauchst und du wieder viel mehr Zugang zu dir selbst gefunden hast.

Solltest du danach doch noch das Gefühl haben, neben der erfolgreichen stimmigen Erstwahl ein weiteres Tool für dein Glück zu brauchen, dann wirst du auch hier wieder das für dich Beste wählen können. Versuche nur, dich an deine innere Macht zu erinnern und Dinge im Außen zu wählen, um etwas in deinem Inneren zu stützen. - Für deine heile Energiekugel zu einem bestimmten Thema.

Sei achtsam mit zu vielen Stützen, denn du möchtest kein starres Gerüst erbauen, sondern dein Inneres heilen und transformieren und immer mehr Stützen los werden - immer dann, wenn es sich richtig anfühlt und immer dann, wenn du soweit bist. Es geht nur darum, gestützt weiter zu gehen und nicht darum, sich ein stützendes Konstrukt im Außen zu bauen, sodass du dann wieder hinter eine Mauer blickst.

Nimm dich vor allem dessen an,
was du für nichtig hältst.

„Nichtig" kann mit unseren selbstkritischen Augen vielleicht auch manchmal eben „spazieren gehen" sein, weil das nichts Neues und nichts so außergewöhnlich Erfrischendes ist und weil wir da irgendwie nichts in der Hand haben - nichts als unsere kleine Welt. Trotzdem lässt dich vielleicht der „nichtige" Gedanke nicht los und es taucht immer wieder das Bild von einem romantischen Spazierweg im Wald in deinem Kopf auf.

Deshalb wähle für deine Bodenanker-Übung am besten zwei, drei Inspirationen aus, die dir sehr zugesagt haben, und auch ein, zwei nichtige Gedanken, die du gefühlsmäßig eigentlich als „ungenügend" bewerten würdest. Und dann wähle einen „Zusatz-Joker" - etwas, das in deinen Augen nicht wirklich dazu passt, zum Beispiel so etwas surreales wie eine „One-Way-Reise zum Mond".

Lebenselixier: Inspirationen, „richtige" Gedanken und Joker.

Du schreibst jetzt jeweils auf einen Zettel einen Gedanken, sodass du vielleicht fünf Zettel hast und auf einem steht „Buch Sonnenscheinseele", „Chakra Yoga in dem speziellen Studio", „Spazieren gehen", „einen Wochenendtrip in die Alpen machen" und „One-Way-Reise zum Mond".

Hört sich doch „ur"interessant an.

All diese Zettel faltest du jetzt auf die gleiche Weise zusammen, sodass du fünf gleiche Faltzettel hast und nicht weißt, was in welchem Zettel steht. Du musst sie nicht ganz klein falten, sondern einfach so, dass sie identisch bzw. ähnlich aussehen und du das darauf Geschriebene nicht mehr erkennen kannst.
Dann mischst du all die Zettel, legst sie erst einmal zur Seite und schreibst auf einen weiteren Zettel das Wort „Neutral" oder „derzeitiger IST-Zustand". Diesen Zettel brauchst du nicht

zusammenzufalten, denn dieser Zettel symbolisiert dein Gefühl des Gedankenchaos im jetzigen Moment und dazu stehst du bereits, sonst würdest du deine Bodenanker nicht setzen.

Weiter schreibst du auf ein anderes Blatt Papier, das auch ganz und ohne Faltung bleibt, in aufgezählter Form:
- „Neutral" oder „Ist-Zustand"
- die Zahlen „eins bis fünf" untereinander oder die Buchstaben „a bis e" anstatt den fünf Zahlen - was sich für dich stimmiger anfühlt.

Ich verwende manchmal Zahlen, manchmal Buchstaben, manchmal römische Ziffern, weil ich mir keine Grenzen schaffen bzw. mich nicht an etwas festhalten möchte.
Auf dieses Blatt Papier schreibst du dann den Zahlen zugehörig nach jedem aktiven Hineinspüren deine Empfindungen auf, sodass du im Nachhinein noch weißt, bei welchem Zettel du welches Gefühl bekommen hast.

Danach kümmerst du dich wieder um deine gefalteten Zettel und vergibst je eine Zahl oder einen Buchstaben für jedes gefaltete Blatt, bevor du intuitiv diese gefalteten Zettel im Raum verteilst.
Schau, dass du ein wenig Abstand zwischen den Zetteln lässt und lege dann das neutrale Blatt an den Ort, der sich für dich wie „du in diesem Moment" anfühlt und zu dem du immer wieder gehst, wenn du in einen anderen Zettel hineingefühlt hast, denn dieser Zettel ist quasi „du in diesem Moment" und dann kannst du immer, ohne von der vorherigen Option beeinflusst zu sein, in den nächsten Faltzettel hinein fühlen.

Lass den Zauber beginnen, mit all deinen Sinnen.

Du stellst dir zu Beginn deine Zauberfrage, du atmest durch und überlegst dir in Ruhe: „Wenn ich ein Wunder vollbringen kann, was zaubere ich mir für meinen Weg und wie fühlt sich dadurch dann mein Herz an?".

Du erinnerst dich daran, warum du eigentlich für deinen Weg losgegangen bist, und wenn es mittlerweile etwas anderes ist, für das du weitergehen möchtest, dann wird die Harmonie deines Herzens trotzdem damals wie heute dein Ziel sein.

„Wiedewiedewie es dir gefällt!", würde Pippi sagen.

Du fragst dich in unserem Fall hier, welche unterstützende Maßnahme du brauchst, damit sich der Nebel auf deinem Weg so lichtet, dass du dich wieder klar mit dir selbst verbunden fühlst und du wieder glücklich und entspannt mit einem Wohlgefühl weiter spazieren kannst.

Ich bitte immer um die Unterstützung meines Schutzengels, damit ich meine Intuition noch klarer fühlen kann und sich meine liebevolle Wahrnehmung intensiviert.

Du trägst alles Wissen in dir, du kennst den Ruf und die Antwort deines Herzens und all das insgesamt darfst du jetzt selbst nachfühlen, indem du dich zuerst auf den Zettel „Neutral" bzw. „Ist-Zustand" stellst. Hier nimmst du einfach wahr, wie sich deine Unklarheit in Bezug auf die richtige Maßnahme als „du in diesem Moment" anfühlt. Wenn du das wahrgenommen hast, schreibe deine Gefühle und alles, was dir so aufgefallen ist, auf das Blatt, auf dem du alles nacheinander vermerken möchtest.
Wenn du dich bereit fühlst, dann gehst du zu dem ersten gefalteten Zettel, den du als erste „Fühloption" wählst - das muss in deiner Reihenfolge nicht der erste Zettel sein.
Du stellst dich darauf und erinnerst dich an deine Zauberfrage und das Gefühl, das du für deinen Weg wählen möchtest, und auf dieser Basis spürst du ganz genau in diesen Zettel hinein. Wie passt dein Weg mit diesem Zettel zusammen?

Wiedewiedewie? Entspannt.

Es könnte dir zum Beispiel eine Veränderung der Atmung auffallen, weil du flacher atmest, oder du beginnst tiefer zu atmen und entspannter zu werden. Es könnte sein, dass du unruhig wirst, irgendwie nervös oder unsicher oder auch, dass du im Gegensatz dazu eine Stabilität und eine kraftvolle Stärke empfindest.

Weiter könnte eine Wahrnehmung sein, dass du zu schwanken beginnst und du dich kaum noch richtig auf den Beinen halten kannst. Es kann sogar sein, dass es dich total nach links oder nach rechts zieht, dass es dich nach vorne schmeißt oder du dich nach hinten neigst - so als würde man weiter kommen wollen oder als würde man sich selbst zurückhalten bzw. so als würde man sich zu weit aus dem Fenster lehnen oder so als würde man sich selbst das Kreuz brechen.
Vielleicht schwankst du aber auch nur ganz sanft wie ein Baum, der im Wind tanzt, und vielleicht genießt du diese Leichtigkeit und empfindest es als totale Stabilität, in der du dich frei fühlst. Vielleicht empfindest du deine Schwankungen aber auch so, als wäre dieser Zettel nicht richtig, weil es dich zu einem anderen zieht - du wirst es wissen.

Sei achtsam, welche Zeichen dir dein Körper gibt, nimm wahr, welche Gefühle du hast und achte auf die Gedanken und die Erklärungen, die dir automatisch in deinen Kopf schießen, wenn du mit diesem Zettel eine Zeit lang „verbunden" bist. Achte auch auf ein angenehm warmes und energetisierendes Kribbeln oder auf ein kaltes, energieleeres Gefühl. Vertrau dir und deiner Wahrnehmung, schreibe sie auf und nimm dir Zeit, um dich auf dem „Neutral"-Zettel wirklich zu neutralisieren. Stell dir vielleicht auch ein Glas Wasser bereit, sodass du dich nach jeder Option auch wieder „klären" kannst, wenn du dieses zusätzliche Bedürfnis verspürst.

Nimm dir deine Zeit.

Wenn du all deine Möglichkeiten durchgefühlt hast, dann sammle die Zettel ein und setze dich auf das neutrale Blatt, um das Gefühlsgeheimnis zu lüften.

Bevor du das Rätsel entschlüsselst, denke aber nochmals intuitiv nach und frage dich, bei welchem Faltzettel du total gerne geblieben wärst oder von welchem du eigentlich nur weg wolltest? Frage dich, welcher Zettel dir nicht nur kurz am Anfang, sondern auch nach einer gewissen Zeit noch wirklich gut getan hat, weil er sich einfach stimmig angefühlt hat.
Vielleicht würdest du schon total gerne wissen, was der ein oder andere Faltzettel war, und vielleicht bist du auch irgendwie nervös, weil du bei einem Zettel beim Hingehen das Gefühl hattest, dass du dich auf diesen Zettel freust, aber beim Draufstehen wahrgenommen hast, dass es eigentlich überhaupt nicht stimmig war und die Vorfreude sogleich verflogen ist.

Geh nochmal in dich, genieße es, dass du so viel gespürt und empfunden hast und sei dir selbst dankbar, dass du dir gerade aufrichtig die Zeit für dich und deine innere Weisheit nimmst. Du kannst dir selbst kein größeres Geschenk machen, als dich mit deinem Herzen zu verbinden, den Ruf zu hören und ihm auch zu folgen. Du kannst dir selbst kein schöneres Geschenk machen, als unvoreingenommen und ohne Bewertung etwas auszuprobieren, um deine Herzenswahrheit zu identifizieren.

Heute Morgen hab ich Instagram geöffnet und einen Spruch gesehen, der sinngemäß zu verstehen gegeben hat, dass man immer etwas tun muss, dass die Energie im Außen uns wie gewünscht folgen kann. Selbst wenn wir nichts tun, folgt unserem Nichtstun die Energie - „Solange der Mensch in Bewegung bleibt, er sogar in der Tiefe kraftvolle Dinge treibt."…
Also tu den Schritt im Innen, den dein Herz gerade braucht, um

dich auf seinen Weg zu führen, und es werden aus Zauberhand tausend Schritte von außen folgen, die dir ein Lächeln schenken.

Die „Bodenankerübung" zum Verinnerlichen und Merken:
1) Inspirationen, nichtige Gedanken, Joker sammeln
2) Zettel schreiben, Zettel falten, beiseitelegen
3) Blatt „Neutral" und Zettel für Zuordnung machen
4) Zahlen bzw. Buchstaben auf Faltzettel übertragen
5) Faltzettel und neutrales Blatt im Raum verteilen
6) Atmen und Zauberfrage stellen
7) neutralen Ist-Zustand wahrnehmen und Gefühl aufschreiben
8) erster Faltzettel und Gefühl aufschreiben
9) Neutral, zweiter Faltzettel, aufschreiben
10) Neutral, dritter Faltzettel, aufschreiben
11) … bis der fünfte Zettel gefühlt und aufgeschrieben ist
12) Zettel einsammeln, auf Neutral setzen und freuen
13) Das Rätsel entschlüsseln
14) Den Schritt für die Umsetzung tun
15) Happy Sonnenschein und fürs Herz dankbar sein

✺

Ich hätte nicht gedacht, dass ich so lange brauchen würde, um das Bodenanker setzen zu beschreiben, aber ja, die Übung soll in ihrer Reinheit zur Geltung kommen, damit sie ihren wahren Glückszauber in deinem Leben entfalten kann.

Wenn du immer wieder in Dinge hineinspürst, dann wirst du ganz automatisch irgendwann lernen, gedanklich Dinge zu „hinterfühlen" - wir geben uns nur viel zu selten den Raum und die Zeit dafür, aber wir können es, schon immer und ohne etwas lernen zu müssen. Den größten Lehrmeister tragen wir in uns und deshalb brauchen wir ihn auch nicht zu suchen.

Wir können zu viel Wissen vergessen, Gedanken loslassen und nachspüren, denn um die Antwort zu haben, brauchen wir nur geduldig unser Herz zu fragen. So können wir aus ursprünglich alten Erfahrungen, alten Bewertungen, alten Mustern und alten Glaubenssätzen und all den dazugehörigen Gefühlen eine für uns neue bunte Erfahrung für unseren Sonnenscheinweg kreieren. Und dann finden wir uns im Nu mit einer klaren eigenen Herzenssicht hier wieder: „alte Erfahrung - Anerkennen - vernebeltes Urwissen - andere Sonne lichtet - Gedankenkreisen - Lichtung vernebelt - Herz fragen und Energiekugel basteln - neue Sonnenscheinweg-Erfahrung".

Setzen wir Anker, können wir ins Unendliche segeln.

Zusammengefasst nutze ich diese Übung, wenn ich versuche, meine Energiekugel zu einem Thema zusammenzubasteln, ich verwirrt bin, nicht mehr klar denken kann und meine Synapsen so überreizt sind, weil mein eigener produzierter Stress mein Alarm-Nervensystem so hochfahren lässt, dass ich am liebsten vor mir selbst flüchten würde. In diesem Fall halfen mir dann bisher auch Meditationen kaum, vielleicht habe ich für mich nicht die richtige gefunden oder es ist für mich einfach die bessere Variante, vorher mit der Bodenankerübung in das Fühlen zu kommen und dann mit einer meditativen Einheit das Gefühlte noch nachklingen und „einschwingen" zu lassen.

In der Meditation kann sich das Gefühl festigen und sich der Anker setzen, der uns immer daran erinnern wird, dass es ihn gibt - egal wie fern wir sein werden.
Du kannst die Übung auch im Sitzen probieren, prinzipiell ist es für mich aber leichter, im Stehen die Gefühle und dazugehörige Gedanken zu erfassen. Wichtig ist immer, dass du alles, was du wahrnimmst und spürst, mit liebevollen Augen wertest oder eben nicht wertest und du einfach das wählst, was sich für dich richtig stimmig angefühlt hat.

Was uns im Herzen berührt, uns sicher führt.

Wähle das, was dich glücklich macht. Bist du dir unsicher, dann mach die Übung mit den unsicheren Zetteln und mit neuer Blind-Zuordnung nochmals und bitte um ein ganz eindeutiges Gefühl für dein höchstes Seelenwohl.

Lass dich führen, vertrau auf dein Spüren.

Egal um welche Entscheidung es für dich geht oder was du für dich erfühlen möchtest - die „Bodenanker-Übung" kann dich in extrem konfusen Situationen unterstützen, muss sie aber nicht. Wenn du sie ausprobieren magst und du für dich merkst, dass sie für dich nicht so stimmig ist, dann hast du vielleicht schon eine andere meditative Methode im Repertoire, um in Ruhe einen herzensvolleren klareren Kopf zu bekommen. Und ich denke, den Zaubersinn des Ganzen hast du bereits verinnerlicht.

Ich glaube fest daran, dass irgendwann unsere Intuition, und die Intuition des Gegenübers, so gestärkt sind, dass wir keine „Methode" mehr brauchen, weil unsere Herzen laut für sich aus dem Urwissen sprechen können. Ich glaube daran, dass unser Herz, und das wertungsfreie Herz eines anderen, die einzigen Methoden sein werden, auf die wir uns verlassen müssen.

Für wiedewiedewen? Für dich. Für mich. Für uns.

Ich würde an dieser Stelle auch gerne anbringen, dass es hier um dich geht - um deine Gefühle, deine Wahrnehmungen, um dein Leben, um dich als Mensch, und es wäre nicht fair, andere Menschen nicht um die Erlaubnis zu bitten und trotzdem irgendetwas für sie entscheiden oder fühlen zu wollen.

Versuchen wir gemeinsam eine reine liebevolle Energie in Ehren zu halten, die Verbundenheit zu stärken und mit anderen den Umgang zu hegen, den wir uns für uns selbst wünschen. Wenn wir uns auf Menschen und Dinge im Außen konzentrieren, ist der falsche Fokus aktiv und wir verletzen uns am Ende selbst.

※

VII. Farbe bekennen und Lampions ins Universum senden.

Wenn wir erkennen und fühlen, dass wir Fehler gemacht haben und sich diese Fehler auf andere Personen ausgewirkt haben, dann hilft mir eigentlich nur die Ehrlichkeit.

Eine weise Frau hat einmal zu mir gesagt, dass es einen selbst nicht rechtfertigt, wenn man andere Menschen mit seinem schlechten Gewissen belastet - man würde quasi nur sich selbst befreien. Rein theoretisch vom Verstand her ist das bestimmt häufig auch so und dieser Tatsache sollte man sich bewusst sein, damit man anderen Menschen nicht die eigene Last aufbürdet.

Trotzdem ist es für mich, je mehr ich in meinem offenen Herzen zu Hause bin, unabdinglich, mich bei den Menschen zu entschuldigen, die ich verletzt habe, auch wenn diese Menschen es vielleicht gar nicht wissen oder sie sich dessen nicht bewusst sind. Es ist für mich sonst so, als würde eine Last auf der zwischenmenschlichen Beziehung liegen - eine komische Energie, die ich nicht kontrollieren kann, solange sie nicht ihre wahre Farbe bekommt. Haben Menschen, die ich jemals in meinem Leben verletzt habe, auch heute noch eine wichtige Rolle, dann bekenne ich Farbe, weil ich die Energie, die sonst zwischen uns schwingt, nicht ertragen möchte und ich ehrliche, einfache Leichtigkeit bevorzuge.

Wenn wir aufrichtig lieben, fallen wir meiner Meinung nach in eine Inbalance, wenn wir früher oder später wahrnehmen und erkennen, dass wir andere Menschen verletzt haben - allein weil wir dann irgendwie etwas wieder gut machen möchten und die andere Person ja vielleicht gar nicht weiß, was.
Es ist irgendwie nicht mehr ganz ehrlich.

Ehrlichkeit hilft, wenn es irgendwie unehrlich ist.

Ehrlichkeit zwischen zwei Menschen ist für mich Treue, und Treue ist für mich, dass man mit der Seele der anderen Person so umgeht, wie mit seiner eigenen und ja, wir sind unserer eigenen Seele leider oft auch nicht treu. Doch unsere Seele wird uns niemals verurteilen und die Seele eines anderen Menschen auch nicht.

Es kann vielleicht sein, dass andere Menschen sich erst schützen müssen und eine Zeit brauchen und sie irgendwann die Wertschätzung erkennen, die hinter dieser ehrlichen Wahrheit steckt. Meiner Meinung nach ist Ehrlichkeit etwas, das Verbundenheit schafft. Sie klärt, sie vereint, sie reinigt, sie schwingt ausgleichend und balanciert Energieblockaden zwischen zwei Menschen.

Denken wir wieder bunt und ein Mensch liebt den anderen von ganzem Herzen, dann ist er auf und auf farbig in Bezug auf den anderen und der andere trägt vielleicht eine Last in Bezug auf den Menschen mit sich herum, und obwohl der andere den Menschen auch genauso liebt, ist es wie ein grauer Fleck in seinem bunten Energiekleid. Dieser graue Fleck möchte seine Farbe bekennen und dieser graue Fleck möchte scheinen und sich mit der bunten Energie von allen Seiten vereinen.

Ich bin der Meinung, dass es auf lange Sicht nur von Vorteil sein kann, ehrlich zu sein, trotz der damit einhergehenden Verlustangst. Wenn die Betroffenen erst kurz Abstand brauchen und ihr frohes Farbenkleid vor uns verhüllen, dann ist es die Zeit, in der sie vielleicht fühlen.

Das ist der Schutz, den sie brauchen, die Entscheidungszeit, die sie sich nehmen, um mit dem Herzen zu erkennen, wie wichtig sie dem Herzen des anderen Menschen eigentlich sind.

Wie immer gilt: „Dinge, die man aus Mitgefühl tut, sind immer richtig." Denn solange der Betroffene die Aufrichtigkeit und die Herzenswahrheit spürt, solange wird der Kreis, den er aussendet, in Liebe offen bleiben, selbst wenn ein leichter Schutzschleier sich vorerst darüber legt.

Ehrlichkeit

Ehrlichkeit ist ein Synonym für Herzlichkeit,
denn Herzlichkeit ist mit der Ehre des Herzens vereint.
Ehrlichkeit und Herzlichkeit geben sich nicht viel,
denn für jedermann ist Ehre aus dem Herzen das höchste Ziel.
Herzlichkeit trägt die tiefe Ehre in sich,
sie vereint, was zusammengehört und ist menschlich.
Wer ehrlich einen Menschen ehrt,
dem ist das Wohl des anderen sehr viel wert,
selbst wenn er dadurch erst seine Ängste bekehrt.
Wer Ehrlichkeit pflegt und in jeder Beziehung lebt,
der ist es, der Vertrauen in das Zusammensein legt.

※

Wenn die Verlustangst ins Spiel kommt und wir andere Menschen nicht verlieren möchten, dann hilft nur das universelle Vertrauen. Diese Menschen brauchen einfach Zeit, um zu verarbeiten und im Herzen zu verstehen, dass wir ihnen und unserer Beziehung zu Ehren aus Liebe gehandelt haben.

Auch wenn der Verlust des anderen Menschen uns selbst wirklich beschwert und wir Angst davor haben, kann man in meinen Augen für das wirkliche Zusammensein nur diesen Weg wählen - zumindest, wenn man sich auf liebevoller Augenhöhe begegnen möchte.

Habe ich Menschen verletzt und mir wurde es erst jetzt im Nachhinein bewusst und diese Menschen befinden sich nicht mehr in meinem engen Kreis, dann schreibe ich für mich nieder oder sage gedanklich, was ich zu ihnen sagen würde.

Ich stelle mir vor, wie sich die Energien von meiner Seite in der Beziehung bereinigen - wie mein Kreis klar und bunt wird. Ich brauche es, damit ich mir selbst verzeihen kann. Manchmal muss man das vielleicht öfter tun, damit man sich selbst wirklich vergeben kann. Doch nur wenn wir uns selbst mit mitfühlenden, verständnisvollen Augen sehen, dann können wir uns selbst aus unserem eigenen Herzen vergeben. Nur dann können wir „mit"fühlen, welches „Mit"gefühl uns entgegengebracht wird.

Mitgefühl

Eigentlich kann Mitgefühl nur von Herzen sein,
denn da sind all unsere Urgefühle daheim.

Ein Gefühl ist an Erfahrung und Bewertung gebunden,
es ist gut, man wählt die liebevollen Augen - die gesunden.

Was würde die Liebe zu diesem Gefühl denn sagen,
es wäre gesünder dies viel häufiger zu fragen.

Wie fühlt die Liebe mit uns denn eigentlich mit?
Vielleicht spricht sie Worte der Vergebung, sie sagt „Vergib!"

Verzeihe, was du nicht besser machen konntest,
was du im Nachhinein doch viel lieber anders machen wolltest.

Verzeih dir, dass du es einst nicht geschafft hast,
sei stolz auf dich, dass du dich überhaupt damit befasst.

Die Liebe zeigt dir, dass du immer ein wertvoller Schatz bist,
sie zeigt dir, wie schön das Geschenk des Vergebens ist.

Sie zeigt dir, wie sie dich und andere ansieht,
wie mit Mitgefühl und Vergebung alles viel leichter geschieht.

✺

Auch hier kannst du die Bodenankerübung oder eine Meditation nutzen, um zu spüren, was für dich und dein Herz in Bezug auf diese gewisse menschliche Beziehung und das, was du getan hast, weil du es einst nicht besser tun konntest, dienlich ist.
Du wirst mit ruhiger Klarheit und mit Vertrauen entscheiden, wie du vorgehen kannst und es wird der Weg sein, der deinem höchsten Seelenwohl entspricht und auch dem höchsten Seelenwohl des anderen.

Wir werden immer mit allen Folgen zurechtkommen, und wenn wir diesen ehrlichen Respekt aussenden, dann senden wir reine liebevolle Urenergie aus. In irgendeiner Form wird sie immer zu uns zurückkehren, so wie alles immer seine Kreise zieht und wir dürfen darauf vertrauen, dass das, was in Liebe zu uns gehört, immer in Liebe bei uns bleiben bzw. in Liebe wieder zu uns zurückkehren wird.

Wir können die Verlustangst in Bezug auf die Person wie eine unserer Angstkerzen sehen und wir können diese schöne Kerze nehmen und sie in einen bunten Lampion geben, um die Angst in die Höhe steigen zu lassen und uns von dem Verlust befreien, indem wir ihn loslassen.
Wir haben einen bunten leuchtenden Lampion kreiert und somit unsere leuchtende farbenfrohe Energiekugel dieser Person gegenüber wahrhaftig in Form gebracht.
Die Farbe bleibt, die Kugel und die Energie auch und das Universum weiß und sieht, wie schön und kraftvoll sie leuchtet und um sie in das Vertrauen des Universums zu legen, um sie aus dem festen Griff unserer Hände zu befreien, lassen wir den Lampion steigen. Wir lassen ihn frei - hoch hinauf und dorthin, wo nur Lichtwesen wohnen und sie alles arrangieren, damit verbundene Liebe entspannt ihre Verbundenheit findet.

*Weil man sich nicht an eine Illusion bindet
und die Liebe im Hier jetzt leichter zur Liebe findet.*

Das gedankliche Lampion-Lichterfest kann man mit allen Dingen und mit allen Themen feiern.

Alles, was wir festhalten wollen, weil wir es so gern haben und wir sicher gehen möchten, dass es auch wirklich da bleibt, können wir in Lampions packen und ins Universum senden und uns an dem bunten Spektakel im warmen Traum des Vertrauens erfreuen. Es kommt zu dir, was zu dir gehört, es sortiert sich alles so, wie es für dich richtig ist. Genieße dein Lichterfest, feiere deine eigene Liebesparty und sei stolz auf dich, dass du dich so an das erinnerst, was du in Wahrheit bist.

Vergib dir, dass du dir so oft nicht vertraust und freue dich darüber, dass du gerade anfängst es zu tun. Unsere Seele sucht immer das, was wir in Liebe finden und das sind hoffentlich immer mindestens wir selbst.

✺

VIII. Deine Mama sein und der Besuch im Altenheim.

Für die Tage, an denen es einfach nicht so funktioniert mit dem bunten Lichterfest, da brauchst du vielleicht noch jemanden, der sich an farbigen Lichtern mehr freut als du in diesem Moment es gerade tust. Dein inneres Kind.

Das musst du auch niemals loslassen, sondern es wird immer hier bei dir sein. Wenn du mit diesem kleinen Wesen und seinem offenen Herzen arbeitest, dann wirst du auch bunte Lampions auf transformierende Herbstbäume hängen oder ins Universum fliegen lassen - doch du wirst dich danach niemals „zurückgelassen" fühlen. Denn das würde dein Glücklichsein zu sehr einschränken.

Weil Kinder gerne leuchtende Lichter sehen,
selbst wenn sie den Zusammenhang nicht verstehen
und sie uns lernen, mit liebevoller Leichtigkeit loszugehen.

Ich bin durch Stefanie Stahl und einem ihrer Bücher „Das Kind in dir muss Heimat finden" auf die Arbeit mit dem inneren Kind gestoßen. Manche Psychologen gehen allgemein davon aus, dass ein kleines Kind in uns sitzt und es all unsere Erlebnisse und Erfahrungen mit bewertet.

Ein Kind, das erleichternde Strategien zur Bewältigung kennt, und ein Kind, das manchmal nicht mehr weiß, wie es seine Sonne wiederfinden kann - eben so, wie es uns häufig auch nach mehr als zwanzig Jahren geht.

Früher hat das kleine Kind hoffentlich bei seinen Eltern Zuflucht finden können, und wenn es traurig war, wurde es getröstet, und wenn das Kind glücklich war, haben sich die Eltern mit ihm gefreut. Hatte dieses kleine Erdwesen Glück, dann war das so. Hatten die Eltern dieses kleinen Erdwesens kein Glück, dann war das ziemlich sicher leider nicht so - weder für die kleinen Versionen der Eltern, noch für deren auf sie angewiesenes Kind.

Weil wir irgendwann jedes Alter sind - Oma, Opa, Mama, Papa, Kind.

Vermutlich sind frühkindliche Überlebensstrategien viele der Hauptgründe, weshalb wir Menschen an Dingen im Außen festhalten möchten, denn wir wollen nicht verlieren, was wir im Inneren nicht finden können. Und es ist uns weder das eine, noch das andere bewusst.

Wenn wir als Kinder nicht gelernt haben, wie wir uns selbst helfen können, falls es uns einmal nicht so gut geht, dann haben wir mit großer Wahrscheinlichkeit auch heute ein aufreibendes Thema, wenn sich beständige Dinge ändern und sie sich wie Verlust anfühlen. Vielleicht führt es eben soweit, dass sich diese Angst vor Verlusten aller Art ausbreitet, sodass man an Dingen außerhalb der inneren Welt versucht festzuhalten.

So können zum Beispiel materielle Dinge oder flüchtige oberflächliche Menschenkontakte (schnelle) Abhilfe schaffen und in Wahrheit massenweise (ungesunde) Co-Abhängigkeiten produzieren. Denn so schaffen wir es, unser Alleinsein und dieses Gruselgefühl zu übertünchen und mit anderen Reizen zu überlagern. Vielleicht haben wir nämlich noch nie erfahren, wie es ist, allein mit allem eins zu sein - ohne sonstige Ablenkungen und äußere Wahrnehmungen.

Wir haben als Kind vielleicht gedacht, dass nachts Monster in unser Zimmer kommen, wenn wir alleine schlafen, und wir haben vielleicht nie erklärt bekommen, dass diese Monster liebevolle Lichtwesen sind. Wir haben nie erfahren dürfen, dass wir in den Traum gezaubert werden und nachts himmlische Reisen machen dürfen, damit wir uns am nächsten Tag leichter an unser wahres Sein erinnern können. Doch wir haben die Möglichkeit, es heute unseren eigenen und allen inneren Kindern zu sagen und wir können für sie dieses Gruselgefühl in tiefe glückliche Verbundenheit transformieren.
Vielleicht konnten wir damals dieses Gruselgefühl nicht aushalten und wir haben uns daran gewöhnt, immer ins Bett der Eltern zu kriechen, wenn es wiederkehrt. Vielleicht tragen wir in unserem Unterbewusstsein auch heute noch mit uns herum, dass wir bei undefinierbaren Ängsten andere Menschen um uns haben möchten, weil wir bisher einfach keine liebevolle Bewältigungsstrategie entwickeln konnten. Es hat uns bisher das Bewusstsein für das Unterbewusstsein gefehlt und die Weisheit, dass mit liebevollen Augen das Urbewusstsein entsteht, weil am Ende immer nur der höchstmögliche Gedanke aus Liebe zählt.

Weil das, was wir für uns umwandeln,
in Liebe seine transformierten Kreise ziehen kann.

Es macht mich traurig, wenn wir unsere Eltern beschuldigen und sie für alles verantwortlich machen und wir mit Tunnelaugen vergessen, wer wir eigentlich in göttlicher Wahrheit sind. Es macht mich für die Eltern traurig und für uns. Denn wir übersehen all die Opfer, die wir selbst erzeugen, während wir auf der Suche nach vermeintlichen Schuldigen sind. Wir suchen, damit wir unsere Angst und unseren Schmerz leichter ertragen können, denn wir glauben den Schmerz mit offenem Herzen kaum zu ertragen und vergessen, dass diesen Schmerz auch unsere Vorfahren in sich tragen. Wir vergessen, dass wir dahinter blicken sollen und das System unterbrechen können, weil wir das Werkzeug dazu haben, weil wir in Wahrheit selbst das Werkzeug dafür sind.

Wir erinnern uns zu selten daran, dass wir Dinge für uns selbst aufarbeiten können und das als einziger Weg in das wirklich glückliche Leben führt, welches für uns alle vorgesehen und bestimmt ist. Wir erinnern uns zu selten daran, dass alle Menschen um uns herum wie von selbst glücklich sein werden, wenn wir selbst es sind. - Wir mit unserem inneren Kind und alle anderen mit ihren inneren Kindern.

Bauen wir einen liebevollen Werkzeugkasten,
bis wir ihn bei uns selbst wieder entdecken und ertasten.

Erinnere dich noch einmal an die Worte zu Beginn. Daran, dass diesem Erdenkind eine Seele innewohnt, die alle Erfahrungen kennt und die all ihre Umstände so gewählt hat, dass sie perfekt ihrer beiden Entwicklung und deren Wachstum entsprechen.
Dieses klein und hilflos scheinende Wesen trägt seine größtmögliche, göttlichste Version bereits als Kind in sich, auch wenn alle äußeren Umstände es das vergessen lassen und auch, wenn all diese Erfahrungen ein wichtiger Bestandteil der Entwicklung des entsprechenden Seelenweges sind.
Und mit dieser Aussage möchte ich keine Erfahrungen mildern oder den Schmerz von gewissen Erlebnissen abtun und einen „sowieso vorbestimmt Stempel" hinterlassen, sondern ich

möchte nur für das Kraftvolle, das Stärkere und das Größere und das Wahrere sprechen. Für dich! Für all die Wege, die du gehen möchtest. Denn du kannst alles umwandeln, so wie du es möchtest, wenn du diese Kraft in dir wiederentdeckt hast und sie für dich jeden Tag aufs Neue nutzt. Du wirst selbst die Ursache, sie sich in deinem Leben auswirken darf.

...und irgendwann fängst du dann richtig zu leben an.

Für mich ist es einfach ein schöner Gedanke und es fühlt sich auch irgendwie stimmig an, wenn ich davon ausgehe, dass dieses kleine Wesen alles um sich herum aufsaugt - jede Sonne und jeden Schatten, und dieses kleine Wesen immer mehr an Größe gewinnt, sodass sich eines Tages die Größe der Seele in ihm entfalten kann. Die Seele mit dem liebevollen Urwissen, das es auf seinem Weg vielleicht verloren hat. Verloren, weil es die Eltern einst auch schon verloren haben, denn auch sie haben als Kinder alles aufgesaugt - jeden Sonnenschein und jedes Schattenlicht.

Je mehr wir beginnen, uns unserem inneren Kind zu widmen, desto geheilter werden wir und desto mehr Verständnis können wir für all unsere Erfahrungen aufbringen. Es ist ein Prozess, durch den wir nicht alleine gehen müssen, und es ist ein Prozess, der uns ganz viel Heilung bringen wird und durch den sogar andere Menschen positiv beeinflusst sein und davon profitieren werden.

Alles was Heilung erfährt,
das Umfeld mit neuem Glanze ehrt.

Denn heilen wir Themen in uns, heilen automatisch Themen in unserem Familiensystem mit. Arbeiten wir für uns selbst etwas auf, arbeiten wir für unsere Angehörigen mit. Vorwärts wie rückwärts - in vorherigen, wie in nachfolgenden Generationen.

Das innere Kind umarmen

Hast du schon immer etwas bei deinen Eltern vermisst?
Schreib es dir auf, damit du es selbst nicht vergisst.
Hat dir zu Hause schon immer etwas gefehlt?
Frag dein inneres Kind, was es dir so erzählt
und frag es, welche Gedanken es viel lieber wählt.
Wenn du weißt, was du vermisst,
du auf keinem Weg mehr alleine bist.
Das Kind in dir ist zu jeder Zeit dort,
es wartet, bis du kommst, geht niemals fort.
Es wartet, damit wir seine Wunden heilen,
und wir mit ihm in unseren Armen verweilen.
Fangen wir an, uns nachhaltig selbst zu balancieren,
werden wir mit liebevollen Augen unsere Eltern zelebrieren.
Fangen wir an, nachhaltig für uns selbst da zu sein,
fühlen sich auch künftige Kinder niemals allein.

✺

Wir fangen für uns selbst an, Dinge zu hinterfragen und zu verstehen - wir tun das, weil wir geheilt werden wollen. Es geht um uns, wir sind gesund egoistisch, wenn wir zuerst auf uns schauen und dann ganz automatisch ein stabileres System erbauen.

*Hast du ein Problem mit jemandem, dann arbeite an dir,
du wärst sonst in diesem Problem nicht hier.*

Wir klären für uns selbst die Energien der Vergangenheit, sodass unsere Eltern von unserer Seite nicht mehr das Gefühl haben, schuldig zu sein und sie mit uns als Vorbild auch leichter einen Weg finden, wie sie ihren Ahnen und sich selbst vergeben können. Wenn sie vergeben wollen und wenn sie uns als Vorbild sehen möchten - das müssen sie jedoch nicht, denn jeder wählt seinen eigenen Weg.

Wir können mit unserem Glück inspirieren, sodass sie sich auch in den Herzensfluss begeben möchten. Wir begeben uns jedenfalls in den Fluss im Hier und Jetzt und wahren die Grenze, zu der unser inneres Kind sein Herz wieder verschließt, und schaffen somit die fließende Grundlage für unsere energetisch geklärte, reine, bunte Zukunft, in der unser inneres Kind in seinem friedlichen Abenteuerschloss aufwachsen kann. So wie wir auch gerne aufwachsen würden, weil sich alle harmonisch verstehen.

Wir schaffen ein happy zu Hause für all unsere Kinder.

Wir bringen für uns selbst reine und geklärte Energien in Fluss, indem wir Graues in Buntes transformieren. Wir ändern unsere Haltung zu verschiedensten Themen und diese veränderte Haltung bringt ganz automatisch involvierte Personen auf höherer energetischer Ebene dazu, dass sie ihre Ansicht hinterfragen. Nicht, weil wir ihnen unsere Meinung aufzwingen, sondern weil unsere Sicht nicht mehr von der äußeren Welt beeinflussbar, dafür aber von unserem Innen heraus definiert ist.

Wir sind wie eine liebevolle Wand mit unserer stabilen Welt, wie ein Spiegel, der anderen ermöglicht, vielleicht nochmal anders auf die Dinge zu sehen und sich zu entscheiden, als heranwachsender Elefant auf unserem Elefantenweg mit zu gehen. Wir gehen nicht mit allem d'accord, aber mit unserem offenen Herzen und mit unseren Energiekugeln Hand in Hand.

Wir sind für andere eine liebevolle SelbsterKenntnis-Wand, gehen wir mit uns selbst Hand in Hand.

Jetzt möchte ich zurück zur Heilung des inneren Kindes kommen, denn wir können uns selbst an die Hand nehmen.

Vor allem bei sehr emotionalen Themen und bei Menschen, die mir nahe sind, fällt es mir oft schwer, mich abzugrenzen - egal ob es dabei um mich geht oder um andere, ich habe in meinem jungen Leben schon viele Mauern um mein Herz errichtet. Und weil ich dann irgendwann verstanden habe, dass es am Ende immer um einen selbst geht, wenn man etwas mit offenem oder mit verschlossenem Herzen miterlebt, hat das Wort „abgrenzen" wirklich eine andere Bedeutung für mich bekommen.

Abgrenzen war für mich immer eine Art, um meine Energie zu wahren und mich von anderen abzuschotten und abzudichten. Es war für mich ein Weg, dass ich alles, was mich so „leer" macht aus meinem Leben streiche bzw. maximal minimiere, sodass es mir besser geht und ich mir leichter tue, meinen Weg zu gehen. Ich habe mit verschlossenem Herzen im Inneren, zusätzlich auch meine Schotten im Äußeren dicht gemacht.
Im Nachhinein kann ich sagen, dass das alles wichtig und richtig war für meine Entwicklung und dafür, dass ich dieses Buch gerade schreiben kann. Im Nachhinein kann ich sagen, dass wir nie Fehler machen, sondern immer in der Tiefe wachsen, bis wir es irgendwann sehen können.

„Solange der Mensch in Bewegung bleibt, ..."

Rückblickend gesehen hätte es aber auch so viel harmonischer sein können, wenn ich nur immer ehrlich gesagt hätte, was ich als ersten Gedanken „für mich" gedacht habe oder wenn ich früher mein inneres Kind besucht hätte und ich mich nicht für andere Menschen verbogen hätte, um nicht alleine zu sein.
Betrachte ich meine Entwicklung jetzt, dann bin ich dankbar für die Grenzen, die ich gesetzt habe, weil ich sie mit meinem damaligen Helfersyndrom setzen musste, um tatsächlich heil

bleiben zu können, doch gesund verbunden war ich damals nicht - weder mit mir, noch mit anderen. Ich habe für mich erkannt, dass man in erster Linie wirklich nur auf sich selbst zu achten braucht und man sich dann automatisch mit dem göttlichen Fluss verbindet. Und ich habe für mich auch erkannt, dass „gut" nicht gleich „gut" ist, sondern dass ehrliche Gefühlstreue sich selbst gegenüber immer automatisch zum Guten führt.

Ich möchte festhalten, dass das Wort „abgrenzen" ein gutes Wort ist - wie alle Wörter es für uns sein können. Ich finde jetzt in diesem Moment gerade meine neue Wortdefinition dafür, denn für mich ist Abgrenzung heute eine Sache, die im Herzen geschieht und nicht mehr dem hochintelligenten „Alarmsystem Kopf" zu Grunde liegt. Ich versuche, immer mehr in mich hinein zu fühlen und zu spüren, was mir gut tut und wo die Grenzen sind. Die Grenzen zu dem Punkt, bei dem ich mich nicht mehr wohl fühlen würde. Ich setze die Grenze heute anders herum.

Mal anders herum, manchmal auch nicht so dumm.

Ich versuche, ein offenes Herz zu haben und mein Herz zu fragen, ab welchem Punkt es sich wieder schützen muss, und mit diesem Punkt gehe ich sehr achtsam um.
Diese liebevolle Grenze spreche ich als solche aus. Und je mehr wir diese Grenzen mit Verständnis und Mitgefühl aussprechen, desto leichter tun wir uns, im Herzensfluss, im universell-göttlichen Fluss zu sein. Falls das Herz nichts sagt, dann frage ich mein inneres Kind, denn aus ihm sprudeln viele Worte.

Ich versuche nun das Herz zu fragen und danach die Worte der Wahrheit zu sagen.

Ich habe mir letztes Jahr ein herzöffnendes Gebet in Sanskrit als Erinnerung tätowieren lassen und damals bin ich über eine bildhafte Beschreibung gestolpert (ich weiß nicht mehr wo), in der erklärt wurde, dass das Bitten um göttliches Mitgefühl für sich selbst und für andere so ist, als würde man neben einer laufenden Dusche stehen und das Wasser anleiten, zu einem zu fließen. Wir müssten nämlich nur unter die Dusche steigen und würden automatisch mit dem Wasser in Berührung kommen. Und gerade verstehe ich das im Herzen.

Das Wasser ist das göttliche Mitgefühl - wir öffnen uns, können unsere Kleidung im Vertrauen ablegen und achtsam mit uns und mit anderen sein, damit jeder seine Kleider ablegen kann und wir alle verstehen, dass das warme klärende Wasser uns allen gebührt und diese bloße Verletzlichkeit uns alle insgeheim quält.

Stell dich selbst bloß und werde wahrhaftig groß.

Wenn du dir vorstellst, dass du die allerverletzlichste Version von dir selbst beschützt, du dich selbst als kleines kindliches Wesen in dir trägst, dann hegst du bestimmt einen achtsameren Umgang mit ihm und im Endeffekt mit dir selbst.

Stell dir vor, du hast dein inneres Kind an der Hand und du fragst es, bis wohin du gehen kannst, um die Offenheit seines Herzens zu wahren und sein Herz wertschätzend ganz und heil zu lassen. Wenn du dir das verbildlichst, dann bin ich mir sicher, dass du dein inneres Kind beschützen möchtest, um sein zartes Gemüt vor Qualen zu wahren. Ich bin mir sicher, dass du seine gesunde Herzensgrenze wahrnehmen und diese verletzliche Blöße respektieren wirst, und ich bin mir sicher, dass sie auch deiner „erwachsenen" Wahrheit entsprechen wird.

Achte auf dich und grenze dich ab, damit du mit dir selbst und mit deinem Fluss verbunden bleiben kannst. Setze deine Grenzen, indem du weißt, was sich gut anfühlt und an welchem Punkt du auf dein inneres Kind hören solltest und du das

Gehörte mit liebevollen Augen dir selbst und deinem Umfeld erklärst. „Alles, was man aus Mitgefühl tut, ist richtig."

Abgrenzung

Eine Art, um bei sich zu bleiben,
vielleicht hat jedoch ein verschlossenes Herz sein Treiben.
Abgrenzung ist nie gegen wen, aber immer für dich,
denn dein inneres Kind hüpft und es freut sich.
Es ist eine Art, um Grenzen zu setzen,
damit man aufhört, sich selbst noch weiter zu verletzen.
Abgrenzung soll dich aber nicht von allem trennen,
es soll nur eine gewisse Grenze deines Herzens benennen.
Es ist eine Art Schutz für alles, was du bereits verarbeitet hast,
damit du dein Abenteuer weiter zur Glücksreise machst.
Abgrenzung soll dich niemals trennen, sondern nur verbinden,
eine andere Bewertung darf in diesem Moment schwinden.
Abgrenzung hält dein Herz in Achtsamkeit offen,
sie lässt dich stets wertschätzend und in Liebe hoffen.
Schaffe die Grenzen mit dem Gefühl im offenen Herzen,
bewahre dich vor weiteren kopfgemachten Schmerzen.
Achte und respektiere dich selbst mit wahren Worten
und dein ganzes Umfeld entwickelt sich zu grenzenlosen Orten.

※

Ehemalige mit dem Kopf gesetzte Grenzen kann man in verschiedensten Bereichen wahrnehmen, denn sie sind immer die Grenzen, die in den Augen der Liebe uns und unserem Schutzschloss mit hohen Mauern gedient haben.

Fragen wir die Liebe, dann sind es Grenzen, die uns geholfen haben, uns abzuschotten, und die uns am Ende immer wieder selbst verletzt haben, weil wir uns allein gefühlt haben und wir einfach nicht verstehen konnten, dass die Mauern da sind, um hinter sie zu blicken. Fragen wir die Liebe, dann erklärt sie uns, dass die Grenzen wie ganz viele Kleider sind, die wir uns Schicht für Schicht angezogen haben, um uns vor der äußeren Kälte zu bewahren. Das warme Wasser der Dusche ist einfach nicht von allein zu uns geflossen und wir konnten den Grund dafür nicht verstehen - bis wir am Ende fast in unseren vielen Stoffschichten erstickt sind und uns befreien wollten.

Weil nichts so stark ist, wie der Herzensdrang.

Die Liebe fühlt mit uns mit und sie sagt uns, dass wir Grenzen gesetzt haben, um uns noch mehr zu isolieren, und sie schenkt uns ein warmherziges und unterstützendes Gefühl, das uns die wahre Bedeutung der Abgrenzung näher bringen soll. Sie will uns lernen, mit offenem Herzen unsere Grenzen zu wahren und die mit verschlossenem Herzen errichteten Mauern zu überwinden. Sie erklärt uns, dass wir uns Schicht für Schicht entblößen können und wir die Schritte unter das sanft warme Wasser des Mitgefühls wagen können.

Sie erklärt uns weiter, dass wir das Wort Abgrenzung wirklich neu für uns definieren dürfen und wir uns ohne schlechtes Gewissen nicht davon abhalten lassen sollen, wenn wir mit einem Fuß und mit einer Hand schon unter der Dusche stehen und bereits den Genuss des reinigenden Wassers erfahren.

Die Liebe erlaubt immer, das zu tun, was das Herz warm und leicht macht.

Sie erklärt uns, dass manche Menschen vielleicht die andere Hand ganz fest halten und an ihr ziehen, weil sie bei dir bleiben und auch in das warme Wasser geführt werden möchten, das ja für uns alle vorgesehen ist.

Sie spüren die kraftvolle Wärme, die sich von der einen Hand automatisch auf die festgehaltene Hand überträgt. Dieser Mensch spürt, dass du gerade etwas Großartiges entdeckst und er ein Teil davon werden kann - er möchte dich als unbewusstes Vorbild, als Weg verwenden, damit das göttliche Wasser auch zu ihm vordringt, und er vergisst dabei sein eigenes Spiegelbild mit seinem eigenen Weg als größtes „Bild vor ihm".

...weil nur das eigene Spiegelbild es vorbildhaft schafft.

Die Liebe versichert dir, dass dieser Mensch an der Hand seinen eigenen Weg unter die Dusche findet und dass du dir zu eurer beider Schutz erlauben darfst, die festgehaltene Hand mit deiner Wahrheit und der Wärme der anderen Hand zu lösen.

Nicht, weil du es diesem Menschen nicht gönnst oder dich über ihn stellen möchtest, sondern weil du tief in dir weißt, dass es für dich so unfassbar anstrengend und belastend ist, euch beide mit der göttlichen Halbverbindung deiner einen Hand und deines einen Fußes zu versorgen.

Du vertraust den Worten der Liebe und dankst dem anderen Menschen für sein mehr oder weniger bewusstes Verständnis und du streckst beide Hände unter die Dusche und Schritt für Schritt tastest du dich auf deinem Weg in die volle Gottverbundenheit vor.

Gottverbundenheit

Die Gottverbundenheit braucht einfach etwas Zeit,
in jedem Moment ist es aber soweit.
Du kannst einfach sein in der göttlichen Verbindung,
brauchst keinerlei Schutz oder Überwindung.

Du weißt, wer du bist und was dir Gutes tut,
jedoch erfordert der Weg dorthin großen Mut.
Die Angst vor Bewertung ist wohl das größte Laster
und sehr häufig bewegt man sich leider auf unebenem Pflaster.
Deshalb braucht Gottverbundenheit einfach Zeit,
vor allem weil man sich oft zu weit aus dem Fenster neigt.
Sie darf in Mitgefühl wachsen, diese Verbindung
und du darfst dir dein Glück erlauben, trotz der Überwindung.
Wenn du erst verbunden bist,
ist es so, dass du jede Anstrengung und Schwere vergisst.
Wenn du erst verbunden bist,
dann weißt du, dass der Weg für jeden zu schaffen ist.
Wenn du diese Gottverbundenheit lebst,
du keinerlei Zweifel an anderer Menschen Stärke hegst.
Mitgefühl und Liebe sind wie immer dein Begleiter
und deine wertvoll öffnenden Wegbereiter.

❋

Dieses Bild der festhaltenden Hand und der Dusche ist mir heute morgen zum Thema „Abgrenzung" und zum Thema „Co-Abhängigkeit" eingefallen. Es schließt an das Kapitel mit den Katzen an und nach all den herzöffnenden Worten möchte ich bei der Arbeit mit deinem inneren Kind anmerken, dass es wirklich um dich geht. Du darfst dir erlauben, dass du genügst, du darfst dir vertrauen, dass du es schaffst.

Erlaube es dir. Vertraue dir.

Egal wie andere Menschen dich bezeichnen und wie sehr du ihren Worten Glauben schenkst, um die Verletzung nicht fühlen zu müssen und die oberflächliche Harmonie zu wahren. Du hast kein ungesundes spirituelles Riesenego, wenn du dabei bist, dein Herz zu öffnen, die Worte im Inneren dafür zu finden und sie sanft versuchst, ins Äußere zu bringen. Wenn du gerade selbst viele große Zusammenhänge für dich erkennst und entdeckst und du die Wahrheit in deinen Weisheiten spürst, dann vertrau auf deine Sicherheit - die Hand unter dem fließend warmen Wasser und begegne der Unsicherheit anderer Menschen mit Mitgefühl und Verständnis. Und um Mitgefühl für die andere Person aufzubringen, darfst du zuerst in dich hinein fühlen und erkennen, warum du plötzlich so schwer und leer bist, wenn jemand noch stärker an dir zieht.

Zuerst in dir fühlen, damit du mitfühlen kannst.

Vielleicht verletzt es dich zutiefst, dass jemand schon wieder die leichte Freude aus deinem Leben nimmt, weil sich dieser Mensch nicht erlaubt, sich für sich selbst zu freuen.

Vielleicht besuchst du dein inneres Kind und erkennst, dass du dich mit ihm freuen kannst und ihr beide dann wieder voller Freude verbunden tanzt. Vielleicht sagt dir dein inneres Kind auch, dass es lieber vorerst andere Menschen treffen möchte, die mit euch tanzen und mit denen es sich so schön leicht anfühlt.

Das „dein" Mitgefühl.

Wenn du erkennst, wie sehr dich die unbewusste Bewertung anderer Menschen verletzt, dann sprich mit deinem inneren Kind und tröste es. Erkläre ihm, dass manche Menschen sich nicht um sich selbst kümmern und sie sich dadurch selbst verletzen und sie den Schmerz kaum ertragen. Erkläre deiner kleinen Version, dass sie durch diese Verletzungen oft an lieben Menschen festhalten möchten, damit sie die Angst vor dem

Schmerz besser ertragen können. Erkläre deinem inneren Kind, dass es nichts falsch gemacht hat und du für es da sein wirst.

Dein inneres Kind wird dank dir auch verstehen, dass andere Menschen manchmal versuchen, dich mit Mitgefühl zu sehen, um dann mit ihrem vermeintlichem Verständnis eine Erklärung für „dein Verhalten" zu finden. Dein inneres Kind wird dank dir verstehen, dass diese Menschen dabei vorher vergessen haben, Verständnis und eine Erklärung für sich selbst zu finden und sie somit übergriffig gehandelt haben. So kann man sein eigenes Herz „umfühlen" und tiefe Ängste unbewusst walten lassen, weil man sie auf andere überträgt.

Vom Gefühlsschein zum Zusammensein.

Erkläre deinem Kind, dass andere Menschen oft etwas von ihm erwarten, und stille seinen Schmerz, indem du ihm Vertrauen schenkst und es von jeglicher Erwartung in Liebe trennst. Zeige ihm, dass es auf dem richtigen Weg ist und dass es gut ist, so wie es ist, und schenke ihm die Unterstützung, die du selbst gebraucht hättest, als andere sich wichtiger genommen haben und du deine Wichtigkeit dadurch selbst vergessen hast, weil du dich davor auch nur vage und instabil daran erinnern konntest.

Entschuldige dich bei deinem inneren Kind und halte es, solange du möchtest in deinen Armen und spüre in deinem Herzen, dass alles gut werden wird.

Der Weg in die wahre Gottverbundenheit, braucht all diese scheinbar wichtige Zeit.

Da sich dein inneres Kind mit seinem Schmerz wahrgenommen fühlt, kann es Mitgefühl für die andere Person empfinden und seinen Kreis zu dem anderen inneren Kind in Liebe offen halten.

Weil sich dein inneres Kind aber trotzdem erst einmal Abstand von dem anderen Menschen wünscht, weil es sichergehen möchte, dass du stabil die Liebe zu ihm halten kannst, respektierst du diesen Herzenswunsch und wählst für dich und dein Kind von nun an erst einmal nur den stärkenden Kontakt zu dir und anderen. Du verbindest dich so nach und nach vollkommen mit der Quelle des Mitgefühls und erlaubst dir, in sie einzutauchen - komplett in göttlicher Verbindung zu sein.

Wie von selbst kannst du anderen Menschen mit freudvoller Leichtigkeit dann Mut zurufen und sie mit liebevollen Augen beobachten, wie sie alle nach der Reihe unter die Dusche hüpfen. Du hast es ihnen vorgemacht, einige haben es nachgemacht und noch viel mehr haben es auf ihre Art und Weise von ganz allein geschafft.

Ihr werdet im Endeffekt während des Wasserspaßes über die sicherheitssuchende Abhängigkeit lachen, die euch gegenseitig von eurer wahren Kraft fern gehalten hat, denn immer, wenn der eine an der Hand gezogen hat, hat er vergessen, dass er selbst an die ewige erste Stelle rücken kann, weil dort zu jeder Zeit immer jeder Platz hat.
Hingegen hat der andere, der sich von der wärmenden Quelle des Mitgefühls wegziehen lässt, sein Vertrauen verloren und geglaubt, dass er allein nicht stark genug ist und er es nicht schaffen kann - er hat seine innere Wahrheit für eine äußere verleugnet. Das ist Co-Abhängigkeit bzw. Co-Unsicherheit.

Das sind ungesunde Beziehungen, in denen ein Mangel, den anderen Mangel stillt und man aber nie richtig erfüllt wird. Das sind unerfüllte Beziehungen, die uns seit Jahrhunderten um Erlösung bitten und diesen Schein gilt es nun endlich in wahres Sein zu wandeln. Die ganze Welt gehört davon erlöst!

Wir „Fremdfühlen" zu viel.

Die Liebe erklärt uns, dass wir mit der Antwort unseres inneren Kindes die Dinge wahrhaftig verstehen. Sie gibt uns zu erkennen, dass der Beginn der Herzöffnung der Anfang ist, in den Spiegel der liebevollen Wahrheit zu sehen. Weil wir äußere Spiegel wirklich als unser Inneres erkennen.

Übrigens werden die inneren Kinder bei dem Wasserfest mit euch in dem warmen Mitgefühl tanzen. Sie werden hüpfen und springen, weil sie endlich so frei sind und sie das erstmals richtig fühlen und genießen können. Sie sind frei, weil sie ihrem Herzen erlauben, alles zu sagen, was es zu sagen hat. Sie sind frei, weil sie ihrem Herzen erlauben, alle Wege zu gehen, die es gehen mag.

*Spieglein, Spieglein an der Wand,
wer ist das glücklichste Kind in meinem Land?*

Durch meine „alle Menschen, ohne sie zu fragen verstehen"-Gabe und das ungesunde „ich will, dass es euch gut geht, denn ihr seid alle so schöne Sonnenscheinseelen und vergesst eure Sonnen ganz" und „ich weiß eigentlich nicht, was ich tun kann, damit es mir selbst gut geht, und deshalb schau ich einfach, dass es euch gut geht, denn das kann ich am besten und meistens geht es mir dann auch gut, ganz egal, wie sehr ich mich verbiegen muss und ganz egal, wie sehr ich das gar nicht merke"-Gemisch bin ich nach hohen Schutzmauern auch bei mehreren Therapeuten gelandet - bewusst und weniger bewusst, vom Kopf geführt und himmlisch gebührt.

*Gott sei Dank
setzte sich wahre Liebe zu mir auf die Bank.*

Ich habe vor ungefähr einem Jahr „Das Spiegelgesetz" von Thea Wachtendorf gelesen und durch dieses Buch hat sich bei mir ein

Kreis geschlossen. Es hat sich das ganze Wissen, das ich davor angesammelt hatte, zusammengesetzt.

Das für mich wertvolle verbindende Geschenk dieses Buches waren zwei Erkenntnisse: Zum einen das Wort „Spiegel", denn auch wenn ich diese Methode bereits kannte, beschreibt sie das so unglaublich einfach und „einleuchtend" (was für ein schönes Wort) und zum anderen der Satz, dass alles, was wir im Außen wahrnehmen, mit uns selbst zu tun hat.
- Selbst wenn es uns nicht betrifft, aber einst betroffen hat. Selbst wenn es nichts von uns verlangt, weil wir einst zu viel von uns verlangt haben.

*Und so schließen sich die Kreise,
auf unserer liebevollen Entdeckungsreise.
Und es gilt immer wieder:
Hau die Mauern mit Liebe nieder.*

Auf dieser Spiegelbasis, gepaart mit ganz vielen liebevollen Worten und herzerwärmenden Kinderaugen, möchte ich dir ein Beispiel für das Überwinden von Grenzen aufzeigen, die wir einst als überlebenswichtige Schutzmauern gesetzt haben.

Weil wir mit Liebe verstehen.

Wenn wir uns beispielsweise besorgt darüber ärgern, dass unsere beste Freundin sich immer von ihrem Vater einschüchtern lässt, dann können wir unser inneres Kind fragen, ob es sich denn auch über das eingeschüchterte Gefühl der Freundin ärgert. Und vielleicht sagt es, dass es ihm Angst macht, weil es auch schon so oft eingeschüchtert wurde, und es fährt fort und sagt „Danke, dass du ihn für mich schimpfst und deiner Freundin sagst, dass sie nicht so dumm sein und sie ihr Kind genauso beschützen soll, wie du mich beschützt."

Das Kind ist genau wie du in Rage, aber irgendwie bekommst du das Gefühl nicht los, dass du dem Kind doch ein anderes Bild vermitteln solltest, denn es soll doch nicht ein Leben hinter Mauern führen - nicht so, wie wir es doch schon so oft getan haben und immer wieder tun.

Nicht nach all diesen liebevollen Erkenntnissen.

Und in dem Moment, in dem du darüber nachdenkst, was das Kind dir gesagt hat, erkennst du, dass der wahre Schmerz wohl bei dir liegen muss, und du nimmst zum Beispiel wahr, dass es dich ärgert, dass Menschen das mit dir bereits gemacht haben.

Ganz generell und im Allgemeinen verärgert es dich so richtig, dass Menschen andere Menschen einschüchtern müssen, nur damit sie selbst größer sind - wie egoistisch und wie gemein. Du könntest dich nochmals so richtig darüber aufregen und wieder fragst du dich aber irgendwann, wie du denn deinem inneren Kind ein heilsameres Bild vermitteln könntest, damit es ein paradiesisches Leben am friedlichen Freiheitsschloss führen kann und es dort aufwächst, weil du deine verärgerten Schutzmauern überwunden hast.

Du bist verwirrt, denn dein inneres Kind ist verärgert, es tut es dir gleich und irgendwie fehlt dir der rote Faden - weg von diesem verärgerten Schein hin zum guten Vorbild für dein inneres Kind sein.

Du fragst dich, was dir die ganze Situation mit deiner Freundin denn nun zeigen soll und du fragst dich, wie du in der ganzen Situation die erlösende liebevolle Wahrheit erkennst.

Nur wenn man fragt, kann man eine Antwort finden.

Du erinnerst dich, dass du dein inneres Kind in Ruhe und mit liebevollen, mitfühlenden Augen fragen könntest. Du erinnerst dich daran, dass du dein Herz bei diesem kleinen Kind öffnen kannst und dein inneres Kind es bei dir auch tun kann.

Du erinnerst dich daran, dass ihr das heilsamste Team in eurer Welt seid, ihr voreinander keine schützenden Mauern zu haben braucht.

Nach weiterem Reflektieren und Hinterfragen erkennst du dann, dass du nicht dein inneres Kind beschützt, indem du euch einmauerst und andere Menschen schimpfst, sondern es wird dir die heilsame Variante bewusst. Du erkennst, dass du dein inneres Kind stabilisieren solltest, und mit liebevollen Augen sagst du zu ihm, dass es nicht beschützt werden muss.

Du bist nämlich da.

Du bist da und wirst immer auf dieses Kind aufpassen und du musst niemanden schimpfen, du musst dich selbst nicht trennen.

Die Liebe würde sich niemals trennen, sondern stets ihre gefühlten Herzensgrenzen benennen.

In dem Moment, in dem du mit liebevollen Augen erkennst, dass sich in der Vater-Tochter-Beziehung deiner besten Freundin eine Erfahrung aus deinem eigenen Leben widerspiegelt, in dem Augenblick kannst du verstehen und versuchen, mit diesen Augen wahrhaftig dahinter zu sehen.

Dein inneres Kind gibt dir genau diese Erleuchtung mit seinem schmerzenden offenen Herzen zu verstehen.

Du erkennst, dass du nicht deine beste Freundin oder dein inneres Kind vor diesem einschüchternden Schmerz beschützen musst, sondern du einfach nur für dich selbst da sein und dir deiner eigenen Liebesmacht bewusst werden darfst.

Du erkennst, dass du für dein inneres Kind auf diese Weise das beste Vorbild sein kannst. Vielleicht fällt dir auch auf, dass deine beste Freundin vielleicht ihr inneres Kind plötzlich vermisst und sie nach ihm sieht.

Du bist für dich selbst da und nimmst dein inneres Kind, deine Angst, deine Erfahrung an die Hand und du siehst, wie groß und wie kraftvoll und stark du bist und ihr alle es gemeinsam seid.

Team Mensch. Team Welt.

Du hast für dich die heilsame Erkenntnis und hast verstanden, wie sehr ein einschüchternder Mensch sein inneres Kind beschützen muss, wie sehr er es stärken muss und wie viel Stärke er unbewusst in anderen sieht, weshalb er dauernd versucht, sich der Stärke dieser Menschen anzunehmen.

Du erkennst, dass so ein Mensch wohl auch noch nie in den wahren Spiegel der Liebe gesehen hat und er vermutlich noch nie sein inneres Kind besucht hat. Du kannst den Schmerz nachfühlen, den er wohl in sich tragen muss, und du kannst den Hall seiner innerlichen Hilferufe wahrnehmen, die er täglich versucht zu überschreien. Doch du hast dies nicht verursacht und es ist nicht deine Verantwortung, das Kind dieses Menschen zu heilen, denn das kann nur er selbst.

Alles, was du tun kannst, ist der liebevolle Spiegel zu sein, den die anderen eingeschüchterten Menschen zuvor für ihn nicht darstellen konnten. Weil diese eingeschüchterten Menschen ihre inneren Kinder noch nicht besucht haben und sie ihren wahren Wert und ihre wahre Größe auch noch nicht erkannt haben.
Wir sind so groß wie die universelle Liebe und ein Hut dient nur dazu, unsere Größe noch mehr zu schmücken.

*Ein Hut macht uns zwar nicht größer,
aber noch so viel schöner...*

Du erkennst mit den liebevollen Augen, wie sehr du deine eigene Größe verleugnet hast und wie wenig Mitgefühl du für dich selbst übrig hattest, und du verstehst, wie unfassbar klein dieser Mensch mit seinem großen Hut sein muss, der dich so lange und so oft eingeschüchtert hat, und du kannst sogar Mitgefühl für diesen Menschen empfinden.

Wie schmerzhaft muss es für ihn nur sein, wenn er einst seine wahre Größe erkennt und er im Herzen fühlt, wie viel Schmerz er anderen zugefügt hat, bis er dann wiederum versteht, dass seine „Opfer" sich diesen Schmerz zufügen haben lassen und sie sich gegenseitig gebraucht haben bzw. hätten, um ihre wahre Größe zu erkennen. Genauso wie der große Mann mit seinem Riesenhut als „Täter" einen Spiegel für den fehlenden Selbstwert der „Opfer" darstellt, genauso stellen seine „Opfer" einen Spiegel für den fehlenden Selbstwert des „Täters" dar.

Ich hoffe, du freust dich nun immer, wenn du einen Menschen mit Hut siehst, und du erinnerst dich daran, dass er ein Schmuck für deine wahre Größe ist.

Ein Hut tut gut, genau wie offener Herzensmut.

Es passieren schöne Dinge, wenn wir beginnen, hinter die Schutzmauern zu sehen und wir sie mit Verständnis und mit Leichtigkeit niederreißen, sodass uns unsere inneren Kinder mit offenen Armen entgegenlaufen können, wenn wir sie auf ihrem friedlichen Freiheitsschloss besuchen. ...wenn wir sie besuchen.

Wenn wir sie besuchen, dann freuen sie sich.

Wir haben einen Entwicklungsprozess auf der Erde, der voller Liebeskraft voraus in Richtung Glück geht, und wir alle, die hier zusammen sind, haben uns dafür entschieden unseren

Seelenweg so zu wählen, dass wir mit allen Wegen zusammen ganz viel Trauer in Freude transformieren.

Wir haben uns eine Größe angemaßt, welche wir mit dem Wiederfinden unserer eigenen wahren Größe und der damit verbundenen Leichtigkeit bewältigen können. Wir schaffen ein gemeinsames friedliches Freiheitsschloss, doch wir sitzen noch gemeinsam hinter selbstgebauten Mauern fest.

Und all diese Mauern bringen so viel Last auf diese Erde und sie machen sie so schwer. Es ist so viel Last auf dieser schweren Erde, die wir Menschen einst geschaffen haben, und es ist so viel himmlische Leichtigkeit im Anmarsch, die wir Menschen wieder zaubern werden, wenn wir uns mit unseren himmlischen Ichs in den irdischen Ichs dafür entscheiden. - Wenn wir daran glauben und wir die nötigen Schritte dafür tun. Jeder für sich und alle gemeinsam.

Keine Lust auf noch mehr Last,
befreien wir uns am Spielplatz von all dem Ballast.

Wir sind ein megagutes Team und das wissen wir bereits und wir erinnern uns wieder daran, wenn jeder von uns Team mit sich selbst wird. Team „du und dein inneres Kind".

Team „du und du". Team „wir und wir".

Zusammenfassend kannst du es dir nochmals so vorstellen, als hättest du ein Kind in dir und dieses Kind bist du.
Du kannst dir vorstellen, dass du immer, wenn es dir nicht gut geht oder dich irgendetwas deiner negativ bewerteten Emotionen aufwühlt, mit der kleinen Version von dir sprechen kannst. Du kannst dir das aber auch so vorstellen, dass immer, wenn dich irgendetwas total freut und du total glücklich bist,

sich das Kind in dir mit dir freut und du dich mit ihm. Ihr seid ein Team und ihr wisst alles voneinander und gemeinsam bewältigt ihr alles, was es zu bewältigen gilt.

Wenn du dich traurig fühlst, dann ist dieses Kind vielleicht gerade sehr verletzt und du nimmst dir in Ruhe Zeit für die kleine Version von dir und es wird dir erzählen, warum es gerade traurig ist. Dieses Kind wird dir sagen, was es gerade so zutiefst verletzt hat, und vielleicht wird es währenddessen schluchzen und heulen und du verstehst es ganz genau, du kannst es ganz genau so mitempfinden. Du hörst dir dein inneres Kind an, schenkst ihm Beachtung und bist für dieses Kind da - so als hättest du eine Tochter oder einen Sohn und sie sind angewiesen auf deine Hilfe.

So als würde deine Tochter oder dein Sohn gerade eine Bewältigungsstrategie erlernen, weshalb du - nachdem du dir der Tatsache bewusst bist - gut überlegen wirst, was du deinem inneren Kind rätst. Du wirst ihm helfen, sein Herz offen zu halten und seine Grenzen zu wahren, damit es frei bleibt.

Frei von Mauern. Frei von Last. Frei von Schein.

Du beachtest dein inneres Kind, egal welche Emotionen es gerade mit dir teilen möchte, und du nimmst es ernst und gibst ihm das, was es gerade braucht. Vielleicht möchte es einfach in den Arm genommen werden, vielleicht möchte es Leichtigkeit erfahren und gerne mit dir tanzen, vielleicht möchte es auf einen Spielplatz gehen und sich so richtig austoben, weil es das zuvor noch nie tun konnte.

Vielleicht will dein inneres Kind nur mit dir reden, vielleicht will es einfach nur nicht vergessen werden. Weil du es vielleicht schon so oft vergessen und übersehen hast und weil du genauso oft bereits vergessen und übersehen wurdest.

Liebesbrief vom inneren Kind

*Ich hab mich heute schön gemacht,
daran hast du aber noch gar nicht gedacht.
Ich hab mir heute dein Lieblingsoutfit von damals angezogen,
doch wieder bin ich in deinen Gedanken nur verflogen.
Ich schreib dir jeden Tag diese Worte,
backe jeden Tag unsere Lieblings-Liebestorte.
Ich pflücke jeden Tag diese wunderschönen Blumen für dich,
dekoriere jeden Tag den „Ich feiere mein Leben"-Tisch.
Ich freu mich jeden Tag, dass ich geboren bin,
und jeden Tag setz ich mich an diesen Tisch alleine hin.
Am Ende bin ich dann immer einsam,
weil meine Mama wieder nicht heim kam.
Mama, ich werde dir immer diesen Brief schreiben,
bis in alle Ewigkeit werde ich ihn dir zeigen,
irgendwann wirst du vielleicht hier bei mir bleiben.
Und wenn du da bist, dann hab ich ganz vieles mit dir vor,
aber ich hab auch ein wenig Angst davor.
Ich vermisse dich so sehr,
möchte nicht mehr alleine sein. Nie mehr.*

✺

Du bist du selbst und für dich selbst da. Du achtest dich und auf dich selbst. Du erkennst dein schönes Wesen, siehst deine wesentliche Schönheit. Du freust dich und freust dich mit dir. Du zeigst dir selbst, du selbst zu sein. Du schätzt deinen Wert, weil du dich selbst wertgeschätzt hast. Du bist das Elternbild, dass du der kleinen Version von dir vermitteln möchtest, und du wirst sehen, wie es - wie du - wie ihr, in Liebe gedeiht.

Weil du dir treu bist. Weil ihr euch treu seid.

„Eigengefühlstreue".

So schön, wie viel Mitgefühl wir uns selbst schenken können und mit wie viel Wertschätzung und welch liebevollen Augen wir uns selbst begegnen können.

Wir erkennen, wie hilflos dieses Kind ohne uns ist, dass es gar nicht anders kann als hinter irgendwelchen Mauern zu warten und wir erkennen, wie dieses Kind auf unsere Liebe angewiesen ist und wie leicht es mit uns als Herzhüter in Freiheit leben kann. Wie viel Last wir ihm damit von den Schultern nehmen, wenn wir die Verantwortung nur für uns selbst tragen.

Wir erkennen auch, dass uns andere Menschen am Ende immer nur so begegnen können, wie wir selbst es tun.

Wir erkennen, dass jeder Mensch ein inneres Kind hat, dass sich jedes innere Kind nach seiner Heilung sehnt, und es wird uns bewusst, dass die Heilung aller innerer Kinder am Ende die Heilung aller Menschen bedeuten würde und wir diese Last niemals für andere tragen müssen, sondern mit unserer inneren Verbindung andere Menschen sich mit ihrem Inneren verbinden können und dann erst ein wahrhaftiges Miteinander auf Herzensebene möglich wird. Eine wahrhaftige Verbindung, frei von Abhängigkeiten.

„Wir erkennen auch, dass *uns* andere Menschen am Ende immer nur so begegnen können, wie wir selbst es tun." …und wir werden auch erkennen, dass, auch wenn wir uns selbst mit reiner Liebe begegnen, andere Menschen es nicht tun werden. Vielleicht sollte der Satz von oben besser heißen „Wir erkennen, dass *wir* am Ende anderen Menschen so begegnen wie uns selbst."

Der erste Satz bedeutet nämlich, dass wir uns von den Emotionen anderer Menschen abhängig machen und der zweite Satz bedeutet, dass wir „unsere" lichtvolle Energie und „unsere" liebevollen Emotionen nach außen tragen - unabhängig von den Umständen. Wir erlauben unserem inneren Kind und uns selbst zu strahlen und zu leuchten. Strahlt euer Licht, ihr zwei - so wird es auch für andere Menschen heller.

Happy Kinder der Liebe, happy Abenteuerspielplatz.
Happy Herzens-Menschen, happy große weite Welt.
Und bis die große weite Welt happy ist
und bevor man mich als Oma im Altenheim vermisst,
meine Welt ein selbstgebautes liebevolles Regenbogenzelt ist.

Ab ins Altenheim, denn manchmal fühlt man sich vielleicht einfach nicht bereit, ein Kind groß zu ziehen und schon gar nicht so ein schwieriges und in Liebe unerzogenes wie unseres.

Vielleicht hilft dann wirklich ein Besuch im Altenheim, denn da sind meist sehr weise Menschen daheim und sie hätten für ihr Leben im Nachhinein betrachtet bestimmt sehr oft die passenden Schlüssel für verschlossene Herzenstüren parat.

Von Laura Malina Seiler, einer spirituellen Visionärin, habe ich mich vor zirka einem Jahr von der Idee mit dem 90-jährigen-Ich inspirieren lassen. Generell habe ich durch Laura wieder meine Träumereien hochleben lassen und mich daran erinnert, dass ich oft als „Anna du träumst" bezeichnet wurde. So viele selbstschützende Mauern ich auch errichtet habe, irgendwann haben die Schotten, ohne es zu merken, auch den Zauber meiner Träume abgedichtet.
Dank lieberinnernder Menschen habe ich im Nachhinein betrachtet wieder für mich selbst die Erlaubnis bekommen zu träumen und dafür bin ich sehr dankbar.

Dankbar, dass es da diese liebevolle Erinnerung gab.

Ich habe mir unter anderem meinen 90. Geburtstag und automatisch mein Alter schön geträumt. Und seit ich mir alles bunt vorgestellt und schön geträumt habe, fällt mir eine über 80-jährige weise Frau immer wieder ein, die liebe Ulla.

Sie hört einfach immer zu, hat ihr Leben gelebt und nimmt jeden Tag so an, wie er ist, und sie ist glückselig und zufrieden in ihrem kuscheligen Daheim. Sie ist so jemand, zu dem man geht, wenn man einen weisen Sonnenscheinrat braucht, damit sich der Nebel am Weg lichtet. Den größten Rat gibt sie mit ihrem Sein, denn sie ist der Beweis dafür, dass man viel erleben kann und es am Ende doch nur um das „Sein" geht - das Sein im Jetzt, denn auch wenn jeder Moment für die Ewigkeit in Erinnerung währt, er doch so vergänglich ist.

Auch wenn wir mit Vergänglichkeit geboren sind,
gibt es die Erinnerung in jedem Wind.
Auch wenn man die Erinnerung nie vergisst,
die Fülle im Hier und Jetzt tief spürbar ist.

Ulla ist für mich der lebendige Beweis dafür, dass man alles ausprobieren kann, weil es keine Fehler gibt, sondern nur Erfahrungen, die man dann einfach wieder in Liebe gehen lassen kann und manchmal auch muss.

Und trotzdem kann man sich immer wieder dafür entscheiden, im Hier und Jetzt dankbar zu sein und die Fülle jeden Moments zu spüren. Mit der Verbindung zu seinen Träumen kann man sich im Jetzt in alle Richtungen weiter verbinden, um aus erdrückender Schwere in die erlösende Leichtigkeit zu fliegen.

„Nimm es leicht.", sagt Ulla.

Wenn ich bei Ulla nach meiner Zeit als Therapeutin zum Teetratsch vorbeigeschaut habe, dann hat sie sich immer interessiert alle Vorhaben meines Lebens angehört und sie hat liebevoll und trotzdem mit klarer Weisheit mich daran erinnert, dass alles sein darf, egal wie es kommt, und sie hat mich darin bestärkt, für meine Träume loszugehen.

Sie hat die Begeisterung in meinen Augen gesehen und hätte mir daraufhin nie abgeraten, irgendeinen Zauberweg nicht zu gehen. Hat sie gefragt „Aber wie willst du das alles schaffen?", hat sie im nächsten Moment gesagt „Du bekommst das schon hin." - Ulla war mein liebevoller Spiegel, die mich mit ihrem Sein an mein Sein zurückerinnert hat und die sich für den Zauber meiner Worte begeistern ließ. Über diesen „Ältestenrat" freue ich mich und darüber, dass sie mir nie die Richtung wies.

„Das weißt du selbst, Anna."

Und tatsächlich tue ich es, wenn ich mir mein eigenes 90-jähriges-Ich vorstelle.

Ich habe mir meinen 90. Geburtstag bunt und friedvoll, glückselig und frei vorgestellt und mich daran erinnert, dass Träume wie diese bunten Energien sind und wir diese wie unsere Energiekugeln zusammenträumen, die wir ganz automatisch ins Universum loslassen. Wir lassen die Träume los, weil sie für uns nicht real und irgendwie zu abstrakt sind.

Sie gefallen uns und wir halten die erfüllenden Verbindungen automatisch, und trotzdem nicht an ihnen fest, und so funktioniert das Universum.

*Wir träumen und können die Schönheit nicht fassen,
sodass wir ganz automatisch Träume loslassen,
und ganz nebenbei zahlen wir ein in Zauberkassen,
denn das Universum kann von Träumen nicht lassen
und alle hellen Kunterbunten wird es für uns erfassen.*

Das Universum hält die Verbindung zu all unseren Emotionen und es füttert sie. Ich hege die Hoffnung, dass wir uns in eigens kreierten Träumen eine wunderschöne Hauptrolle, neben den vielen anderen schönen Rollen, erlauben und wir dem Universum helfen, uns zu erfüllen.

„Heute bin ich Waldmeister mit Tarzan und Robin Hood und morgen mit Jane und Pippi zu Besuch in Hollywood."

Träume sind so leicht, Träume sind so einfach komplex, und sind wir in unserem Herzen zu Hause, werden wir mehr oder weniger unbewusst und „ur"bewusst die Schritte in ihre Richtung tun.

Denn wenn wir schon jetzt immer mehr unseren Traum leben, kann es in Zukunft nur den erfüllten Traum geben.

Urbewusst müssen wir eigentlich gar nichts tun, einfach träumen und Schritt für Schritt in Liebe ruhen.

Irgendwann habe ich als Physiotherapeutin in der Praxis gemerkt, dass ich Menschen anziehe, die unbewusst an ihrem Mindset arbeiten möchten und dank meiner eigenen Erfahrungen und der Freisprechung am Scheiterhaufen war ich gemeinsam mit meinem „ich rette ganz allein die Welt"-Modus gewappnet. Einige haben gefragt, wie Meditation geht, was man dafür lernen soll, und ich muss zugeben: Genau das habe ich mich einst auch gefragt.

Es gibt verschiedenste Arten von Meditationen und alle zielen darauf hin, dass man seine innere Balance, seinen inneren Guru, seine starke Mitte wiederfindet. Es gibt sehr heilsame, tief transformierende, kraftvolle Meditationen und verschiedene Handhaltungen - „Mudras" - fließende Handbewegungen, dazu passende Lieder - „Mantras", Atemübungen - „Pranayamas" und diverse andere Kombinationen mit wiederum diversen anderen Abwandlungen.

Meditationen können Berge versetzen und sogar zwei getrennte Täler aus der Tiefe mit Liebe verbinden, nur ist es bei manchen schwerwiegenden „abgespalteten Themen" wirklich ratsam, sich Unterstützung zum Beispiel in Form von therapeutischen Meditationslehrenden an die Seite zu stellen, bis man selbst für sich alleine wieder der eigene Meister sein kann - bis man von allein den Zugang zu seinem Urwissen findet.

Für mich habe ich den Schluss gezogen, dass ich mich für eine Meditation einfach bequem hinsetzen muss, um dann ruhig und achtsam zu werden, meine Atmung vertiefen zu können und die Hände dann so hinzulegen, wie sie sich intuitiv richtig anfühlen. Oder meine Hände folgen bewusst einem bestimmten „Mudra", das ich nachgelesen oder mir von einem Yogakurs gemerkt oder sonst wo abgeschaut habe.
Ich brauche insgesamt einen Ort, an dem ich mich ungestört wohl fühle, etwas Zeit von unserer Ewigkeit und nichts mehr.

Und vielleicht erfüllt dich das ja auch, einen Versuch ist es in jedem Fall wert.

Man kann Erfüllung in jedem Moment finden, wenn erst die Zweifel für diese Möglichkeit schwinden.

Du setzt dich an deinen ausgewählten Ort und beginnst einen Traum, den du gerne träumen würdest - und wurdest du nicht gebeten, jemand anderen in deinem Traum (für die Zukunft) zu visualisieren, dann geht es in diesem Traum wirklich nur um dich und um deine Zukunft oder um vergangene Situationen - denn auch du möchtest nicht Teil der hilferufenden Illusion eines anderen Menschen werden.

Es geht um deine zauberhaften Wunder. Es geht um etwas Wunderschönes, das dich im Herzen berührt und an das du gerne zurück denkst. - Es geht um einen glückseligen Traum der Vergangenheit, der dich bis in die Gegenwart und darüber hinaus erfüllt sein lässt.

Es geht um etwas, das deine Augen mit deinem inneren Strahlen erhellt, weil es dich so glücklich machen würde, wenn es sich erfüllt. - Es geht um einen glückseligen Traum, der aus der erfüllten Gegenwart deine erfüllte Zukunft kreiert.

Darum, dass du eine Situation deiner Kindheit betrachtest, bei der die bloße Erinnerung daran dich sogar heute noch enttäuscht und bei der du im Traum als Mutter neben dir als deinem inneren Kind stehst und du dir bis heute und in die Zukunft erträumst, wie diese Situation mit dir als Mutter an der Seite anders geschehen würde. - Es geht um diesen glückseligen Traum, der deine Wunden mit Liebe betrachtet und sie gemeinsam mit dir für die Zukunft in erfüllte Liebe transformiert, weil du ihm die Täuschung genommen hast.

Es geht darum, dass du dich in deinem Traum bei Menschen entschuldigen kannst, um dann friedvoll dein Gewissen zu befreien, indem du mit diesem Traum dir selbst vergeben hast. - Es geht um einen glückseligen Traum, der jede Emotion berücksichtigt und Verständnis dir selbst gegenüber schafft, damit du aus Mitgefühl dich selbst befreist von jeglicher Last.

Es geht auch darum, dass du dir vorstellst, wie andere um deine Vergebung bitten und wie du sie mit deinem Mitgefühl und deinem Verständnis ihnen gegenüber aus deiner Sicht erlösen kannst. - Es geht um diesen glückseligen Traum, der durch das Anerkennen der Verletzung, die dir andere zugefügt haben, für dich selbst Mitgefühl empfinden lässt und du es dann auch anderen schenken und für dich und für sie mitfühlen kannst.

Träumen ist eine bedeutsame Möglichkeit, um im Geiste gesund zu bleiben und die Heilung auf vielen Ebenen voranzutreiben.

Träumen wir den Himmel, sind wir glückselig, sind wir glückselig, träumen wir auf Erden.

Mir ist, nachdem ich das geschrieben hatte, auf einer bunt kreierten Wand der Spruch von John Lennon ins Auge gefallen, der übersetzt bedeutet „Du kannst mich einen Träumer nennen, doch ich bin nicht der Einzige und ich hoffe, eines Tages wirst du dich zu uns gesellen und die Welt wird eins sein." - übersetzt aus dem Lied „Imagine" von John Lennon und Paul McCartney.

Ich möchte nicht werten, doch bekenne ich sein Recht.

All das kommt mir in den Sinn, wenn ich an ein weises 90-jähriges-Alter denke, das als Mensch im Schaukelstuhl sitzt und seine Vergangenheit mit diesem goldenen Stift in seinem Gedankenbuch für die Ewigkeit schreibt. Das kommt mir in den Sinn, weil älteren Menschen oft sonst nichts mehr bleibt, und es sie ganz automatisch in den Zauber der Träume treibt, die sie verbinden mit unser aller Ewigkeit.

Und das habe ich im Repertoire, wenn ich selbst keinen Rat mehr für mein inneres Kind habe, denn ich bin der Aufgabe, eine Mutter zu sein, noch nicht gewachsen und vermutlich werden wir Frauen das nie vollkommen sein, schließlich wohnt in uns selbst für die Ewigkeit ein eigenes, immer mehr oder weniger in Liebe erzogenes, Kind daheim.

Weil Träume ewig sind.

Beginnen wir in der ewigen „Ewigkeit" zu denken, erkennen wir, dass es da nicht nur die Erinnerungen gibt, die ewig währen, sondern eben auch die Zukunftsträume, die aus unserem Hier und Jetzt - wirklich genau in diesem Moment - unsere Zukunft entstehen lassen.

Sie existieren als Gedankenträume aus der Sicht der Ewigkeit bereits im Jetzt unserer menschlich gemachten Zeit und so verstehen wir, unser ganzes Leben ist in Wahrheit zu jeder Zeit hier. Es gibt die Zeit der all-verbundenen Ewigkeit.

Es gibt die Zeit im höheren Sinne nicht, so wie alles, was wir Menschen einst eingeführt haben, und daran dürfen wir uns zurückerinnern, um uns mit unserer Größe und unserem urfühlenden Miteinander verbinden zu können.

Wenn du verstehst, dass du dein ganzes Leben vorwärts und rückwärts in deinen gedanklichen, geistigen Sphären mit dir trägst, dann wirst du vermutlich beginnen, bewusst zu entscheiden, was du für dich erschaffen möchtest, was du tun möchtest und wie du denken möchtest. Deinem höchsten Seelenwohl entsprechend. In Liebe. In Dankbarkeit. Mit deinem Urwissen dich selbst an dich erinnernd. Du wirst es meiden, Ängste und Leid und Sorgen zu schüren, denn du möchtest das Kind, das du damals warst, glückselig in deinen Gedanken haben und du möchtest als alte Frau oder als alter Mann glückselig in deinem Schaukelstuhl deine goldene Feder führen. Oder?

Werden wir erfüllende Schritte tun,
wollen wir im Alter in Frieden ruhen?

Wir kreieren unser 90-jähriges-Ich selbst und mit jedem Schritt, den wir tun, füttern wir sein erfülltes Alter, das wir uns mehr oder weniger bewusst erträumen.

Es ist jeder gewählte Gedanke in diesem Moment,
der unser zauberhaftes Alter benennt.

Es ist unfassbar, wie sich in meinem Kopf und im Herzen gerade alles zusammensetzt. Ich habe eine Erleuchtung nach der anderen. Es will jede Erfahrung und jeder Moment von uns erleuchtet werden, damit wir unsere Größe fühlen und wir jede Erfahrung mit unserem Herzen füllen. Dann ist unser inneres Kind glücklich, unser 90-jähriges-Ich und wir im Jetzt sowieso.

Im Studium haben wir uns im Fach „Palliation" mit dem Tod beschäftigt - mit unserem eigenen, sowie auch mit dem der Patienten. Im Studium wurden wir in Krankenhaus-Praktika selbst mit der Vergänglichkeit der Patienten bzw. mit der Vergänglichkeit aller Menschen konfrontiert. Frau Roth hat uns eine Studie zur Hand gegeben, in der erhoben wurde, wo der glücklichste Ort auf dieser Welt ist bzw. an welchem Ort der Welt die Menschen am glücklichsten sind. Es ist ein bestimmter Ort, den ich leider vergessen habe und an dem die Menschen täglich für mindestens fünf Minuten an ihren Tod denken.

Ich dachte immer, dass der Grund für ihr Glück wäre, dass sie sich in jeder dieser fünf Minuten dem Reflektieren der eigenen Vergänglichkeit widmen. Ich dachte immer, dass die Menschen dort dann einfach keine Angst vor dem Tod haben, und dass sie sich selbst und ihr Umfeld so pflegen, als wäre jeder Tag ihr letzter Tag und so wurde es auch in der Studie erhoben und so ist es auch für alle Menschen ein wertvoller Zugewinn. Es tut mir im Herzen weh, wenn ich höre, dass jemand Angst vor dem Tod hat, denn dieser Mensch vertraut nicht seiner eigenen Göttlichkeit und er übersieht, dass er „nur" (ur-)heim kommt.
Ich habe nie an der Studie gezweifelt und doch glaube ich, dass es jetzt an der Zeit ist, dass die Menschen sich an den Zauber zurückerinnern, und dass neben dieser wertvollen Wissenschaft, die für die Psyche in diesem Fall wirklich tolles Wissen schafft, das „Höhere" und „Gesamte" herangezogen wird.

In unserem Wissen fehlt nur ein wenig die Spur von „Ur".

Beschreibe ich die Essenz dieser Studie mit meiner Zauberwelt, dann haben diese Menschen an diesem glückseligen Ort in diesen täglichen fünf Minuten nämlich ihre Erfüllung für ihr Alter erträumt und sich in seliger Dankbarkeit im Hier und Jetzt wiedergefunden, weil sie förmlich sehen konnten, dass es nichts gibt, vor dem sie sich fürchten müssen.

Diese Menschen haben jeden Schritt in der Gegenwart so gewählt, dass sie insgesamt ein „Vergänglichkeitsglückswunder" kreiert haben - für ihre Ewigkeit.

Ich habe verstanden, dass wir in jedem Moment unseres Lebens einen Schritt für die Ewigkeit tun und wir im Hier und Jetzt unsere Zukunft kreieren und darin liegt alle Weisheit, die wir jemals besitzen können, versteckt.

Wer hätte das gedacht und wer erkennt's,
die Weisheit der Erfüllung eines jeden Moments.

Ich habe mich immer gefragt, was es bedeutet, im „Hier und Jetzt" zu leben und es versucht, doch genau wie Meditationen mit diversen Trends und unsauberen Energien oft ins scheinbar Unerreichbare gedrängt werden, so habe ich auch das Fühlen der Essenz jedes Augenblicks vergessen. Ich habe vergessen, nicht nur mit Gedanken, sondern vor allem mit Gefühlen achtsam zu sein.

Ich habe mich bemüht, im gegenwärtigen Moment zu leben und meine Aufmerksamkeit bei dem zu haben, was ich gerade tue - zum Beispiel beim Essen den Geschmack und den Geruch mit meinen Sinnen zu erfassen und mir dafür Zeit zu nehmen (wenn nicht gerade Katzen mich durcheinander bringen).

Doch es macht so viel mehr Sinn, im Hier und Jetzt achtsam zu sein und sich gleichzeitig darüber zu freuen, dass das gesunde

Essen dem Körper so gut tut und man sich gesund und als 90-jähriges-Ich im Schaukelstuhl sitzen sieht, das gerade achtsam sein Essen zu sich nimmt und dankbar dafür ist, dass es immer so gesund gegessen hat, damit es heute noch so fit sein kann. Denn dann können wir unsere Achtsamkeit im Moment und dem erfüllenden Gefühl, dem Körper etwas Gutes zu tun, sogar unserer Zukunft widmen.

*Achtsame Glückseligkeit,
unbegrenzt von Zeit für die Ewigkeit.*

Mich macht das gerade irgendwie traurig, dass es mir nie jemand so aus reinem Herzen erklärt hat, dass ich es umsetzen konnte, sondern ich (meiner und anderer) Illusionen gefolgt bin. Ich bin irgendwie erschöpft davon, dass ich in meinem bisherigen Leben zwar sehr viele Erkenntnisse verstanden habe und sie zuordnen konnte, doch sie bis zu diesem Zeitpunkt nie mit meinem Herzen und meinem Urwissen verschmolzen sind. Erschöpft bin ich deshalb, weil all diese Lehren mit dem Kopf verfasst wurden oder ich die Herzenssprache einfach nicht verstanden habe, und umso schöner ist es gerade in diesem Moment, meine Erkenntnis im Herzen zu fühlen und sie mit dir, und hoffentlich auch mit deinem Herzen, zu teilen.

Dieses Buch ist das größte Geschenk, das ich mir je machen konnte, und ich hoffe, der Herzenskauf desselben ist auch ein großes Geschenk von dir an dich (ich muss mir immer vorstellen, wie all die Schutzengel ins Ohr flüstern „ja nimm das mit" - weil das Buch dir und deinem Herzen hoffentlich gut tut und weil sie darin erwähnt werden und sie sich unfassbar wie kleine strahlende Kinder freuen, wenn du dich an sie und die ganze lichtvolle „Crew" erinnerst).

*Weil man mit dem Herzen immer versteht
und die Herzenssprache keine Umwege geht.*

Genauso wie wir eben unser inneres Kind in jeder Sekunde mit erziehen und ihm eine Mutter oder ein Vater sein können, genauso ist unser 90-jähriges-Ich bereits in diesem Moment vorhanden und ist in jedem Moment für uns eine Mutter oder ein Vater, wenn wir einfach nicht weiter wissen.

Es ist nichts getrennt, alles ist verbunden, und wenn wir das erkennen, dann haben wir unser Leben selbst in der Hand und wir sind nicht von äußeren Einflüssen abhängig, sondern von unserer inneren Haltung - von unseren Träumen, denn nichts, was wir den ganzen Tag lieber tun, ist ohnehin, in Gedanken zu versinken und Dinge zu analysieren oder sie irgendwann aus Selbstschutz komplett zu ignorieren und uns abzulenken.
Doch auch wenn wir schon geübt sind im Träumen und wir das glückselige Gefühl wahrnehmen, dann dürfen wir uns daran erinnern, dass wir ein hochintelligent abgestimmtes Wunder aus Körper, Geist und Seele sind.

Körper mit erfahrenden Sinnen,
Geist auf die Liebe besinnen,
Seele zum Herzensweg bestimmen.

Ich möchte damit sagen, dass es nicht reicht, Träume zu haben und in dieser Glückseligkeit zu schweben, sondern wir dürfen dafür körperlich mit unserem Traum im Geiste und dem Seelenweg im Hintergrund losgehen und die nötigen Schritte dafür tun.

Diese Erkenntnis war für mich vermutlich die wertvollste in diesem bisherigen Jahr 2020.
Ich konnte hier in Portugal ein bisschen in die Yoga-Community von Betti hinein schnuppern und ein Gespräch mit Satya Kaur führen - die emanzipierte Frau an der Seite des Ashram Guru's Shiv Charan Singh. Dieses Gespräch war ein schönes und ich habe sie um einen Rat gebeten, der mir helfen sollte, mich trotz

all den Erkenntnissen und Visionen am Boden zu halten (ich bat sie um Unterstützung für etwas, das es in mir zu stützen gab).
Sie hat mir erst die Gegenfrage gestellt „Was machst du denn, dass du am Boden bleibst?" - Tja, gute Frage, ich habe vor nicht allzu langer Zeit in diversen ungesunden Co-Abhängigkeiten andere mit meiner Weisheit überschüttet und habe sonst keinen Weg gefunden, den Himmel für mich auf die Erde zu bringen.
Sie hat mir daraufhin nur geraten „Bring es runter, so, dass du es sehen kannst - manifestiere und schaffe Ergebnisse für dich und die Welt."
Ich habe es so gedeutet, dass wir unser menschliches Sein mit unserem spirituellen Geist verbinden und zum Beispiel schreiben, singen, tanzen, basteln, bauen,... - wir erschaffen etwas - Worte, Töne, Schritte, Kunstwerke, Häuser.

Gestern war ich zum zweiten Mal im Ashram zum Kirtan singen zu Besuch und ich habe ihr für diese Aussage gedankt, denn vielleicht war ihr gar nicht bewusst, wie viel große Weisheit für mich darin verborgen lag.

Das, was sie gesagt hat, gilt nämlich für alles. Für alles alles.

Wenn wir träumen, wenn wir uns in unseren Gedanken verlieren, dann sind wir eher im Geiste „im Himmel" und wenn wir diese Gedanken durch unseren menschlichen Körper erfahren, sie manifest (=handfest, greifbar) machen, dann bringen wir Menschen unseren erträumten Himmel auf die Erde.

Manifestieren können wir in vielerlei Hinsicht,
doch nehmen wir lieber auf unser Seelenwohl „Vor"sicht,
dann erfreuen wir uns an dieser ewigen „Rück"sicht.

So ist das wieder mit all unseren Emotionen - so wie unser Himmel in unserem Geiste ist, so wird die Erde sein, auf der wir uns bewegen und auf der wir unsere Schritte tun. Wir entscheiden wieder selbst, wie wir die Emotionen, den Fokus und die Aufmerksamkeit lenken.

Wir sind wieder selbst der Auslöser, für alles was kommt.

Wir entscheiden, was wir tun können, damit die Träume, die wir in unserem Geiste erschaffen haben, sich mit unserem Körper in die Tat umsetzen - so, dass wir uns darüber freuen.

Wir haben einen schönen Gedanken und wir tun alles, um das Ergebnis dann in unserer Hand zu halten, und so erschaffen wir unser Leben und können der große Schöpfer unserer eigenen Welt sein - ohne einen noch größeren Schöpfer zu bitten. In uns ist der einzige Schöpfer. In uns ist das Licht, das wir gerne im Außen sehen würden. Es gibt von außen Lichtunterstützung, aber nur so, dass wir sie nicht sehen können, damit wir uns nicht wieder auf lichtvolle Wesen verlassen und wir uns in Liebe daran erinnern, wie lichtvoll wir selbst sind - frei von allem anderen.

Es ist der Weg, den wir Menschen gehen, damit wir erkennen und uns erfreuen, wie unfassbar groß wir sind. Jeder von uns. Damit wir erkennen, dass wir kein Gebet sprechen müssen, sondern durch unser Licht das „Gebet" eines anderen Menschen sein können. Es ist das, was unsere Seele für sich in der Ewigkeit als Erfahrung gewählt hat, und es ist das, was wir als Mensch in der menschlichen Zeit erleben.

Wir sind Menschen und lichtvolle Wesen zugleich - zu jeder Zeit und in der Ewigkeit. Wir haben unseren Geist, unser inneres Auge, um unsere Welt zu erträumen, und unseren Körper, unsere Augen zugleich, um wahrhaftig manifest „in echt" zu sehen, dass wir unsere Träume nie umsonst gehen.

Unser inneres Auge ist da, um die Zukunft zu sehen, das äußere Auge hilft uns, diese Realität zu verstehen.

All das weiß unser 90-jähriges-Ich, auch wenn wir es vergessen haben, und an all das erinnert uns unser 90-jähriges-Ich, wenn wir um seinen Rat der Liebe fragen.
Es ist für uns da, wenn uns unser inneres Kind in den Wahnsinn treibt und wir es nicht beruhigen können.

Unser 90-jähriges-Ich wird Mitgefühl für uns haben, so wie wir es für unsere Kinder haben, und es wird uns vielleicht manchmal auch sagen „Ich verstehe, wie gerne du das alles jetzt schon möchtest und ich verstehe, dass du alles so gerne erfahren würdest und ich kann mit dir fühlen, wie sehr du gewisse Dinge schätzt und liebst, dass du sie am liebsten gleich und jetzt sofort in dein Leben integrieren möchtest."

Selbst wenn unser 90-jähriges-Ich dieses Verständnis für uns aufbringt, beruhigen wir uns vielleicht noch nicht, weil wir uns trotzdem nicht verstanden fühlen. Doch fährt unser 90-jähriges-Ich fort und es erklärt uns, dass all unsere schönen Träume, die einst vielleicht graue Gewitterwolken waren, unseren Geist blockieren. Es sagt uns, dass dies eine Art des „Überdenkens" ist, auch wenn es sich nicht so anfühlt und es einfach herzergreifend schön ist.
Es erklärt uns weiter, dass wir so das Universum blockieren, so wie wenn wir in schweren Emotionen hängen, können zu viele noch nicht reale Träume unseren Geist erschweren und die Verbindung trennen. Nicht die Verbindung zu unserem Herzensgefühl, doch die Schaffenskraft diese Träume zu manifestieren, denn wir wissen gar nicht, wo und wie wir mit der Umsetzung beginnen sollen.

Das 90-jährige-Ich versichert dir, dass du das Fenster in deinem träumenden Liebeskopf öffnen darfst, um deine Träume wie Energiekugeln ins Universum zu senden. Du wirst die Liebe zu deinen Träumen nie vergessen - das weiß das Universum dank deiner Energieschwingung und die Verbindung bleibt bestehen.

Wenn du Platz für weitere Träume schaffst, weil du einen Traum bereits ins Leben gerufen hast, dann füllt das Universum automatisch die Lichtverbindung „auf" und du wirst nach und nach wieder mit deinen Herzensträumen überrascht und entdeckst nach und nach deine Schöpferkraft.

Du bist das Universum selbst, du trägst es in dir und deshalb bist du stets mit ihm verbunden. Und es wird dir das Licht zurück schenken, welches du mit den Energiekugeln losgelassen und ihm geschenkt hast. Das Universum vergisst dich nicht, wenn du ein paar deiner Träume nicht vergisst und dich auf sie fokussierst. Du bist ein Teil des Gesamten und ohne dich wäre das Universum nicht vollkommen. Du bist universell großartig.

*Erlaube dir in deiner Größe, so groß zu sein,
wie du dir erlaubt hast klein zu sein, in all dem Schein.*

An dieser Stelle möchte ich Jennifer und Jeffrey danken. Sie kamen in das Nebenzimmer in dem Haus vom Ort mit den netten Menschen und wir haben einen meiner letzten Abende dort gemeinsam verbracht. Es war ein Geschenk, sie zu treffen und wie der Zufall es immer so will, „fiel" mir zu meiner bunt schwingenden Energie eine Frau „zu", die genauso bunt schwingt und ein Gedichte-Buch schreibt. Sie manifestiert ihre Gedichte aus ihrem Herzen ohne ein kontrolliert geistiges Bewusstsein. Man muss es nicht verstehen, doch man darf sich freuen, wenn es einen zu Tränen rührt, was sie zaubert.

Und bedanken möchte ich mich nicht nur für unser Treffen, sondern für das Öffnen meines kreativen Fensters und das Platz schaffen für mein unendlich kreatives „Sein" durch deren Worte.

*Lehnen wir uns aus unserem Fenster hinaus,
tut sich über uns der Himmel, das große Universum auf.*

Manchmal sind uns die Hände gebunden und das weiß unser 90-jähriges-Ich, weil es das selbst erfahren hat, und das möchte ich als Tochter desselben oder ich als das innere Kind des 90-jährigen-Ich einfach nicht wahrhaben. Wir möchten manchmal am liebsten alle Träume zugleich verwirklichen - sodass wir am Ende dann vielleicht nur noch überfordert und wir genau wie unser inneres Kind ausgebrannt sind und wir uns im Schlaf übermüdet erholen möchten.

Vielleicht schleicht sich zusätzlich die Kontrolle über eine positive Zukunft ein und wir überlassen sie nicht dem Zufall und vertrauen mehr oder weniger bewusst nicht darauf, dass in der Ewigkeit am Ende immer nur Liebe herrscht.
Wenn wir nur tun und erschaffen, dann können uns keine Geschenke des Universums als Überraschung zufallen und es bleibt kein Platz für unser ewiges Sein. Sind wir nur im Geiste mit dem Visualisieren und mit dem Umsetzen beschäftigt, dann bleibt kein Raum für das Spüren und das Erfühlen mit all unseren menschlichen Sinnen. Es bleibt irgendwie kein Platz, sich mit allem zu verbinden, was wir sind, obwohl wir alles sein können.
Wir sind die kräftigen und die doch so sanften Wellen des Meeres, der feine luftige Wind, die sonnengewärmte Erde und wir sind die warmen Herzen anderer. Alles ist verbunden - Mensch und Mensch, Mensch und Tier, Mensch und Natur und alle möglichen Mischformen davon. Alles zusammen ist vermutlich das, was man Universum nennt. Also lassen wir Platz, um uns zu verbinden, denn auch der Geist bekommt mit unseren Plänen seine Grenzen und zu viele Träume zur gleichen Zeit in dieser Ewigkeit können uns das aufzeigen.

Eigentlich gibt es nichts, das uns hält
auf dieser grenzenlosen Welt.
Wir dürfen einfach nur Sein,
frei von jedem tief versteckten Schein.

Erkennst du, wie viel Imperfektion das in unserer „perfekten" Welt erlaubt? Wir dürfen einfach sein, wir können keine Fehler machen, wenn wir uns einfach in einen Traum verlieben, der sich in unserem Herzen wie „für uns bestimmt" anfühlt. Wir können lediglich immer wieder ein Fenster aufmachen, um Dinge gehen zu lassen, sollten wir uns zu viel zugemutet haben.

Denn auch der Geist wird von uns begrenzt und darf sich mit dem Universum verbinden, um von uns nicht festgehalten zu werden, sondern sich treiben zu lassen. Lassen wir einfach los. Machen wir das Fenster auf und hauen wir mit dem Traum, der uns gerade am meisten „unter den Fingern brennt" so richtig drauf und unser Kopf freut sich über den erlösend kühlen Hauch.

Geben wir unseren Händen etwas zum Fühlen, wird der Visionär seinen Kopf zu seinem Besten Kühlen.

Jeffrey sagt „Wir träumen und doch träumen wir nicht. Wir sind und doch sind wir nicht. Ich bin Jeffrey und doch bin ich niemand und die Wellen.". Er sagt, wir müssen nichts, alles ist perfekt und trotzdem ist alles nicht perfekt, weil es diese Bewertung in Wahrheit einfach nicht gibt.

Es ist egal, denn wir dürfen einfach nur wir selbst sein - mit allem, was dazugehört, und waren in unserem Haus zu lange erschwerende Emotionen zu Gast, dann befreit uns der Waldwind von unserer Last, es sei denn, wir öffnen die Fenster und laden die Liebe ein. Und sollten wir selbst nicht die Kraft haben, um unsere Fenster zu öffnen, weil so eine Schwere in der Luft schwebt, dann ist da unser Alterskumpane in unseren Gedanken zur Seite.

Genauso wie unser inneres Kind nicht für uns stark sein muss, sondern sich an uns anlehnen darf, so dürfen auch wir uns in den vertrauten Armen der Liebe fallen lassen. Wir dürfen uns von dieser weisen Frau, von diesem weisen Mann in Gedanken trösten lassen. Wir dürfen einfach alles rauslassen und uns dabei stellvertretend an ein weiches Kissen kuscheln.

Und mir würde mein Schutzengel in die Haare wuscheln.

Vielleicht ist da aber noch der Opa oder die Oma, zu denen man immer gehen kann, weil sie immer alles verstehen ohne zu werten und sie uns trotzdem bedingungslos beschützen.
Vielleicht gibt es Menschen, mit denen immer alles wieder gut ist, obwohl wir uns übernommen haben oder uns etwas mit voller Macht überrollt hat. Vielleicht sind da Eltern, die einem einfach Kraft schenken, oder Geschwister, ein stützender Partner, treue Freunde – vielleicht haben wir das Privileg und wir können uns in vertraute Hände fallen lassen, doch selbst wenn wir das nicht können oder vorerst nicht wollen, dann haben wir immer uns selbst und ganz viel Licht in diversen Altersvarianten.

Liebesbrief vom 90-jährigen-Ich

*Bin ich glücklich, dass du mich siehst und zu mir schaust
und du dir selbst sogar im hohen Alter vertraust.
Ich weiß nicht, wie du das siehst,
doch manchmal frag ich mich, ob du vor mir fliehst.
Doch alles, was ich dir sagen will, mein erwachsenes Kind,
alle Momente, die du dein eigen nennst, für die Ewigkeit sind.
Du musst erkennen, du starkes lichtvolles Wesen,
dass ich noch nie bin nicht in dir da gewesen.
Du musst dich erinnern, dass ich vom ersten Tag an mit dir lebe,
ich genauso gute Absichten für unsere Ewigkeit hege.
Es freut mich so sehr, dir in Glückseligkeit zu sagen,
du kannst all deine Herzenswege wagen, wir können sie tragen.*

Ich habe es ja auch getan und sie haben mir viel gebracht,
vor allem haben sie mich so unfassbar zufrieden gemacht.
Mein Kind, was soll ich dich noch wissen lassen,
vertrau auf deine Träume, bis du sie kannst in Realität erfassen.
Mein Kind, was soll ich dir sagen - ich möchte, dass du verstehst,
dass ich zu jeder Zeit weiß, wodurch du alles gehst.
Eigentlich bleibt nicht mehr viel zu erklären,
ich freu mich auf all unsere gemeinsamen Sphären.
Es macht Spaß, mich selbst wachsen zu sehen
und immer wieder zu erkennen und zu verstehen,
dass wir beide alle Wege immer zuerst für uns selbst gehen.
Es bereitet mir große Freude, mein goldenes Buch zu nehmen,
für die ewige Erinnerung den goldenen Stift der Liebe zu wählen.
Komm mich gerne wieder besuchen, ich bin dir stets zur Seite,
niemals suche ich so wie du das Weite.
Ich bin in meinem Schaukelstuhl - mit einem Rat für dein Herz
oder mit warmen Armen, um zu lindern deinen Schmerz.
Mir geht es immer nur um dich und um dein Sein,
denn du schenkst mir mit jedem deiner Schritte Sonnenschein.

✺

Eine liebe und enge Freundin, die ich hier in Portugal gewonnen habe, ist Sonia, und beim Mittagessen habe ich mich heute mit ihr über den Schmerz unterhalten, den wir manchmal nicht mehr tragen können und von dem wir uns lösen dürfen. Sie hat einen schönen Satz von Shiv Sharan Singh zitiert: „Durch was auch immer du gehst, du bist in Wahrheit viel stärker als das."

Erkennen wir es an.

Wir sind sehr kraftvolle Wesen der Liebe und es tut so gut, das endlich zu fühlen.

Um das Thema abzuschließen, möchte ich zusammenfassend festhalten, dass wir durch die Wiedervereinigung mit unserem inneren Kind und durch die liebevollen Worte unseres weisen Alterskumpanen eine andere Denkweise bekommen. Es wird uns bewusst, dass wir mit uns selbst so kommunizieren, wie wir mit anderen es tun, die wir sehr gerne haben. Wir bekommen eine liebevollere Sprache uns selbst gegenüber. Wir werden unser eigener Freund.

Eine Sprache, die uns versteht, uns bestärkt und die uns keine Mängel und keine Fehler aufweist, sondern uns die Stärke und die Liebe aller Situationen zurück schenkt. Wir finden den Umgang mit uns selbst, den wir uns von anderen Menschen für uns wünschen würden und es werden mit dem veränderten Verhalten uns selbst gegenüber automatisch andere Menschen diesen Umgang mit uns hegen und ihr Verhalten ändern - weil wir unser Verhalten ihnen gegenüber ändern. Vielleicht tun sie dies sogar irgendwann sich selbst gegenüber, weil wir, ohne etwas aufzudrängen, ein liebevolles Beobachtungsobjekt für das Kreieren von eigenen neuen Erfahrungen sind.

※

IX. Dem Glückseligkeits-Syndrom folgen.

Ich glaube, dass viele Menschen viel Zeit in ihrem Leben dafür verwenden, entweder sehr traurig und erschöpft zu sein oder gegenteilig sehr glücklich und zielorientiert schöpferisch zu leben.

Ich dachte immer, dass unser Geburtsrecht ist, dass wir einfach glücklich sind und es uns immer gut geht, doch habe ich für mich erkannt, dass es ein noch höheres Geburtsrecht gibt - die Glückseligkeit.

Es ist, als würden wir mit dem Ausdruck von beflügeltem Glücklichsein einen „Druck" im „Außen" stillen und es ist, als würden wir mit dem Ausdruck von Dankbarkeit über das Glücklichsein den „Druck" im „Außen" in bedingungslose Liebe für unser Inneres transformieren.

Wir geben all unsere Emotionen in verbaler oder energetischer Form ins Außen und mit dem Gefühl von Dankbarkeit pendeln sich die Emotionen in unserer inneren Mitte selig ein.

Wir transformieren Gefühle mit Dankbarkeit für uns zurück und darin finden wir unser Herzensglück.

*Der erschöpfte Schöpfer kann seine Mitte pflegen,
die müde Kraft glückselig an Dankbarkeit übergeben.*

Stell dir vor, das Leben ist wie eine Linie und wir Menschen haben in dieser Linie einst Höhen und Tiefen definiert.

Die eingezeichneten Höhen verbinden wir vielleicht mit unserer Bestphase der glücklichen Schaffenskraft und die verdeutlichten Tiefen verbinden wir vielleicht mit sehr nötigen Pausen oder traurigen Erschöpfungsphasen.

Als selbstschützendes Ziel haben wir Menschen einst vielleicht festgelegt, dass wir irgendwann die Höhen und die Tiefen aneinander angleichen.

Vielleicht glauben wir, dass wir „lernen sollen", immer stark genug zu sein, um alles für uns zu erreichen, und vielleicht erfahren wir, dass wir dann irgendwann aber schwach genug sind, den eigenen kreierten Herzenspanzer zu sprengen.

*Vielleicht denken wir, wir müssen,
doch ohne Arbeit liegt uns jeder Moment zu Füßen.*

Letztes Jahr hätte ich die Höhenflüge mit farbiger Linie gezeichnet und die Talfahrten mit schwarzer oder grauer Farbe klein gehalten. Heute würde ich die Höhenflüge und die Talfahrten mit verbindenden Blumenranken verzieren, mit Knospen, die erst noch das Sonnenlicht erblicken dürfen und mit voll aufgeblühten Blumen, die in ihrer ganzen Pracht erstrahlen - immer wieder im Wechsel, weil wir Menschen immer dazulernen und nie stehen bleiben, selbst wenn wir ruhen und wir stets wachsen, selbst wenn wir glauben, klein und unbedeutend zu sein.

An dieser Stelle möchte ich meiner Studienfreundin Alissa danken - dafür, dass du diese Lebenslinie als solche für mich kreiert hast und sie nun die aus Höhen und Tiefen entstehende Glückseligkeit beschreibt. Das war ein schöner liebevoller Moment, an den ich mich ewig gerne zurückerinnern werde.

Ich würde zudem einen deutlich sichtbaren Regenbogen als Gerade, wie eine „Durchschnittslinie aus Höhen und Tiefen", einzeichnen und diese Linie mit den Farben des Regenbogens stellt für mich dann die Glückseligkeit dar. Sie beschreibt für mich die Dankbarkeit für die unfassbar leichten Momente, die unser Herz immer höher schlagen lassen, und die Dankbarkeit für die unfassbar schweren Momente die uns so viel Weisheit und diese tiefe Verbindung bringen.

Glückseligkeit ist für mich, „seines Glückes Schmieds zu sein", weil man sich oben wie unten an sein Licht erinnert.

Glückseligkeit ist für mich die Balance, die es braucht, um sich selbst einzuschwingen, und die Gültigkeit der lebenslangen Eintrittskarte in sein erfüllendes, allumfassendes Universum aufrechtzuerhalten.

Glückseligkeit ist das höchste Gut,
das mit seiner tiefen Zufriedenheit in jeder Seele ruht.

Man kann im Höhenflug dankbar sein und dieses leichte Sein selig wertschätzen und man kann im Tal die Wälder entdecken und in Dankbarkeit die eigene Stärke nicht weiter versetzen. „Denn wir sind kraftvoller als alles, wodurch wir jemals gehen."

※

X. Die Zeit in ihrem Wert schätzen.

Pünktlichkeit war lange mein ungelöstes Thema und alle, die mich kennen, können ein Verspätungslied darüber singen.

Seit ich in Portugal bin, schaffe ich es komischerweise (außer ich kann den Fußweg nicht einschätzen), immer pünktlich zu sein, weil ich meine Zeit jetzt so schätze und ich so liebe und genieße, was ich tue. Meine Zeit ist mittlerweile so wertvoll für mich, dass ich Treffen nur so vereinbare, wie sie sich im Herzen stimmig anfühlen und ich nur so viel Zeit schenke, dass ich immer noch mit mir selbst verbunden bleiben kann.

Ich habe gelernt, aufrichtige Wertschätzung von anderen Menschen, die nicht auf ungesunder Co-Abhängigkeit beruht, anzuerkennen und erlaube mir diese anzunehmen. Es freut mich und es macht mich dankbar, dass es Menschen gibt, bei denen ich genauso gerne bin, wie ich gerne bei mir alleine bin, und dass sich andere die Zeit nehmen, weil sie mich gerne bei sich haben, obwohl sie auch gerne bei sich sind. Es freut mich, diese Aufrichtigkeit spüren zu dürfen - mit mir und anderen.

Nur weil ich mir selbst die Wertschätzung schenke und mich von „fremd festhaltenden" und „selbst festklammernden" Händen befreit habe, kann ich heute in Liebe mit mir allein verbunden sein und gehe aufrichtige Beziehungen ein.

Ich bin pünktlich, weil ich die Menschen, die ich jetzt treffe, ganz bewusst aus ganzem Herzen sehen möchte und meine Zeit

der Ewigkeit gerne mit ihnen verbringe, weil ich gerne mit ihnen erfüllte Momente zur ewigen Erinnerung schaffe.
Ich bin mir über den wahren Wert der Zeit bewusst.

Die menschliche Zeit und ihre Vergänglichkeit, die endlose Zeit und das Manifest für die Ewigkeit.

Wenn ich an den Punkt komme, an dem mein Herz bzw. mein inneres Kind zu mir sagt, dass es Zeit mit mir alleine braucht, um nach intensiven Gesprächen mit sich selbst verbunden zu bleiben, dann traue ich mir meine Wahrheit mit mitfühlenden Worten auszusprechen.
Danach versuche ich, mir selbst die Leichtigkeit zu schenken, die man bei tiefgründigen Gesprächen manchmal vielleicht vermisst, und man eben merkt, dass man es nicht schafft, Leichtigkeit für beide aufrechtzuerhalten, wenn sich einer in der Gedankenschwere verliert.

Versuchen wir die Schwere annehmend zu spüren und sie tanzend in die Leichtigkeit zu führen.

Ich habe umgekehrt hier in Portugal auch erfahren, wie wenig Wertschätzung man einem entgegenbringt, wenn Menschen oft zu spät kommen oder sie einen total versetzen.
Meine eigene Entschuldigung war damals immer, dass mir Zeit einfach nicht so wichtig ist und ich immer alles noch schnell schnell erledigen will, nachdem ich wieder einmal getrödelt hatte. Ich habe zwar immer klar erwähnt, dass es mich auch nicht stört, wenn sie bei mir zu spät kommen, doch vielleicht wollten sie keine Entschuldigung aus verschlossenem Herzen hören, sondern die Wertschätzung aus offenem Herzen fühlen.

Ohne oberflächliche Worte, mit tiefgründigem Gefühl.

Vielleicht haben sich so viele Menschen einfach gefreut, mich zu sehen, und ich habe damals mich nicht einmal über mein eigenes Spiegelbild freuen können.

Vielleicht haben diese Menschen ihr Herz zum Schutz verschlossen und sich beispielsweise geärgert, um ihre Enttäuschung leichter „tragen" zu können.

Vielleicht waren diese Menschen sich aber ihrer Selbst auch nicht bewusst und wir waren der liebevolle Spiegel füreinander, der beiden Seiten etwas zu zeigen hatte. Nämlich, dass der zu spät Kommende sich selbst noch nicht die erfüllende Zeit schenkt, die er verdient hat (und er sie so nicht weiterschenken kann), und der Wartende sich selbst die erfüllende Zeit in jedem Moment schenken kann (unabhängig vom Außen).

Zeit ist ewiges Gold – innen wie außen und ganz unabhängig von draußen.

Irgendwie traurig, wenn wir verstehen, dass auf körperlicher Ebene unsere Zeit nun einmal vergänglich ist. Und umso schöner, dass wir mit dem Errichten unserer eigenen kleinen Welt den Platz schaffen, den wir nur bewusst mit ganz besonderen Herzensmenschen teilen.

Wir leben den Aspekt der Verbundenheit, indem wir uns daran erinnern, dass wir in jedem Augenblick Erinnerungen für die ewige Zukunft kreieren und wir uns als alte 90-jährige-Ichs an diese erfüllte Zeit zurückerinnern können und werden, wenn wir möchten. Wir kreieren gemeinsam mit der von Menschen eingeteilten Zeit Momente für unsere künftige Ganzheit und in seelischer Ewigkeit.

Hier an diesem Punkt möchte ich auch noch einmal das Licht eines jeden Menschen und die womöglich erschwerenden Co-Abhängigkeiten erwähnen, denn das zu verstehen, ist wirklich essenziell.

Mit Sonia habe ich sehr viel darüber gesprochen, weil das Thema gerade in unserem Umfeld so präsent ist, und mir ist neben der „festhaltenden Beziehungshand" ein anderes Bild dazu eingefallen. Die erste Reihe, von der wir vorhin schon gesprochen haben - die erste Reihe, die in Wahrheit ganz alleinig existiert.

Das Licht der ewigen Reihe ist immer das Deine,
es ist auch immer das Meine
und es ist sogar stets das Ihre und das Seine.

Stell dir vor, diese Reihe ist wie eine Linie und sie ist in jede Richtung unbegrenzt und gefüllt mit ewigem Licht. Sie ist der strahlende Scheinwerfer des göttlichen Herzens, in dem nur manche Menschen stehen - so wie auch nur wenige Tropfen im Meer es sich erlauben, sich im glitzernden Licht des ewigen Wasserpfades zu sehen.
Es ist diese einzige lichtvolle Reihe, in der alle Menschen Hand in Hand nebeneinander stehen können, um mit ihrem eigenen Licht und mit dem Licht anderer verbunden zu sein.

Das Universum hält uns wie ein Geschenk in seiner Hand, genauso wie wir unsere eigene kleine Welt hüten, egal in welchem Land. Das Universum weiß, wir sind wie es selbst - grenzenlos, doch wir wissen, unsere behütete Welt liegt in unserem, mit Zeit begrenzten, menschlichen Schoß.
Wir wissen, wir können uns mit der Ewigkeit verbinden und gleichzeitig wissen wir, dass uns die Zeit wird schwinden.

Lass uns keine Zeit mehr vergeuden
und schaffen wir uns all die ewigen Freuden.

Wir dürfen uns selbst erlauben, geradewegs und mit liebevollem Fokus auf den Lichtplatz in uns zuzusteuern und wir dürfen uns erlauben, diesen Platz einzunehmen und in ihm zu verweilen und der Freund der Glückseligkeit zu sein.

Das Ziel ist, dass alle „aligned" sind, wie man im Englischen so schön sagt - „in der Linie mit allem verbunden" - so könnte man es für unser Bild schön beschreiben.

Wenn Menschen sich so vorkommen, als würden sie nicht „so weit vorne wie wir" stehen, dann halten sie sich an uns fest. Wir sind gleichzeitig froh, nicht alleine zu sein und möchten sie gerne mitziehen, und automatisch rutscht der Festhaltende gemeinsam mit uns „in hintere Reihen". Und obwohl es gar keine Reihen gibt, fühlt es sich so an, weil wir uns selbst erschweren und wir uns selbst von der Leichtigkeit unseres Herzens fern halten. Schicht für Schicht, Reihe für Reihe.

Wir verdunkeln uns die Sicht mit unseren Scheuklappen.

Es fühlt sich so an, als würde es mehrere Reihen geben, weil wir mit Co-Abhängigkeiten nicht in unserer lichtvollen Mitte sein können.
Da wir uns mittlerweile bewusst darüber sind, dass wir uns das Leben allein zutrauen können und wir das ohne all diese diversen Abhängigkeiten schaffen, können wir unseren Fokus neu im Vertrauen ausrichten - das Feuerzeug haben wir stets dabei.

Wir sind bestens gewappnet.

Wir richten unsere Aufmerksamkeit so, dass wir möglichst wenig von unserer kostbaren Zeit investieren, sodass wir immer mehr ein glückseliges Leben für uns und andere führen können - ohne Zeitdruck und ohne Wettbewerb, aber mit Bewusstsein für das Glück, das jeder in sich und in seinem Leben schaffen darf.

Wir richten unsere Aufmerksamkeit so, dass wir Menschen an unserer Seite haben, über die sich unser inneres Kind bzw. unser 90-jähriges-Ich freuen. So wissen wir nämlich, wie wir es schaffen, unser Herz offen halten zu können und auch, was uns die weise Liebe in jedem Moment rät.

Wir wissen, dass es da - egal in welcher gefühlten Reihe wir uns gerade befinden - Menschen gibt, die an diesem Ort genau neben uns stehen und die uns auch als ihre Unterstützung sehen. Selbst wenn andere Menschen sich dann doch lieber an jemandem festhalten möchten, weil sie eine andere Entwicklung haben und deine Hand für sie gerade nicht stimmig ist bzw. du fühlst, dass ihre Hand für dich erschwerend wird, dann wirst du einen Schritt weiter zu dir selbst eine neue Unterstützung sehen, und ihr werdet möglicherweise dort den nächsten Schritt sogar zusammen gehen.

Wenn wir uns noch nicht trauen, in unser ganzes Licht hinein zu rutschen, dann können wir denen, die es sich bereits trauen, Beachtung schenken und das nötige Vertrauen für die Erfahrung auf unserem Entwicklungsweg gewinnen. Wir können zusehen und dankbar sein für die indirekte Unterstützung, die wir erleben. Wir können Menschen zusehen, wie sie in ihre wahre Rolle schlüpfen, und wir können ermutigt werden, es uns auch zu trauen und einfach los zu hüpfen.

Dort wo es sich wie ein Spiel anfühlt und die Zeit fliegt, ist, wo der Mensch sich daheim fühlt, das Wahre siegt.

Oder es fällt uns aus heiterem Himmel jemand zu, der mit seiner bereits verbundenen linken Körperhälfte unsere lichtvolle rechte Körperhälfte ergänzt, sodass wir uns mit den anderen Händen vorsichtig verbinden können und gemeinsam den Sprung in das Licht wagen. Während in diesem Moment auch uns andere dabei zusehen, kann man in versichernder Freude mitfühlen, dass sie das auch bald empfinden werden, wenn sie dies für sich wählen - so, wie wir es gerade getan haben.

Es fühlt sich für mich gerade so an, als hätte sich mit der Tür öffnenden Portugal-Betti und der Wiedervereinigung mit Yoga, der kreativ-spirituellen Verbindung zu Caro, dem spontanen Treffen mit der Amerikanerin Ally und den vielen wertvollen Herzensgesprächen mit Sonia, mit der Verbindung zu Jasmin und wir alle gemeinsam mit unseren inneren Kindern und mit unseren 90-jährigen-Ichs, mein Licht-Weg-Netzwerk gegründet.
Jeder Mensch hat sein ganz besonderes eigenes, so wird es bei allen Netzwerkern anders verbunden aussehen und so wird jeder Netzwerker am Ende seinen besonderen, frei beweglichen, eigenen Platz im Sonnenlicht einnehmen. Nach und nach hüpfen alle Netzwerker hinein in diese Lichtreihe und zur Sicherheit habe ich Jasmins Hand gehalten und sie meine.

Wir halten sie noch ein wenig, bis sie sagt „Anna, du bist jetzt im Herzen zu Hause und du wirst von jetzt an nur noch getestet, ob du im Licht des Herzens bleiben möchtest." und als ich verstehe, dass ich allein es bin, die die Liebe im Spiegel findet und die sich im Licht hält, als ich verstehe, dass ich hier bleiben darf, wenn ich möchte, löse ich Schritt für Schritt, Tanz für Tanz, meine Hand, um mich frei immer wieder mit allem verbinden zu können, was sich gerade richtig und stimmig anfühlt. In jedem Moment. Mit jedem Geschenk.

Zu jeder Zeit Licht, sind wir bereit?

Wir alle stehen in jedem Moment an „unserem" Platz im Licht, wenn wir uns für die Liebe in jedem Spiegel entscheiden.
Immer dann können wir alles mit unseren Sinnen erfassen - wir können mit der Liebe immer „ganz" und erfüllt sein. Egal was und weshalb wir uns immer wieder von dieser Gänze trennen - wir wissen, es gibt immer einen Weg dorthin, denn unser Platz

ist immer frei und er ist unsere liebevolle Lichttankstelle. Dieser Platz ist kein Weg, sondern eine immerwährende Entscheidung auf unserem Weg. Dieser Platz ist ewig und zeitlich nicht begrenzt und du musst nichts dafür tun, du kannst einfach darin sein, wenn du die liebevollen Augen wählst.

Die neue, erste, ewige, einzige Reihe ist die folgende:
Die ohne Arbeit entspannte und mit Liebe erfolgende.

Wir lassen los und wir geben frei, denn wir wissen, dass diese Reihe ewig ist und jedem inne wohnt und jeder sie verdient hat.
Wir lassen los und wir geben frei, weil wir uns bewusst darüber sind, wie wertvoll die Zeit ist und wie kostbar sie für uns und für alle anderen Menschen ist, die sich vielleicht noch nicht bewusst darüber sind. Wir geben frei, damit Menschen schneller ihren ewigen Lichtplatz in sich selbst finden.
Wir lassen los und geben frei, damit wir uns mit uns selbst verbinden und andere mit sich selbst verbinden können, denn dann können wir miteinander sein, ohne einander zu „folgen".

Wenn man folgt, dann vergisst man sich,
es ist kein Wettbewerb, doch ein eigenes Herzensgedicht.

Ich möchte ein grenzenloses zauberhaftes Bild schaffen, das in deinem inneren Auge den Traum und die Zuversicht erweckt, dass jeder in dieser einzigen Reihe seinen ganz besonderen Platz hat und diese Reihe endlos in alle Richtungen ist. Diese Reihe ist „jetzt". Diese Reihe ist „grenzenlos" und „überall". Diese Reihe ist „universelle göttliche Liebe". Es ist dein Daheim.

Ist jemand nicht an seinem Platz, herrscht irgendwo auf seinem Weg und irgendwo auf unserer Welt eine Abhängigkeit, die erlöst werden möchte. Und die ganze Welt ist in diesem Moment eine verwachsene (Co-)Abhängigkeit.

In den Augen der Liebe dürfen wir uns einfach vertrauen, dass wir gut genug sind, so wie wir sind - egal ob wir festgehalten werden oder ob wir klammern. Wir brauchen das, um für jemand anderen die erleichternde Schütteltechnik parat zu haben, die vielleicht einst uns jemand zur Verfügung gestellt hat. Wir können mit unserem Weg eine Spur im unendlichen Dickicht hinterlassen, damit andere Menschen sich leichter tun, ihre eigene Spur darin zu finden.

Ich spreche nicht von einer ersten Reihe, zu der alle drängelnd gelangen wollen und ihre Ellenbogen ausfahren.

Ich spreche von der einzigen Lichtlinie, in der jeder seinen ganz besonderen Platz und seinen ganz besonderen Weg zu sich heim hat. Ich spreche von mitfühlenden Händen, die einander helfen, die Halt und Unterstützung schenken, die erlösen und wieder befreien. Nur so haben wir immer unsere beiden eigenen Hände zur Verfügung, um mit der kostbaren Zeit kostbare Dinge handfest zu machen.

Ich spreche von verschiedenen Entwicklungsstufen, die sich trotz vielen Auf und Abs in Glückseligkeit wiederfinden dürfen. Unser Weg ist endlos und es gibt kein Ziel, das wir zu erreichen haben, doch es gibt das Bewusstsein, das wir erlangen können, um Hand in Hand in der Lichtlinie zu tanzen - mal mit Schritt nach vorn, mal mit Schritt zurück, doch immer wieder mit unserem seligen Glück.

Schritt nach vorn, Schritt zurück,
Hand links, Hand rechts, was für ein Glück.

Ich habe mein ganzes Leben ein schlechtes Gewissen gehabt, wenn ich „mein Ding" gemacht habe, und habe mir nie erlaubt, nur auf mich zu schauen. Und wenn ich es mir erlaubt habe, dann hatte ich irgendwie Angst, dort zu vereinsamen oder „unnahbar" zu werden.

Das ist alles aber nur ein erschwerendes und blockierendes Gedankenchaos, sodass das Universum sich nicht mehr mit unserem Herzen verbinden kann und wir uns selbst im Weg stehen. Je länger wir eigentlich ungewollt an einem für unser Herz fremden Platz stehen und uns im Kreis drehen, desto mehr Zeit verrinnt, in der wir glückselig leben können. Je länger wir einen Platz im Außen suchen, wird uns ein fremder Ort heimsuchen. Und je länger wir dort stehen, umso länger halten wir uns selbst von dem ewig währenden Abenteuerspielplatz „Leben" fern.

Wir halten nicht nur uns selbst fern, sondern auch die anderen, von denen wir immer geglaubt haben, sie vielleicht beschützen zu müssen oder für sie verantwortlich zu sein. Doch andere können sich nur selbst beschützen und ihre Erfahrungen machen, wenn wir nicht ihre Last für sie tragen. Sie können die Schwere auf ihren Schultern gar nicht spüren, wenn wir stets die Schubkarren für sie führen.

Wir können ihnen viel besser mit der lichtvollen Leichtigkeit die Hand reichen und ihnen wie ein liebevoller Spiegel zeigen, wie sie ihre schweren Schultern erleichtern können. Wir können anderen lernen, dass die erste Reihe keine Arbeit erfordert, sondern sie nur die entspannte visionäre Ruhe ordert.

Wir können uns selbst vertrauen und darauf, dass andere lernen, auf sich selbst zu bauen. Wir können uns selbst den Gedanken erlauben, dass auch andere ihn sich erlauben werden.
Und wenn wir doch immer wieder zweifeln und wir vergessen, uns und all den anderen Menschen zu vertrauen, dann hilft nur, schüttelnd in den liebevollen Spiegel zu schauen.

XI. Mit der Liebe schüttelnd in den Spiegel schauen.

Wie wir es nun schon öfter gemacht haben, schauen wir in den Spiegel und suchen die Liebe darin und die Ursache, die uns davon abhält, Liebe und Vertrauen zu wählen. Wir sehen uns mit diesen liebevollen Augen und erkennen unsere eigenen wütenden, traurigen, ängstlichen, enttäuschten, misstrauischen Gesichtszüge an, die wir so ungern sehen. Sind es nicht unsere eigenen Augen und wollen sie sich auch nicht mit unserer leichten Liebe verändern, dann werden wir uns selbst fürsorglich sehen und uns erlauben weiterzugehen.

Der Spiegel der Liebe

*Die Liebe wird uns verstehen,
wir müssen dies nur sehen.
Wenn wir die Ursache erkannt haben,
dann können wir wieder Leichtigkeit ansagen.
Wenn wir erkannt haben, was uns erschwert,
die Leichtigkeit unseres Seins mit offenem Fenster klärt.
Wenn wir erkannt haben, worum es geht,
ein glückseliger Mensch vor dem Spiegel steht.
Wenn wir erkennen, was wir einst geglaubt haben,
dann können wir statt ängstlichen Worten Sätze der Liebe sagen.
Die Liebe wird uns versichern, dass wir die Sätze glauben sollen,
sie erinnert uns, denn wir müssen es wie immer nur wollen.
Wenn du vor diesem Spiegel der Liebe stehst
und du die Welt nicht mehr verstehst,
dann erinnere dich daran, dass du nie alleine weiter gehst.
Du musst immer nur die Liebe fragen,
sie wird dir deine individuellen Worte der Liebe sagen.*

Und damit du diese liebevollen Worte nicht nur im Geiste in deinen Träumen einschwingst, wäre es schön, wenn du sie für dich handfest machst und sie aufzuschreiben beginnst.

Genau wie dieses Buch mich plötzlich lenkt und mir nichts als Liebe schenkt.

Nachfolgend findest du ein paar Liebessätze, die du in den bisherigen Kapiteln für dich als Unterstützung wählen kannst, wenn du identifiziert hast, dass du dich nicht wert geschätzt und du eine dementsprechende Sprache gewählt hast, für die du nun eine transformierende Stütze bastelst.

Sei kreativ - es gibt keine Vorlage, außer der Liebe.

1: Bewusstsein für das Farbenspiel in dir.
- ✺ Ich trage meine wundervolle Seele in mir.
- ✺ Ich bin mit meiner Göttlichkeit verbunden.
- ✺ Ich bin bedingungslose Liebe und unendliches Licht.

2: Erkenne deine Essenz und nähre sie.
- ✺ Ich erkenne meinen wahren Wert.
- ✺ Ich bin wertvoll und einzigartig.
- ✺ Ich darf mich mit meiner Essenz und allem verbinden.

3: Wie wir alle bedingungslos geliebt werden.
- ✺ Ich werde bedingungslos geliebt.
- ✺ Licht umgibt mich, um sich mit mir zu verbinden.
- ✺ Ich bin ein liebevoll geführtes Wesen.

4: Wo wir immer einen Platz haben.
- ✺ Ich darf meinen eigenen authentischen Weg wählen.
- ✺ Ich darf für mich selbst einstehen.
- ✺ Die Zeit für meine Bedürfnisse hat Priorität. Jetzt.

5: *Über Elefanten und den liebevollen Fokus.*
- Ich schätze meine Mitmenschen wert und achte sie.
- Ich bin mit mir selbst verbunden und bleibe bei mir.
- Ich fokussiere mein Ziel mit liebevollen Augen.

6: *Über Katzen und bewegende Kreise auf der Reise.*
- Ich empfinde Mitgefühl für mich und mein Umfeld.
- Ich wähle unterstützende Menschen für alle Abenteuer.
- Ich sehe, wie die Liebe durch mich ihre Kreise zieht.

7: *Sich in den Fluss des Herzens begeben.*
- Ich erlaube mir, mutig zu sein für mein Herzdaheim.
- Ich öffne mein Herz und achte seine Grenzen.
- Das Universum ist in meinem Herzen daheim.

8: *Von bunten Regenbögen und Schütteltechniken.*
- Ich nehme es leicht und ich mach mich locker.
- Ich bin im bunten Fluss des bunten Lebens.
- Humor steht mir heute ganz besonders gut.

9: *Deine persönliche Selbsthilfegruppe.*
- Ich achte mein inneres Kind und sorge für mich.
- Ich weiß, was mir gut tut und wähle die Zeit dafür.
- Ich öffne mich für alle heilenden Möglichkeiten.

Es werden ganz individuelle Worte der Liebe für dich fließen, die deine ganz persönlichen Liebessätze und mit einer zauberhaften Energie verbunden sind. Du kannst die Zettel schön bunt gestalten, so wie sie für dich noch stimmiger werden. Doch auch hier - du musst nichts. Du musst sie nicht mit einer bestimmten Anzahl wiederholen oder sie immer laut aussprechen und du musst nicht bestimmte Worte wählen, um bestimmte Erfolge zu erzielen.

Du solltest nur die Wahrnehmung für eine liebevolle Sprache in deinem Kopf schaffen, sodass du immer bewusst die Liebe an deine Seite stellen kannst und du dich selbst daran erinnerst, wenn du es aus bestimmten Gründen vergessen hast.

Du hast den Erfolg bereits geschaffen, indem du dich an deine wahre Größe erinnert hast, und du hast den Erfolg bereits geschaffen, weil du Sätze der Angst, denen du deinen Glauben geschenkt hast, in Sätze der Liebe transformiert und dich erlöst hast von dieser Last.
In dem Moment, in dem du das für dich erkennst, kannst du wirklich dankbar dir selbst gegenüber sein, weil du dich so sehr schätzt und du dich selbst an deinen wahren Wert erinnert hast. Du schätzt deine Zeit so sehr, dass der liebevolle Gedanke dich in diesem Moment erfüllen darf und dein 90-jähriges-Ich sein erfülltes Alter leben kann.

Weil die vertraute Liebeskontrolle besser ist, bevor du noch all die Liebe an dich vergisst.

Ich habe lange Zeit an meinen Badezimmerspiegel zur Erinnerung verschiedene Sätze mit Kajal geschrieben oder Zettel hingeklebt. Ich liebe Sprüche, denn sie sind immer irgendwie „schön" und man kann so viel hineininterpretieren und sie in der unbegrenzten universellen Traumwelt weiterträumen.

Manchmal waren die Sprüche an meinem Badezimmerspiegel für mich wie eine Erinnerung und dann war ich dankbar, dass ich mich daran erinnert habe, und zu anderen Zeitpunkten waren sie etwas, das ich verinnerlicht hatte, und sie sind mir gar nicht aufgefallen und wenn, dann habe ich mich darüber gefreut.
Ich weiß aber auch noch, dass ich mich eines Tages verkrampft an die Sätze geklammert habe, dass sie gar nicht in mich fließen konnten und sie, wie die zu vielen schönen Träume auch, meinen Geist begrenzt haben und meine universelle Verbindung nicht mehr frei fließen konnte.

Nimm dir die Zeit und verbinde dich mit deinem Herzen. Nimm intuitiv deine Hände oder deine Fingerspitzen und lege sie wie von selbst auf deinen Brustraum. Atme tief ein und aus, finde deinen eigenen persönlichen Rhythmus und fühle die heilsame energetische Verbindung, die du selbst für dich geschaffen hast, und wiederhole deine liebevollen Worte im Geiste und danke dir am Ende dafür, dass du dir die Zeit für dich genommen hast.

Befreie dich von jedem Zwang und von allem Müssen denn nur so liegt dir deine Freiheit zu Füßen.

Generell hilft es mir immer, Dinge aufzuschreiben und „die Liebe zu fragen", und hierfür brauchst du nur deinen ruhigen Ort, dein Lieblingsnotizbuch für ganz besondere Erkenntnisse und den Stift, der diese goldenen Worte festhält.

Die goldene Liebe, das goldene Buch, der liebevolle Stift und ein weißes Tuch.

Geht es bei den „aufgeschriebenen Dingen" um andere und es hängt irgendeine Schwere in dieser gegenseitigen Beziehung, dann ist es wertvoll, Farbe zu bekennen.

Frau Roth hat uns für den Fall, dass manche Patienten uns auf die Palme bringen, den Tipp mit auf den Weg gegeben, dass wir fünf Dinge identifizieren sollen, die wir mit dieser Person gemeinsam haben - mit einer für uns „guten" und „schlechten" Bewertung, und vielleicht schafft man es am Ende, eine wertungsfreie Sicht der Liebe über die Beziehung zu verfassen.

Fünf Dinge oder mehr, denn dann löst sich die komische Schwere und wir öffnen das Fenster - schaffen gesunden Boden mit einem weißen Tuch. Wir finden Verständnis für uns selbst und für das Miteinander und wir erkennen das Thema in unserem Spiegel. Wir können mit der Liebe wieder die

Leichtigkeit einstellen und die Schwere lockern und sie von unseren eigenen Schultern schütteln, denn Leichtigkeit - das ist das, was wir für uns wählen möchten.

Weil man ein leichtes Herz besser tragen kann, das sagte einst ein lieber Mann.

Wenn wir diese „Palmen-Person" das nächste Mal sehen, dann hat sich bis dahin der bunte Beziehungskreis von unserer Seite aus dem Herzen geöffnet und wir können die Person wahrnehmen, sie mit liebevollen Augen verstehen und die Restschwere, die noch an der Beziehung hängt, durch unser Sein möglicherweise von den anderen Schultern schütteln. „Nimm's leicht!", sage ich, doch die Person muss es nicht.

Geht es um potentielle neue Freund- oder Partnerschaften, dann kann das Schreiben auch sehr hilfreich sein, denn wollen wir an etwas ganz fest festhalten, können wir die Dinge aufschreiben, die wir keinesfalls verlieren möchten. Alles was aufgeschrieben ist, signalisiert dem Verstand, dass es irgendwie „da" ist.
Wir nehmen in unserem Aufschrieb wahr, was wir so schätzen, und wir nehmen wahr, welche Eigenschaften wir in uns selbst vielleicht noch vermissen. Vielleicht nehmen wir aber auch wahr, dass wir selbst diese Eigenschaften in uns tragen und es einfach schön ist, sie mit ähnlichen Herzensmenschen zu teilen.
Vielleicht braucht dieser Herzensmensch aber noch etwas Zeit, um sich seinen insgeheimen Wunsch von dieser erfüllenden bedingungslosen Zweisamkeit zu erlauben und zu erfüllen.

Vielleicht. - Wir wissen es nicht und das müssen wir auch nicht, doch wir kennen uns selbst dann so gut, dass wir wissen, was wir noch ergänzen dürfen, und wir freuen uns über die Dinge, die wir an anderen schätzen und wir bereits selbst in uns tragen.

Kapitel 9 Erinnerungsliste

*

Deine eigene Selbsthilfegruppe.

1. Erkenne deine Gefühle wie Besucher an.

*

2. Bestimme selbst, was du gerne in deinem Haus hast.

*

3. Bewerte so, wie du selbst bewertet werden möchtest.

*

4. Schau einmal, welche Sonne im Nebenzimmer sitzt.

*

5. Sonnenscheingrenzen für deine Zimmer.

*

6. Energiekugeln basteln und Anker setzen.

*

7. Farbe bekennen und Lampions ins Universum senden.

*

8. Deine Mama sein und der Besuch im Altenheim.

*

9. Dem Glückseligkeits-Syndrom folgen.

*

10. Die Zeit in ihrem Wert schätzen.

*

11. Mit der Liebe schüttelnd in den Spiegel schauen.

*

Kapitel 10
In deinem Erfahrungsfahrzeug daheim.

In unserem Herzen findet unsere Seele ihren Platz und unsere universellen Gedanken finden sich in unserem Geiste als Schatz wieder und ihr gemeinsamer Ausdruck lässt sich in unserem Körper nieder.

Wir können uns körperlich, geistig oder energetisch im Ungleichgewicht fühlen und wir können uns körperlich, emotional und energetisch wieder ins Gleichgewicht bringen. Dabei greift alles ineinander und der Verstand kann auch mit der strukturellen Ebene beeinflusst werden und umgekehrt.
Wir brauchen nur zu erkennen, dass es dabei um uns geht und die Symptome aus Liebe für uns auftreten. Wir dürfen uns wieder besser fühlen und einen Bereich unseres Lebens hinterfragen, damit wir ein „leichteres" Herz mit uns tragen.

Wenn wir unseren Körper als einen Spiegel anerkennen, werden wir unser Spiegelbild stets mit Liebe benennen und uns zu einem Komplexen Wunder der Liebe ernennen.

Aus therapeutischer Sicht behandelt man immer auf körperlich-struktureller Ebene und auf geistig-emotionaler Ebene. Frau Roth hat einst gesagt „Wir bewegen nicht nur den Körper, sondern auch den Geist." und diese Aussage war damals für mich in diesem eher strukturell-körperlich angehauchten Studiengang echt schön zu hören. Damals habe ich mir gedacht, „es geht nur darum, bitte sprich weiter", doch meine damalige Ansicht stimmte so nicht ganz.
Mit dem Ansatz der traditionellen chinesischen Medizin (TCM) bekommt man ein erweitertes Bild, denn der Körper wird nicht nur in Gelenke und Muskeln eingeteilt, sondern auch Organe finden dort ihren Ausdruck und so respektiert diese Medizin den

komplexen Aufbau unseres Erfahrungsfahrzeugs. In der TCM werden wir als Wesen in allen Ebenen miteinander verbunden und es findet der emotional-energetische Aspekt auch eine große Gewichtung.

Wenn man bedenkt, dass unser Universum reine Energie ist und wir je nach Stimmungslage eine andere Energie aussenden und eine andere Energie, die unserer „Stimmung" entsprechend „stimmig" ist, anziehen, dann darf man sein Bewusstsein für das komplexe Körpersystem öffnen. Zumindest wenn man sich in seinem Körper gesund und wohl fühlen möchte. Wir dürfen uns an all dieses Urwissen erinnern, an das sich z.B. TCM Mediziner schon mehr erinnert haben.

Vorne, hinten, oben, unten
von allen Seiten sind wir verbunden.

Beispielsweise sind unsere Organe mit Energiebahnen auf unserer Haut unsichtbar und kunterbunt eingraviert - dies geht auf die Entwicklung im Mutterleib zurück. Es haben sich aus Zellen Organe gebildet und sie haben auf dem größten Organ im Außen - der Haut - ihre Erinnerung hinterlassen.

Ein sehr kluges System, weil wir so auch vom Außen auf unsere Organe über bestimmte Akupunkturpunkte Einfluss nehmen können - mit spezifischen Akupunkturnadeln oder mit erlerntem und intuitivem Handauflegen.

Umgekehrt können wir von innen mit einer organschonenden bzw. organunterstützenden Ernährung unsere Haut und den Energiefluss aller Energiebahnen beeinflussen. Man kann auch mit manchen bestimmten, beispielsweise für die Leber bedeutsamen Nahrungsmitteln, gezielt den Lebermeridian beeinflussen und umgekehrt mit der Behandlung des Leberenergieflusses auch die Funktion des Organs - und das gilt wieder für alle Organe in jede Richtung.

Man könnte hier noch sehr viel mehr in die Tiefe gehen, denn unser Energiesystem bezieht sich nicht nur auf unseren inneren und äußeren Körper, sondern auch auf unser unterstützendes und schützendes Energiefeld um uns herum, die Aura. Auch wenn sie im Zusammenhang mit unserem strukturell erfassbaren Körper steht, ist sie doch ein Energiesystem für sich, das von Chakren am Körper ausgeht und mit weiteren oberflächlicheren und tieferen Meridianen gestärkt werden kann.

Stärken wir unsere Körpermitte - beispielsweise in Form von geistiger Balance mit Meditation, dem Kräftigen von Muskeln und dem Zuführen von wohltuender Nahrung - stärken wir automatisch die Aura mit, weil die Organe mehr Energie zur Verfügung haben, die kräftigeren Muskeln unserem Geist Stärke symbolisieren und unsere liebevollen Träume mit den schönen emotionalen Gedanken uns geistig harmonisieren.

Automatisch werden die Meridiane einen leichteren Energiefluss haben und die kraftvolle bündelnde Energie sich in den Chakren wiederfinden. Es wird sich die mehr zur Verfügung stehende Energie in unserem menschlichen System zu unserem Besten einschwingen. Wenn wir bei Meditationen oder Energiearbeit speziell den Fokus auf das elektromagnetische Aurafeld richten, dann werden parallel auch die anderen zuvor beschriebenen Körperabläufe gestärkt. Weil alles immer in jede Richtung wirkt und nichts sich voreinander verbirgt.

Wenn wir alle so ehrlich wie der Körper wären, hielten wir uns gegenseitig respektvoll in Ehren.

Irgendwann hatte ich für mich selbst die Erkenntnis, dass ich eine stabile Mitte brauche, um meine innere Balance zu halten. Ich habe erkannt, dass ich mit sehr schwacher Bauchmuskulatur eine instabile Mitte habe und dass ich mit gering ausgeprägter Rückenmuskulatur mir selbst wenig Rückhalt geben kann und mich selbst nicht „halten" kann. Mir wurde bewusst, dass meine

Beine Stärke brauchen, um die anfangs oft steinigen Wege hochklettern zu können und mich und meine Träume zu tragen. Zum Manifestieren und zum Schritte tun muss mein Körper mich tragen und ich brauche eine stabile Mitte und einen gestärkten Rücken, um mich selbst stabilisieren zu können und trotz Gegenwind für meine Vision weiterzugehen.

Egal ob wir spezifisch die Aura oder spezifisch die Körpermitte stärken - in jedem Fall wird es uns helfen, die Balance auf unserem Weg zu halten. Auf allen drei Ebenen.

*Auf allen drei Ebenen
darf sich unsere Erfüllung ebnen.*

Brauchen wir auf unserem Weg zu viele Wegpausen, dann dürfen wir uns daran erinnern, dass es leicht sein darf und wir uns alle Zeit der Welt geben dürfen. Unser Weg ist da, wir brauchen ihn nicht zu rennen, wir dürfen ihn erfahren. Wir geben uns sonst nicht die Wertschätzung, die wir für unser Sein verdient haben.

Zeit ist ewig, Genuss auch.

Vielleicht schwächt uns auf dem Weg aber auch etwas, das wir häufig unterschätzen, wie zum Beispiel unsere Nahrung. Denn nehmen wir fast ausschließlich und dauerhaft ungesunde organschädigende Nahrung zu uns, überlasten wir unsere inneren Organe auf lange Sicht damit. Es fließt dann auch die Energie, welche die Organe und unser ganzes System versorgt, nicht mehr kunterbunt und nicht mehr so, wie die kraftvolle Energie eigentlich für uns fließen möchte. Sie fließt stattdessen eher leer und lahm oder sie stockt und blockiert.

Parallel spiegelt sich vielleicht der innere „Kampf" auf der Haut wider, weil sie uns als größtes Organ und als äußerer Freund der inneren Organe einen liebevollen Spiegel vorhalten möchte. Die Haut möchte uns sagen „Bitte überleg doch einmal, ich möchte nur dein Bestes und dir das Beste geben, aber ich muss das tun, sonst können wir auf Dauer gemeinsam nicht überleben."

Der Besitzer dieser Spiegelbild-Haut und dieser kämpfenden Organe kämpft vielleicht mit den starken Hautbeschwerden und mit diversen weniger und schwerwiegenderen Fehlfunktionen der Organe. Der Besitzer dieses Erfahrungsfahrzeugs kämpft vielleicht nicht nur mit diesem Körper, sondern jetzt auch zusätzlich mit ganz anderen emotionalen Beschwerden, die seinen ohnehin so schweren Weg bzw. sein ohnehin so energieraubendes Thema noch zusätzlich beschweren.

Vielleicht begann es tatsächlich aus einer Nahrungsgeschichte, die einfach auf fehlendem Bewusstsein und auf der noch vorherrschenden Gesellschaftsnorm beruhte. Vielleicht hat dies nach und nach zu einer Schwächung geführt, sodass alles immer unstimmiger wurde und dieser tapfere Mensch noch viel mehr Unstimmigkeiten in sein Leben gezogen hat. Vielleicht begann alles so, doch vielleicht begann alles komplett umgekehrt aus einer schwächenden Emotion heraus, die der Mensch mit seiner Tapferkeit verdrängen wollte, um vermeintlich „stark" zu sein und sich nach geraumer Zeit unvermeidlich „schwach" im Spiegel der Liebe anzusehen.

Wir wissen es nicht, und das ist das größte Geheimnis und Wunder von Krankheiten. Es ist das größte Rätsel, das in Liebe gelöst werden möchte, und im Endeffekt kann jeder nur für sich selbst Farbe bekennen, indem er wirklich ehrlich zu sich selbst ist und seine eigenen Lebensschritte nicht abwertet, sondern sie alle annimmt, auch die kurvigen Zusatztritte.

Jeder Mensch kann dankbar für seine Schritte sein, denn die nächsten können für ihn stets wahrhaftig sein.

Es ist irgendwie so schön sich vorzustellen, dass wir heute noch mehr wir selbst sein können, als wir es gestern waren, dass wir heute noch mehr zu uns stehen können, als wir es gestern getan haben. Da es die Zeit ja ohnehin nicht gibt, nehmen wir alle an keinem Wettbewerb teil. Wir können jeden Tag nutzen, um uns auf ein wohliges Alter einzustimmen, und je nachdem, wie lange wir vergessen haben, uns darauf einzustimmen, so lange dürfen wir diese andere vorherrschende Stimmung mit unserem kraftvollen Ur-Sein aus Körper, Geist und Seele überstimmen. Wir dürfen so lange unsere kraftvolle innere Stimme hoch halten, bis sich automatisch alle Körper- und Gehirnsynapsen auf „Glückseligkeit" schalten.

Geben wir uns die Zeit,
die aus der Vergangenheit bleibt.
Nehmen wir uns die Zeit,
die unsere Zukunft neu schreibt.

Ich weiß, dass sich Louise Hay mit diesen Zusammenhängen viel beschäftigt hat und viele Menschen von ihrer Arbeit begeistert sind, und ich fühle eine friedvolle Energie, wenn ich an ihren Ausdruck des Urwissens denke. Ich habe ein kleines rosa Büchlein von ihr, das ich zu Beginn im persönlichen Prolog erwähnt habe. Für dieses Büchlein bin ich sehr dankbar, denn immer, wenn ich vergessen habe, dass mein Körper „für mich" ist bzw., dass, neben Viren- und Umweltbelastungen, meist ich die schlechte Teamplayerin bin, kann ich darin nachsehen welche „körperliche Manifestation" sich gerne transformieren und wieder in den Fluss der Liebe begeben möchte. Ich kann erkennen, welche Gedanken mich auf meinem Weg beschwert haben oder beschweren und wie die leichten Gedanken meines Seelenweges ihren Platz einnehmen dürfen.
Geistige Gedanken lösen nämlich körperliche Gefühle aus, sodass zum Beispiel Organe und andere Körperstrukturen sowie das gesamte Meridian- bzw. Energiesystem reagieren werden.

Deshalb kommen Sprüche wie „Was ist dir über die Leber gelaufen, weil du so wütend bist?" oder „Du fühlst dich in deiner Haut nicht wohl." oder „Das muss ich erst einmal verdauen." oder „Pass auf, sonst bekommst du vielleicht noch ein Magengeschwür!" nicht von irgendwo her.

Diese Sprüche haben alle ihre Berechtigung, und wenn wir wirklich verstehen, dass beispielsweise unser Verdauungssystem nicht nur die physische Nahrung verdaut, die wir zu uns nehmen, sondern auch die psychische Nahrung, die wir mit unseren Gedanken in unserem Körper manifestieren, dann wird einem bewusst, wie viel wir selbst in der Hand haben, wie viel wir selbst kraftvoll lenken und steuern können.

Wir sind so ein komplexes Wunder und doch sind wir so einfach, weil wir, wenn wir hinsehen, immer irgendwo anfangen können, um uns Gutes zu tun. Und wenn wir hinsehen, merken wir auch, dass wir mehrere Stellen haben, die nach Liebe schreien. Es klingt so einfach, „irgendwo" anzufangen, dass wir uns vielleicht in schweren Zweifeln und vielem Bangen wiederfinden. Es ist so einfach, dass es uns dann doch oft zu komplex und zu schwer ist.

Es ist so, dass man dem Einfachen nicht glauben kann, dann fängt man das Zweifeln und Hinterfragen an und im Grunde stellt man die Liebe wieder hinten an, man glaubt, dass nur jemand sonst einem helfen kann.

Wir müssen erkennen, dass alle Gabe unter der Macht unseres freien Willens steht. Wir sind göttlich, wir sind die Hilfe, um die wir bitten, wenn wir keine Kraft mehr haben. Wir sind Mensch mit Körper, Geist und Seele und großartiger hätte man uns nicht erschaffen können, denn wir können uns über drei große Pfeiler, die sich wiederum auf zig Pfeiler stützen, in Balance bringen.

Zum Pfeiler „Körper" und seinem stützenden Pfeiler „Organe" und „Emotionen" und „Nahrung" möchte ich noch etwas

ergänzen. Wir sind von der Gesellschaft geprägt, die sich selbst keine Fehler erlaubt und Schein-Perfektion verinnerlicht hat.
Wir sind eher daran gewöhnt unseren Körper zu trainieren, um straff zu sein, anderer Menschen Norm zu entsprechen und um Rückenschmerzen zu behandeln oder vorzubeugen.
Wir erlauben es nur selten, die Liebe an uns heranzulassen, selbst wenn wir glauben, dass wir scheinbar etwas für uns tun, tun wir es erst, wenn wir es in unserem Herzen fühlen.

Eigener Gefühlsschein, dann müssen wir nicht wir sein.
Eigenes Gefühlssein, dann erlauben wir uns wir zu sein.

Wir erlauben uns nicht, die Muskulatur für uns selbst und unsere inneren erfüllenden Seelenstandards zu kräftigen, sondern fokussieren uns häufiger auf äußere Perfektionsstandards und halten an diesen Schein-Normen fest und vergessen, dass andere sie eines Tages aus einer eigenen Unsicherheit manifestiert haben, weil sie sich die Liebe selbst nicht erlauben konnten.

Wir halten an Rollenbildern fest, klammern uns an Hände, um weiterzukommen oder die Rollenbilder hängen mit ihrem ganzen Gewicht an uns dran und erschweren uns den Weg zu unserem wahren Lichtplatz in der Reihe. Eine schwere Co-Abhängigkeit zwischen der inneren und der äußeren Welt. Und je mehr Menschen an dem Gleichen festhalten, desto mehr Energie verbindet sich damit und desto „schwerer" wird die Last und desto scheinbar „unmöglicher" wird die Trennung davon.
Je mehr Energien sich mit einer Sache verbinden - desto mehr Überwindung und innere Kraft brauchen wir, um wahrhaftig zu „sein". Je mehr Energien auf der Basis der Liebe sich finden, desto leichter wird der Weg für alle.

Erst wenn wir äußere Schein-Normen wahrhaftig verstehen und wertungsfreies Verständnis für sie aufbringen können, haben wir die Möglichkeit, Mitgefühl für uns selbst und dann auch für diese Normen zu entwickeln.

Ein Beispiel, das hier angebracht ist, sind die publizierten Model-Rollenbilder aus Zeitschriften und die vielen Menschen, die aus eigener Unsicherheit diesen Rollenbildern folgen, um auch so „perfekt" zu sein. Es verbreitet sich immer noch mehr versteckter Schein und umso schwieriger wird es sein, mit einer Zeitschrift der Liebe Leute zu erreichen, weil es ja schwer ist, dass der Käufer die ganzen subtilen Gesellschaftsnormen im Unterbewusstsein überwindet.

Doch zünden viele diese „Angstkerze der Überwindung" an, dann werden sie mit unfassbar viel Liebe überrascht und mit unfassbar viel Leichtigkeit und Befreiung.

Es ändert sich gerade sehr viel und es wird alles leichter werden und ich glaube fest daran, dass alle sich nach und nach wieder urbewusst werden - das ist mein Tagtraum für die Welt.

Seit ich die Rollenbilder in den Zeitschriften erwähnt habe, wird mein Herz richtig schwer, ich fühle nämlich mit all diesen Menschen mit, die sich dieser Arbeit verschreiben - den Modeln, den Fotografen, den Journalisten, den Verlegern, den Marketing-Menschen - mit allen, die vergessen haben, wie schön und authentisch ihr echtes Herz ist. Ich fühle gerade in diesem Moment den Schmerz für all diese Menschen und ich glaube fest daran, dass sie eines Tages genau aus diesen, mit Schein behafteten, Erfahrungen ihre Arbeit mit einem urbewussten Blick in bedingungslose Liebe wandeln werden. Sie haben dann so viel, dass sie sich selbst schenken können und so viel, dass sie der Welt sagen und lernen können. So viel mehr!

Das war nun ein Ausflug mit den Augen der Liebe, der den emotionalen und seelischen Missbrauch unseres Alltags verdeutlichen sollte. Ein Ausflug, der in jedem Moment vonstatten geht und uns alle beeinflusst, weil er unsere wahrhaftige Verbindung erschwert.

Konzentrieren wir uns auf das, was uns leichter macht,
Konzentrieren wir uns auf das, was die Liebe schafft.

Zu äußeren Normen passend möchte ich eine ungewohnt andere Perspektive für den Pfeiler „Körper" eröffnen.

Wir wissen, dass angesammelte Fettpolster irgendwie unserem Schutz dienen und wir tief im Unterbewusstsein mit Instinkten verknüpft sind, sodass es im Herbst etwas schwieriger ist abzunehmen, als im Frühling. Ich gehe einen Schritt weiter und ordne diese tief verankerten Instinkte Gedanken zu, die die Menschheit einst zum Sichern ihres Überlebens kreiert hat.

Genau wie die Menschheit Misstrauen schafft, indem sie Kriege führt und diese Energie auf der Erde schwingt, so ist auch das „nicht-ur"instinktive Denken in Mann und Frau verankert, weil es mehr Menschen gibt, die sich nach dieser Energie ausrichten und weniger Menschen, die ihre eigenen Träume erschaffen und nach diesen Energien leben, um sie für sich und alle anderen auf die Erde zu bringen.
Vereinfacht gesagt herrscht einfach ein menschengemachtes Ungleichgewicht von Liebe und von Angst. Obwohl es in Wahrheit nur Liebe gibt und wir Menschen genau das eben wieder lernen dürfen. Aber was ich sagen möchte...

Als Therapeutin habe ich beispielsweise bei Frauen erlebt, dass sie sich parallel zur Therapie auch Übungen für eine straffere Oberschenkelinnenseite gewünscht haben, und generell ist verbreitet, dass Frauen sich sexuell oft schwer tun, sich richtig fallen lassen zu können und sie die intime Zeit mit ihrem Partner nicht richtig genießen können.

Es ist häufig auch so, dass die Muskulatur des Beckenbodens bei Frauen in Ruhe eine hohe Grundspannung aufweist und daraus Inkontinenzen entstehen können, und es ist manchmal so, dass alles auf eine Frau zutrifft.
Diese beispielhaft gewählten Möglichkeiten dienen nur zur Erklärung. - Wir haben auf der körperlichen Ebene das ungewünschte Fett, die Muskulatur und auf der geistigen Ebene den subtilen (Beziehungs-)Stress und das Unverständnis sich selbst gegenüber.
Betrachten wir aber die „Nicht-Ur"instinkte seit Jahrhunderten und den liebevollen seelischen Aspekt, so können wir weiterdenken und uns fragen, welchen höheren Sinn es gibt, welche höhere Ursache sich dahinter verstecken könnte.

Nur so kann die Frau ihre Perspektive öffnen und wahrnehmen, dass Frauen in der Geschichte generell sehr häufig psychisch und physisch missbraucht wurden und ihnen über einen langen Zeitraum jeglicher Wert genommen wurde. Vielleicht liegt der allgemeine Mangel an (Selbst-)Wertschätzung in ihrem eigenen Familiensystem gar nicht so weit zurück und ihre Mutter, Urgroßmutter und auch deren Mütter haben für sich auch keinen erfüllenden liebevollen Umgang gehegt.
So kann die Frau erkennen, dass sie sich selbst vielleicht eigentlich gar nicht in ihrer wahrhaftigen Schönheit wertschätzt und sie sich selbst einer Bewertung unterzieht. Sie kann erkennen, dass sie zuvor vielleicht noch nie mit einem Mann geschlafen hat, der sie wirklich liebt. Und obwohl sie die Liebe ihres heutigen Partners im Geiste versteht, versteht sie ein ihr innewohnendes Thema im Geiste vielleicht noch nicht.

Weil Körperliche Liebe nicht verbreitet ist.

Also kann die evtl. schwache Muskulatur und das proportional vermehrte Fett an der Oberschenkelinnenseite ein Ausdruck der Schutzlosigkeit sein. Vielleicht dient der Schutzpolster dafür, dass die Frau hinsieht und sich selbst so wertschätzt, dass sie ab jetzt bewusst Männer für ihr sexuelles Verlangen auswählt, die sie auch wertschätzen. Vielleicht kann sie die Liebe von diesem einen besonderen Mann jetzt auch körperlich mit ihrem Herzen annehmen, weil sie das ihr innewohnende Thema im Geiste transformieren konnte. Vielleicht macht sie unterstützende Übungen für die Muskulatur an der Oberschenkelinnenseite nun nicht mehr (nur), um das Fett weg zu trainieren, sondern um sich mit den liebevollen Augen eine kraftvolle Wertschätzung auf körperlicher Ebene zu schenken.

Vielleicht steckt in diesem unbewussten Schutz ihr größtes Geschenk für sich und für ihre Beziehung zu Männern und vielleicht löst sich ihr emotionales Thema und auch der hohe Grundtonus ihrer Beckenbodenmuskulatur von ganz alleine, weil sie sich besser fallen lassen kann und nicht unbewusst versucht sich zu wehren.

*Wir alle sind gute Schutzkämpfer
und wir alle brauchen Liebesdämpfer.*

Sie erlaubt sich, ihren Platz im Licht einzunehmen und lässt die einst von Menschen kreierten Schutzinstinkte los und befreit sich von allem, was ihr unwissend anhängt oder von allem, an dem sie sich unwissend festgehalten hat.

Hier möchte ich auch noch dem derzeitigen Wortgebrauch „Urinstinkte" eine neue Wertschätzung schenken. Wir verwenden dieses Wort derzeit nämlich so, als gäbe es keine Möglichkeit, diese tief in der Menschheit verankerten Schutzinstinkte zu transformieren.
Es wird deklariert, dass wir Menschen nun einmal als einst primitive und animalische Wesen solche Instinkte in uns tragen. Und solange wir uns dessen nicht bewusst werden, ist das auch so. Es gibt auch schöne tief verwurzelte Instinkte, wie den

Mutterinstinkt oder den Beschützerinstinkt, den ein Mann für seine Familie hat. Es gibt tief verwurzelte Instinkte der Menschen, die auf Liebe oder auf Angst basieren - wie alles auf dieser Welt.

In Wahrheit gibt es aber nur den Urinstinkt der Liebe - das göttliche Urwissen, unsere Intuition, die wegweisenden Zeichen der Lichtwesen. Das was wir Menschen insgesamt als Urinstinkte bezeichnen, dürfen wir Menschen insgesamt aus der Angst in Liebe transformieren, um einen Ausdruck für unsere göttliche Wahrheit zu finden. Angst gemachte Instinkte haben einst sehr armen Menschen gedient, die anders nicht überleben konnten. Der Urinstinkt dient heute uns kraftvollen Menschen, weil der Zauber auf die Erde zurückkommen darf.

Instinkte sind Gefühle, nach denen wir uns orientieren und die unseren Geist füllen und letztendlich unsere Hände, weil wir aus diesem Geist manifestiert haben.
Urinstinkte gibt es in seiner Mehrzahl nicht. Es gibt nur den Urinstinkt der Liebe, der in Zukunft all unsere göttlichen Instinkte führen und unseren Weg kunterbunt färben darf.

*Urinstinkte gibt es tatsächlich nicht,
man mag es kaum glauben, aber wirklich nicht.
Es gibt nur einen Urinstinkt, der uns alle verbindet,
es ist die Liebe, die niemals schwindet.*

An dieser Stelle ist es mir irgendwie wichtig, Anthony William zu erwähnen, weil mich seine Bücher magisch angezogen haben. Ich habe bisher „Medical Food" gelesen und ich liebe es. Er ist ein Medium für die Lichtwesen und er schreibt nur seine Eingebungen bzw. die Worte, die ihm gelehrt werden und die er hört, und er sagt von sich selbst, dass er dankbar über dieses Wissen ist, weil er soviel von seinen Büchern lernt.

Man muss es nicht verstehen, doch ich finde es so toll, dass seine Bücher auf diesem „Urweg" nicht abgelehnt werden, dass sich Menschen dafür unbewusst urbewusst öffnen und er so ehrlich mit der Hellfühligkeit umgeht. Jedenfalls wird in dem Buch „Medical Food" die urmedizinische Wirkung von Obst und Gemüse auf allen drei Ebenen beschrieben - körperlich, geistig, spirituell.

Es wird einem nahe gebracht, wie wir mit unserer Nahrung den Weg unserer Abenteuerreise bereichern können, und vielleicht ist dies ein wertvoller Einstieg für dich, wenn du deine individuelle richtige Ernährung für dich herausfinden möchtest.

Um keine Pausen von den Pausen zu brauchen, die wir am richtigen Weg eigentlich nicht brauchen.

Ich finde es so wunderschön, wie sich alles verbindet und wie alles eins wird. Es ist wirklich alles eins und deshalb kann man von jeder Seite arbeiten und von jeder Seite unsere Menschheit heilen. Es gibt keinen bestimmten Weg, es gibt kein bestimmtes Rezept und es gibt nicht nur ein einzig wahres Mittel.

Es ist alles wahr und alles so vielschichtig, dass es irgendwie Spaß macht, an all dem Freude und Unterstützung zu finden, weil man ja sowieso immer alles beeinflusst. Und wenn wir uns bewusst darüber sind, dass wir etwas „tun". Alles was wir zu uns nehmen, widerfährt uns unbewusst auf allen Ebenen. Wir sind das Wunder „Mensch" und wir machen immer Erfahrungen auf allen drei Ebenen - mit unserem Körper, mit unserem Geist und mit unserer Seele. Menschlich sein, ist geistig und körperlich und seelisch, niemals irgendetwas getrennt voneinander oder allein, sondern immer gemeinsam im dreieinigen „Sein".

Auch wenn wir durch schwere Lebensphasen gehen, weil wir uns an die Liebe zurückerinnern dürfen, sind wir als kraftvolle „Dreieinheit Mensch" unterwegs.

Alles ist miteinander verbunden,
so wird ein einziger Schmerz das All-Einssein verwunden.

Während ich mich vor ein paar Tagen mit Sonia unterhalten habe, kam mir ein inneres Bild in den Kopf. Das abstrakte Bild von einem Menschen, der entweder „oben" im Geiste durch etwas Schweres geht oder „unten" ein körperliches Trauma erfahren hat, und oben und unten waren wie mit zwei Pfeilen miteinander verknüpft.

Ich versuche es jetzt verständlich zu erklären, damit ich es weitergeben kann. Es ist so, dass Traumata immer entweder körperlich oder psychisch bzw. geistig ursächlich passieren und sie dann am ursächlichen Ort geheilt werden, weil dieser die primäre Aufmerksamkeit (und Energie) auf sich zieht. Wir vergessen häufig den zweiten Aspekt, der immer verbunden ist und mit verletzt wird, nur eben nicht so offensichtlich.

Es ist wohl so, als würden wir Menschen uns zu wenig mit dem zweiten - psychischen oder körperlichen - Aspekt beschäftigen, weil der zweite Aspekt immer unser Urwissen braucht - die Erlösung, um geheilt werden zu können.

Das größte Trauma bekommt Heilung von der Wissenschaft und von dem Wissen, das andere Menschen von außen an uns herantragen. All diese wertvollen Hilfestellungen treffen auf die Hauptwunde, damit wir den Primärschmerz heilen können und unser menschliches Überleben sichern.
Das mit dem Pfeil verbundene Paralleltrauma wird zwar immer mehr in der Traumatologie mit beachtet, doch kann das Paralleltrauma immer nur durch unser eigenes inneres Urwissen geheilt werden - auf seelischer Ebene. Sonst kann unsere Seele die Erfahrung nicht in Liebe transformieren. Wir kommen nicht in den Zustand der Glückseligkeit, wenn wir als Dreieinheit uns nicht auf allen drei Ebenen heilen.

Warum werde ich nicht gesund?
Die größte unwissende Co-Abhängigkeit im Volksmund.

Ich versuche das Beispiel von dem gestrigen Gespräch mit Sonia wiederzugeben:

Wenn ein sonniger Mensch sein Leben für andere Menschen lebt und sich selbst ganz vergisst, dann hat sich seine ewige Seele vor diesem menschlichen Leben vielleicht eine Erfahrung ausgesucht, die ihm ermöglicht, das Leben wieder für sich zu leben und zu lernen, dass er für sich selbst einsteht und erst dann aus dieser Erfüllung für andere da ist. Die Seele möchte ihm die Glückseligkeit seines eigenen Lebens zurück schenken.

Vielleicht hat er schon tausend liebevolle Spiegel vorgesetzt bekommen, doch er hat sie einfach nicht gesehen, weil es ihn überhaupt nicht gestört hat, sich für andere aufzuopfern. Vielleicht ist der Mensch sich seiner Größe einfach nicht bewusst und er schenkt die ganze Zeit sein Licht in das Licht anderer, weil er es bei ihnen so klar und deutlich wahrnimmt, sich an der Schönheit erfreut und das Licht, das in ihm selbst strahlt, ganz vergisst.

Die Seele kann erst erfahren, wenn wir mit unserem Erfahrungsfahrzeug, dem physischen Körper oder mit unserem Erinnerungswerkzeug, dem psychischen Geist, Erfahrungen erleben. Egal wie schwer die Erfahrung auch ist und wie groß und überwältigend das Thema ist - wir sind leichter, kraftvoller und strahlender als alles andere.

Jede Erfahrung dient uns dazu, dass wir unser Licht wiederfinden und wir wieder lernen, uns selbst und unser Leben für das zu lieben, was wir sind und was es ist. Alle Erfahrungen sind da, um uns selbstliebend und glückselig in unserer eigenen kleinen und in der großen weiten Welt wiederzufinden.

Nun hat der Sonnenmensch aber alle liebevollen erinnernden Spiegel ignoriert und findet sich auf der Intensivstation im Krankenhaus wieder, weil seine Lunge mehrmals kollabiert ist und er während des Aufenthalts dort mehrmals fast sein Leben gelassen hat. Die inneren und äußeren Wunden sind definitiv klar und alle Menschen kümmern sich um seinen Brustraum und die Linderung des unfassbar tiefen Schmerzes und letztendlich um die vollständige Genesung seiner plötzlichen Traumata.

Natürlich beachten auch wertvolle unterstützende Helfer seine traumatisierte Psyche, denn er war mehrmals dem Tode nahe, wo dieser Glücksbringer doch so gerne am Leben ist.

Weil beim glücksbringenden Kleeblatt der Stiel immer die Verbindung zum eigenen Herzen hat.

Dieser sonnige Mensch wird Zeit brauchen, um die innerlichen und äußeren Wunden zu heilen und mit seinem Geiste seiner Lunge so vollständig zu vertrauen, dass er keine Todesangst mehr hat, sobald er etwas Atemnot bekommt oder die noch frischen Wunden schmerzen.

Eines Tages wird er es schaffen, sich selbst wieder zu vertrauen und sein Körper und sein Geist werden sich in Harmonie wiederfinden und er ist allen Menschen unfassbar dankbar, die ihm geholfen haben, und er ist allen Menschen unfassbar dankbar, dass sie ihm ihr Licht und sein Leben geschenkt haben.

Er wird sich im Außen bedanken und sein Licht im Innen auftanken.

Dieser Sonnenmensch wird aber erst wirklich ein gesundes und leichtes Herz voller Glückseligkeit haben können, wenn er versteht, dass hinter all diesem Grauen ein Geschenk für ihn verborgen liegt.

Erst wenn er sich erlaubt zu verstehen, dass er so unfassbar wertvoll ist und erst wenn er erkennt, dass ihm dieses Leben für ihn geschenkt wurde und man ihm das in einem zweiten Geschenk mitgeteilt hat, erst dann fängt er wirklich zu leben an.
Erst wenn er erkennt, dass er durch seine großartige Verbindung als Mensch mit der Erde und mit allen Lebewesen, dem Universum und allen geistigen Sphären verbunden sein kann, erst dann wird ihm bewusst werden, dass er davor für andere existiert und gelebt hat. Es wird ihm sein Leben noch so viel mehr wert sein, als es das durch die Erfahrung bereits ist.
Er wird verstehen, dass er mit seinem großen Sonnenherzen seine Aufmerksamkeit zuvor primär allen anderen Menschen geschenkt hat und er wird jeden Augenblick, in dem er seine Aufmerksamkeit auf sich selbst richtet, nun in Erfüllung richtig genießen und auskosten.
Dieses Leben ist für ihn, und wenn er das versteht, dann wird in seinem Geiste auch die unterbewussteste Angst mit seinem Urwissen liebevoll transformiert werden und es werden die Narben so heilen, als wären sie Erinnerungen an eine Zeit, in der er sein eigenes Leben bzw. die Wertschätzung sich selbst gegenüber vergessen hat. Er wird menschliches Zusammensein noch viel mehr genießen können, weil er anerkennt, wie unfassbar wichtig er für ein sonniges Miteinander ist und er freut sich tief in seinem Herzen über sein Leben, das er mit anderen stimmigen Lebensbesitzern teilen darf.

Dieser Sonnenmensch geht durch einen Prozess, für den er sich am besten so viel Zeit nimmt, dass auch der schwächste Teil von ihm gut folgen und mit ihm verbunden bleiben kann. Er wird an seinem wahren Sonnenplatz in der Lichtlinie tanzen und egal wie viele Schritte er sich von „aligned" entfernt - er wird immer wissen, wie er wieder dort hinkommt, denn er hat mit seiner Stärke schon so vieles geschafft und sein Licht ist größer denn je.

Als der Sonnenmensch seine Sonne entdeckte.

Alle Traumata, die auf körperlicher Ebene passieren, bedürfen der Heilung unseres Geistes. Wir können bei Verletzungen die Wundheilung auf körperlicher Ebene mit unserem Geist so beeinflussen, dass wir durch gezielte heilsame Gedanken eine heilsame Energie in uns in den Fluss bringen, um die Wundheilung zu unterstützen. Ich habe das Gefühl, dass dies durch viele Therapeuten und wertvolle Bücher bereits unterstützt wird, doch ich habe auch das Gefühl, dass wir achtsamer sein dürfen, wenn wir über die „seelische Urheilung" sprechen.

Die „seelische Urtherapie" lässt alles zu,
vor allem die „Urheilung des Herzens" im Nu.

Was uns die Seele mit auf den Weg geben möchte, das können wir die Liebe fragen und ich bin mir sicher, sie will nur unser allerbestes und unser höchstes lichtvolles Wohl.

Alle Traumata, die sich im Geiste abspielen und uns so verletzen, dass wir unser Herz kaum noch (er)tragen können vor Schmerz, werden sich auf körperlicher Ebene auswirken. Alles was wir im Geiste haben und wofür wir (vermutlich unbewusst!) unsere Schritte tun, wird sich auf diese Art und Weise manifestieren. Der Geist kreiert unbewusst unseren Energiefluss und unser Umfeld, was sich dann als Folge irgendwann mit unserem Körper begreifen lässt. - Weil wir die schweren Energien, die wir mit unserem verletzten Geist geschaffen haben, mit offenem Herzen nicht mehr (er)tragen können.

Ist der Geist verletzt,
er den Körper meist mit liebevollen Worten versetzt.

Es ist so wichtig, dass wir unseren Geist mit liebevollen Worten füttern und wir uns an die Liebe in uns selbst erinnern, damit unsere äußere Welt uns die Welt zu Füßen legt, auf der wir gerne (ganz sicher bewusst!) Schritte tun - weil wir sie so manifestiert haben und sie als solche begreifen können.

Liegt die Ursache des Traumas im Geist und sie ist bereits körperlich manifestiert, dann wird es der kraftvollste Weg für uns sein, dass wir uns an unsere kraftvolle Stärke erinnern und wir uns mit unserem Seelenlicht verbinden.

Neigt des Menschen Geist zur universellen Verblindung, so ist des Menschen Seele stets in göttlicher Verbindung.

Liegt die Ursache des Traumas im Geist und vielleicht sogar schon sehr lange zurück, dann ist es unbedingt notwendig, Unterstützung zu wählen. Du kennst das Entstehungsthema, du weißt, was für ein großartig komplexes Wesen du bist und du darfst dir für dieses wertvolle Menschenleben erlauben, daran zu arbeiten, um dich in deinem Geburtsrecht wiederzufinden.

Du kennst dein Thema und du weißt, was es zu stützen gibt und du darfst darauf vertrauen und dich von deiner Intuition so führen lassen, dass du die richtigen Sonnenscheinhelfer anziehst, findest und wählst, wenn es deinem Ziel entspricht, deine Verletzung auf allen Ebenen zu heilen. Vielleicht fällt dir passend zu deiner Heilungsvision „zufällig" jemand zu, wenn du dich dafür öffnen möchtest.
Lass dich auf dieser Erfahrungsreise mit all deinen individuellen Entwicklungen führen und genieße jede Stufe, die du dankbar und immer sicherer hinauf steigst. Hinauf in deine Freiheit.

Wissenschaftliche Versorgungsleitlinie hin oder her, das urwissende Bauchgefühl zählt am Ende immer mehr.

Lassen wir uns nicht mehr in die Irre führen, wenn unser Bauchgefühl und unser Urwissen für uns sprechen möchten.

Unser Bauchgefühl spricht immer mit uns und unser Urwissen tragen wir immer in uns, eben nicht nur, wenn wir krank sind und wir durch die deutlichen Verletzungen einen achtsameren Umgang mit uns hegen, sondern auch, wenn wir voller Energie sind. Wenn wir erstmals beginnen, einen unserer Träume zu manifestieren und wir für ihn tatkräftig losgehen. Stabil und in unserer Mitte aus ganzem Herzen auf unserem Seelenweg.

In dem Gespräch mit Satya Kaur ging es auch darum, dass man begleitend mit Meditationen und Kundalini-Yoga seinen Körper mit seinem Geist „in der Lichtlinie" halten kann.
Kundalini-Yoga ist eine traditionelle Form von Yoga, die das Yoga-Wissen in sich vereint und die Balance zwischen Yin und Yang schafft. Fühlt man sich manchmal zu getrieben, kann gezielt Yin Yoga helfen, sich zur Ruhe zu setzen und seinem Körper erholsame, regenerative Pausen zu gönnen. Fühlt man sich eher antriebslos oder müde, dann kann Hatha Yoga einen wieder gut in den Fluss bringen. Ich kann aus derzeitiger Erfahrung sagen, dass für mich Kundalini-Yoga mit Elementen aus dem Yin-Yoga am stimmigsten ist und wenn ich meine Intuition für mich sprechen lasse.

Manchmal muss ich mich nur fragen, warum ich müde bin - weil ich zu viel Gas gegeben habe, und mein Körper die Kraft gar nicht hatte oder weil ich zu viel geträumt habe und vergessen habe damit zu beginnen, den ersten Traum zu manifestieren. In ersterem Fall würde ich mich für Yin Yoga (mit entspanntem Kundalini) entscheiden, um mich auszukurieren, und im zweiten Fall würde ich Kundalini Yoga wählen, um in den Fluss zu kommen und mich körperlich zu aktivieren, damit ich mich selbst auf die Umsetzung meines ersten Traums vorbereite und die Energie und Kraft dafür habe.

Doch der Ausgleich muss nicht dem Yoga entspringen, sondern sollte einfach eben „aktivierend" oder „beruhigend" sein.

Egal was unser Kopf so treibt, der Körper es uns zeigt
und eine Umkehrlösung stets bleibt.

Ich habe dazu eine passende Weisheit aus der TCM gelesen, die Dr. Georg Weidinger, ein westlicher Schulmediziner, der versucht, das Urwissen der TCM in unser westliches System zu integrieren, erwähnt hat.

„Ist dir zu kalt, dann bewege dich,
ist dir zu warm, dann gönne dir Ruhe."

Eigentlich ist das Yin dieses „es ist mir zu kalt - ich spüre mich nicht mehr" und das Yang „ich habe mich zu viel gespürt - es ist mir zu warm".

Unser Körper kann sich (auch energetisch) bewegen und aus physikalischer Sicht erzeugt jede Bewegung aufgrund der aneinander schwingenden Teilchen, Energie. Energie erzeugt Wärme, deshalb bekommen wir auch ein warmes Herz wenn uns Emotionen im Herzen berühren, sie uns bewegen und uns Energie schenken und unsere Zellen (die aus Atomen bestehen und sich messbaren Endes weiter in Quanten teilen und in Wahrheit ins Unendliche weiter teilbar sind) automatisch schneller schwingen und wir bzw. sie uns mit dem schnell schwingenden Universum verbinden.

Wir schwingen uns stimmig ein und
unserer Stimmung entsprechend ist unsere Schwingung.

Manche Menschen brauchen, um zu verstehen und zu glauben, einfach die Wissenschaft an ihrer Seite und Zahlen und Fakten und Ergebnisse schwarz auf weiß und das möchte ich auch nicht als „gut" oder „schlecht" bewerten. Dieses Wissen „ist" einfach.

Um das Größte zu ermessen,
braucht man nur das Maß zu vergessen.

Ich möchte nur darauf aufmerksam machen, dass die Liebe uns daran erinnert und uns in jedem Moment dafür sensibilisieren möchte, dass wir auf unser Urwissen vertrauen dürfen. Auch wenn uns messbares Wissen dabei hilft, die Sicherheit auf dieser Misstrauen-behafteten Erde zu schaffen und wir nach und nach damit leichter unserem Urwissen näher kommen, haben wir zu jeder Zeit immer mehr Wissen in uns. Alles Wissen, sodass wir irgendwann keine Ur-Ergänzung mehr brauchen.

Die Wissenschaft bahnt uns ängstlichen Menschen den Weg in das Urwissen, bis es irgendwann kein Ur mehr braucht und auch keine Wissenschaft, die Wissen schafft. Wie Shiv Sharan Singh über die schweren Emotionen gesprochen hat und in seinem Zitat zum Ausdruck bringt, dass wir immer leichter sind, so gilt auch hier, dass wir im Herzen immer mehr wissen als das, was uns das äußere Wissen vorlegt.

Wir brauchen keine Vorlage, denn wir tragen das goldene Buch der Weisheit in uns. Und dieses Buch werden wir immer nur in uns selbst finden, egal wohin wir reisen und egal wie viel wir an messbarer, erfassbarer Erkenntnis dazu gewinnen - wir werden den Zauber in der Luft, der die Quanten als Energieteilchen im Universum in Glückseligkeit treibt und den Zauber, der uns allen und allem inne wohnt, niemals messbar machen können.

Das können wir immer nur fühlen und im Herzen spüren und wenn wir es spüren, dann sind wir in Glückseligkeit erfüllt und brauchen keine Erklärung mehr dafür zu haben.

„Manchmal muss man einfach fühlen, Anna,
man kann nicht alles besprechen."

Das hat vor langer Zeit ein sehr weiser Mann zu mir gesagt, der sich seiner Weisheit gar nicht bewusst ist, weil er sie selbst nicht misst. Das hat vor langer Zeit ein weiser Mann aus Liebe zu mir gesagt und erst heute spüre ich den Zauber, den er und diese Weisheit mir in mein Herz jagt.

Wir sind mit all diesen Erkenntnissen über den Zusammenhang von Körper, Geist und Seele für uns selbst die größte Unterstützung, die wir jemals haben können. Doch wir dürfen uns auch immer wieder daran erinnern, dass wir aus der Sicht der Ewigkeit einfach sein dürfen. Wir dürfen uns daran erinnern, dass wir nichts richtig zu machen haben und wir nichts tun „müssen". Wir müssen nichts beweisen und wir werden für nichts bestraft und es gibt keine Fehler.

Durch das Verstehen dieses Urwissens dürfen wir nur erkennen, wie wir es uns selbst leicht machen können - für uns. Wir dürfen erfahren, wie gut es uns in unserem Erfahrungsfahrzeug gehen kann. Wir dürfen wahrnehmen, wie schön es ist, wenn Körper, Geist und Seele im Einklang schwingen und sie sich in den Zauber des inneren und äußeren Universums einstimmen.

Wir haben unsere Sinne wie ein Geschenk bekommen, die uns ermöglichen, die ganze Liebe wahrzunehmen - Liebe zu sehen, Liebe zu fühlen, ihre Wärme zu spüren, die zärtlichen Worte zu hören und diesen Zauber zu kosten. Die Liebe auszukosten. Wir sind in unserem Erfahrungsfahrzeug zu Hause, weil es uns die Glückseligkeit „handfest" machen kann.

Wir dürfen erfahren - mit all unseren Sinnen, wie schön es ist - im Zauber des Lebens zu schwingen.

Die Liebe gibt uns mit auf den Weg, dass wir achtsam mit uns sein sollen. Wir dürfen uns liebevolle Worte sagen und mit einem glückseligen Geist den Herzensweg unserer Seele unterstützen. Wir dürfen unsere Hände auf unser Herz legen und fühlen, wie schön sich dieser Weg anfühlt. Wir dürfen mit unseren Handinnenflächen, die unser Herz fühlen, mit all unseren Sinnen einfach spüren und wahrnehmen, wie erfüllend unsere Abenteuerreise ist.

Wir spazieren auf unserem Sonnenscheinweg und es reicht, wenn wir so schnell gehen, dass wir immer noch die warme Sonne auf der Haut spüren und wahrnehmen können. Der Weg ist immer da und er möchte, dass wir alles tun, was uns gut tut, solange es uns erfüllt.

*Selbst wenn wir unsere Erfüllung vergessen,
wird die Liebe immer den Füllzustand in uns messen.
Wenn wir uns an sie zurückerinnern,
tanzen wir in allen Spiegelbildern.*

Wir sind in unserem Erfahrungsfahrzeug zu Hause und jeden Abend kommen wir mit ihm zur Ruhe und wenn wir zur Ruhe kommen, kommt auch unser Geist im Universum heim und unser Seelenherz erfreut sich über den glückseligen Moment, der ewig währt.

※

Coronavirus

Wir schreiben heute den 14. März 2020 und gefühlt ist auf der Welt das Corona-Chaos ausgebrochen.

Ich weiß nicht, wie ich meine Gefühle klar ausdrücken soll und wie ich es verständlich erklären kann, doch es fühlt sich so an, als wären alle Angst-verrückt geworden. Es fühlt sich so an, als hätte die ganze Welt den Auftrag bekommen, in einen großen liebevollen Spiegel zu sehen, um den wahren „göttlichen höheren Sinn", den „Ursprung" des Virus zu erkennen. Es fühlt sich so an, als hätten es die meisten Menschen noch nicht verstanden, als hätten die meisten Menschen es noch gar nicht verstehen können, weil man mit Angst und ohne die richtige Liebesführung gar nicht mehr klar denken kann.

Ist man in Angst, will man sich retten und man legt sich gleichzeitig selbst in Ketten.

Ich schaue so gut wie nie fern und lese keine Nachrichten, denn es erschwert mich einfach immer nur und das, was ich wissen muss, kommt immer irgendwie zu mir. Früher habe ich mich für diese Bildungslücke gerechtfertigt, weil ich ja irgendwie „ein Teil" dieser Welt bin, und heute fertige ich mein Recht aus Liebe, um „meinen erfüllenden Lückenteil" beizutragen.

In Situationen, wie wir sie gerade erleben, habe ich dadurch keine „Scheu"klappen auf, sondern ich sehe mit liebevollen Augen in diesen großen Spiegel. Ich sehe die ganze Welt, die sich mit diesem Virus infiziert hat und versucht, gegen ihn anzukämpfen und alles abzuschotten und dicht zu machen, anstatt den Virus anzunehmen, sich im Vertrauen zu üben und sich um natürliche, nachhaltige, Immunsystem stärkende bzw. allgemein den Viren den Nährboden entziehenden Maßnahmen, zu widmen.

Ich sehe Menschen, die aus der Angst heraus handeln, und ich höre die Liebe voller Mitgefühl sagen, dass die Menschen sich einem Schein unterordnen, hinter dem ein riesengroßes Geschenk für ihr Sein liegt. Ich sehe Kinderaugen, die sich nach Vertrauen sehnen und ihre bedingungslose Liebe getrübt wird, durch die „Scheu"klappen, die man ihnen aufsetzt. Ich sehe Kinderaugen, Elternaugen, Großelternaugen und mein Herz kann den Schmerz, den alle in sich tragen, kaum glauben.
Egal ob man den derzeitigen Politikzustand als lächerlich ansieht oder ob man den Zustand richtig bejaht - er erfordert keine Bewertung. Der Zustand ist da und er darf einfach da sein

und wir dürfen ihn im Vertrauen annehmen. Ich sehe in meiner Vision nämlich Menschen, die sich daran erinnern, wie kraftvoll und stark und wie göttlich verbunden sie alle miteinander sind.

> *Ist die Menschheit göttlich verbunden,*
> *Kann sie absolut nichts verwunden.*
> *Sind wenige Menschen nur mit Angst besetzt,*
> *fängt sie der Rest, denn alles ist in Liebe vernetzt.*
> *Sieht man die Angst in aller Menschen Augen,*
> *Können liebevolle Augen das einfach nicht glauben.*
> *Ich sehe ein tiefes Liebesnetzwerk, das neu verbindet,*
> *sodass es an der Oberfläche dann nicht mehr schwindet.*

Ich muss zugeben, dass mir gestern am Flughafen ganz anders wurde, als ich all die Masken gesehen habe und als ich erfahren habe, dass Geschäfte schließen und Grenzen abdichten und alles sich so unfassbar schnell ausbreitet (vor allem die Angst).
Ich habe auch kurz ein übles Gefühl im Magen bekommen, denn ich konnte selbst nicht mehr auf mich bauen. Ich konnte es erst mit meinen Liebesbotschaften im Herzen verdauen und was sich einst im Herzen befindet, darauf kann man vertrauen.

> *Weil wirklich jeder Zweifel schwindet,*
> *wenn man sich mit seinem Herzenswissen verbindet.*

Wenn wir die Liebe fragen, was sie uns für unsere Situation raten würde, dann würde sie sagen, dass wir alle Zeit bekommen, um Ruhe zu finden und in die Stille zu gehen.
Ich habe mit Jasmin viel über den Virus gesprochen und sie hat mir von einem Tag erzählt, an dem die Balinesen alle im Haus - ihr Miteinander in Stille und mit Harmonie zelebrieren, weil sie im Glauben sind, dass Dämonen über der Insel schweben und sie unter freiem Himmel getötet werden würden. Meine erste

Antwort als Liebesbotschafterin war: „Nein wirklich, sie sollten doch viele eher alle miteinander fröhlich unter dem Sternenhimmel im Vertrauen tanzen.". Jasmin hat weiter erklärt, denn sie hat diesen Tag dort miterlebt und ihn als harmonisch mit einer feinen, in sich stimmigen Energie wahrgenommen. Sie hat gesagt, dass dieser Tag für die Einwohner ein ganz besonderer Tag sei, weil sie die verbundene Stille und dieses magische, gemeinsame „in sich kehren" so wertschätzen.

Die wahre Magie lag schon immer in der stillen Harmonie.

Und so ist es mit unserem angstverbreitenden Weltvirus. Wir können die Zeit nutzen, um mit unserem engsten Kreis beisammen zu sein. Wir können in der Einsamkeit unsere Essenz wahrnehmen und unsere künftigen Samen säen. Die Welt kehrt uns den Rücken zu und wir haben Zeit, um Harmonien und Disharmonien festzustellen und sie mit unserem Herzen Schritt für Schritt in Liebe zu transformieren. Wir merken, was uns wirklich wichtig ist, was uns wirklich beschäftigt, was wirklich „zu uns" gehört und wir werden uns bewusst über das, was uns im Herzen wirklich fehlt, weil es über längere Zeit nicht verfügbar ist.

Wir lernen, die Menschen, die Lebensmittel, die immer währenden Öffnungszeiten diverser Dienstleister und die grenzenlose Verbundenheit mit der Welt wertzuschätzen. Vor allen Dingen aber erfahren wir, was sich aus einer Scheinwelt in unsere kleine Herzenswelt wandeln darf - mit den besonderen Menschen die tief im Inneren mit uns verbunden sind, mit gut tuenden frischen Lebensmitteln, mit Dienstleistungen, die unser Leben zusätzlich erfüllen und mit Plätzen der großen Welt, die wir mit unserer kleinen Welt noch gerne erkunden würden.

Wir lernen Gesundheitseinrichtungen mehr zu achten und sie nicht mehr als selbstverständlich anzusehen. Wir schenken der Arbeit all dieser Menschen unsere Dankbarkeit und wir erkennen unsere Gesundheit als das höchste Gut an, das wir besitzen können. Wenn wir uns darauf einlassen, dann ist es möglich, dass diese Zwangsstille der Herzensweg vom Schein zum Sein wird, auf dem wir uns nicht bewegen müssen, weil wir ihn stets in uns tragen und bei dem wir nichts und niemandem den Rücken zukehren müssen, weil es da „nur uns" und unsere eigene und die Göttlichkeit aller Menschen gibt. Uns wird die Zeit geschenkt, um uns auf Herzensebene miteinander zu verbinden. Es wird der weltgrößte und in meinen Augen unfassbar liebevolle Spiegel gezeigt, in den wir mit Dankbarkeit blicken können, um Farbe zu bekennen, wenn wir unsere Scheuklappen ablegen und die Kerzen der Angst anzünden, damit sie ihr helles Licht der liebevollen Erlösung für jeden von uns scheinen und wir die erhörten Gebete für die Menschen sind, die sich noch im Dunkeln der Angst befinden.

Corona bedeutet Krone und das Kronenchakra steht für die allgegenwärtige Verbindung zu allem Göttlichen, was auf dieser Erde ist, und dieser Virus ist ein Geschenk, der zum Glück und hoffentlich weiterhin weniger Opfer bringt, als wir Menschen sie im Krieg aus Angst seit Jahrhunderten bis in den heutigen gegenwärtigen Moment immer noch bringen.

Bitte fangen wir alle an umzudenken, niemand kann das Schiff der Welt alleine lenken.

Wenn wir dieses Geschenk des Virus als liebevolle Erkenntnis für unser aller Herzen annehmen, dann fühlen wir die größte Währung dieser Welt - Gesundheit anstatt Geld, Verbundenheit mit dem eigenen Herzen anstatt Abhängigkeiten, Unterstützung und Zusammenhalt anstatt Neid und Gewalt. Erkennen wir den derzeitigen Menschenzustand auf Mutter Erde als unser Geschenk an, setzt sich jeder von uns selbst die Krone der Liebe auf und die Geschichte schreibt einen kraftvollen Lebenslauf.

Kapitel 10 Erinnerungsgedicht

In deinem Erfahrungsfahrzeug daheim.

„Ein" Mensch und doch „dreieinig"
- Körper, Geist und Seele - sie lieben sich innig.
Die Seele sucht ihren ganz besonderen Erfahrungsweg,
sie hofft auf den tief verwurzelten Herzenssteg.
Der Geist ist im Universum daheim,
spirituell verbunden, durch zu viele Gedanken begrenzt allein.
Der Körper ist der Menschen Medizinobjekt,
doch seit kurzem haben sie die 3-Dimensionalität entdeckt.
Wir Menschen wahre Wunder sind
und doch wollen wir erfahren alles so geschwind.
Wir gönnen uns viel zu viele Pausen, viel zu viel Rast,
wir verstehen nicht, dass der Herzensweg frei ist von jeder Last.
Wir glauben, immer etwas tun zu müssen,
doch eigentlich liegt unser Herz im Ruhen zu Füßen.
Ich weiß nicht, warum wir so an der Liebe zweifeln,
doch ich bin mir sicher, dass wir die Möglichkeit ergreifen.
Ich glaube daran, dass wir mit all unseren Sinnen fühlen
und wir unser göttliches Sein in die kleine große Welt sprühen.

Kapitel 11
Warum die Ginkoblätter golden sind.

Der Ginkoblatt-Baum ist ein „ur"alter Weltenbaum und seiner weiten Verbreitung wohnt ein spirituell höherer Sinn von Liebe, Verbundenheit, Freundschaft, Fruchtbarkeit, Langlebigkeit, Stärke, Widerstand und Anpassung inne. Dieser Baum schenkt auf der ganzen Welt eine stille Hoffnung und in jedem seiner Blätter vereint sich Robustheit mit Sanftheit, Gefühl und Intellekt, Yin und Yang - weiblich und männlich.

Der Ginkobaum ist für mich das Sinnbild für die ganze Menschheit und das Ginkoblatt für die „ur"alte Göttlichkeit eines jeden Menschen.

Du bist robust wie das Ginkoblatt, weil du trotz Wind und Wetter deine Form nicht verlierst. Du bist robust wie das Ginkoblatt, weil du genauso ganz bleibst, wie es das auch tut. Du bist robust wie das Ginkoblatt, weil du dich mit der Essenz von Mutter Erde nährst, die dir Kraft und Erfüllung schenkt.
Du bist sanft wie das Ginkoblatt, weil du trotz Wind und Wetter dein mitfühlendes Herz nicht verschließt. Du bist sanft wie das Ginkoblatt, weil du genauso ganz bleibst, wie es das auch tut. Du bist sanft wie das Ginkoblatt, weil du dich mit der Essenz von Mutter Erde nährst, die dir Sanftmut und Entspannung schenkt.

In jedem von uns vereint sich Robustheit mit Sanftheit und jeder von uns entdeckt seine eigene Ganzheit.

Dein Gefühl ist wie das des Ginkoblattes, denn du drängst dich nicht auf, sondern in dir selbst vor. Dein Gefühl ist wie das des Ginkoblattes, denn du kennst dein Herz und anerkennst jeden

Schmerz. Dein Gefühl ist wie das des Ginkoblattes, denn du achtest dich selbst und erkennst die All-Verbundenheit der Welt.
Dein Intellekt ist wie der des Ginkoblattes, denn du drängst dich nicht auf, sondern in dir selbst vor. Dein Intellekt ist wie der des Ginkoblattes, denn du kennst dein Herz und anerkennst jeden Schmerz. Dein Intellekt ist wie der des Ginkoblattes, denn du achtest dich selbst und erkennst die All-Verbundenheit der Welt.

In jedem von uns vereint sich Gefühl und Intellekt und für jeden von uns ist eine andere Balance perfekt.

Du bist das Yin und weiblich wie das Weltbaumblatt, denn trotz Dunkelheit hütest du im Inneren deine Wärme. Du bist das Yin und weiblich wie das Weltbaumblatt, denn bei Aufwind im Außen fokussierst du dich im Innen auf Frieden und Ruhe. Du bist das Yin und weiblich wie das Weltbaumblatt, denn du erlaubst dir selbst in Stille zu ruhen, ganz ohne zu tun.
Du bist das Yang und männlich wie das Weltbaumblatt, denn du tankst im Sonnenlicht deine Wärme auf. Du bist das Yang und männlich wie das Weltbaumblatt, denn bei Aufwind im Außen konzentrierst du dich auf deine Schaffenskraft. Du bist das Yang und männlich wie das Weltbaumblatt, denn du erlaubst dir deine überlegten Schritte zu tun und vertraust dir, ganz ohne andere hier.

In jedem von uns vereint sich Yin und Yang, und für jeden von uns fühlt sich dies anders an.

Wenn jedes Weltenblatt all diese göttlichen Eigenschaften in seiner kleinen Welt erkennt, dann können wir uns als uralte Bäume in der großen Welt zusammenfinden.
Erst wenn jedes Weltenblatt sich selbst liebt, können Bäume der Liebe die in Wahrheit immergrüne Welt erblühen. Erst wenn jedes Weltenblatt mit sich selbst verbunden ist, kann eine

Weltverbundenheit auf Herzensebene geschaffen werden. Erst wenn jedes Weltenblatt sich selbst zum Freund hat, können Freundschaften wertvoll und frei von Abhängigkeiten möglich sein. Erst wenn jedes Weltenblatt seine eigene Fruchtbarkeit und Schöpferkraft anerkennt, können die Früchte in die Welt der Schöpfung getragen werden. Erst wenn jedes Weltenblatt seine starke Langlebigkeit anerkennt, wird der Weltbaum wie eine angezündete Kerze auf bunten Wiesen erstrahlen. Erst wenn jedes Weltenblatt bereit dazu ist, zu viel Anpassung zu widerstehen und zu viel Widerstand anzupassen, dann wird der Weltenbaum sich tief mit Mutter Erde verwurzeln und gefallene Blätter, werden in Blattnetzwerke anderer purzeln.

Wenn sich jeder von uns die Erlaubnis schenkt, sich selbst als dieses besondere Ginkoblatt wahrzunehmen, dann schenkt jeder von uns seinem Blatt diesen tiefgoldenen Schimmer.

Jeder von uns ist dieses tiefgoldene, urverbundene Ginkoblatt, das jedem Moment des Lebens den goldenen Schimmer schenken kann, um jeden Moment in Liebe wahrzunehmen. Jeder von uns trägt das Gold in sich, das jeden Moment unseres Lebens verzaubert. Wir können uns dafür entscheiden, wir können es wählen, alle Kraft wohnt uns selbst inne.

Der goldene Zauber ist von uns abhängig,
jeder Moment lebt von seiner Färbung – ständig.

Ich habe gemeinsam mit diesem Buch meine kleine Welt des wahren Seins entdeckt. Ich habe erkannt, dass ich vielen inspirierenden Menschen zu meiner Unterstützung Beachtung geschenkt habe und ich ihnen in sozialen Medien „gefolgt" bin. Sie haben mir indirekt ihre Färbung geschenkt und ich bin dankbar, dass sie alle Teil meines Weges waren, ein wichtiger Teil meines Herzensweges.

Es lag ein Schein auf diesem Weg, weil man beim wahren Herzensweg ohne einen Weg in jedem Moment ausschließlich nur noch nach seinem Herzen geht. Jedes Herz hat eine andere Farbe und ich habe mein eigenes Herz selten gefragt, welche Farbe es mir schenken würde, denn ich habe mit meinem Verstand die Färbung anderer Menschen verstanden.
Den Herzensweg des Seins kreiert man mit seiner eigenen Frage und in jedem Moment. Den Herzensweg des Scheins folgt man mit den Farben anderer Menschen für künftige Momente.

Du solltest ein Bewusstsein dafür entwickeln, dass inspirierende Menschen Liebeserinnerer sind und sie Botschaften für dein Herz bereithalten, doch niemand je so weise für dich sein kann wie dein eigenes Herz und du selbst. Du bist immer größer und für dich selbst noch „stimmiger", als jeder andere Mensch auf dieser schönen Erde sonst es sein kann.
Lass dich erinnern, lass dich inspirieren, lass dich führen und dich zum König küren und denke stets daran, dass dein Herz das noch viel besser kann. Es kann dich noch viel individueller erinnern, es hält für dich noch viel mehr authentische Inspiration bereit und es setzt dir in jedem Moment die ehrlichste, bedingungsloseste und unabhängigste Krone der Liebe auf.

Die Krone der Schöpfung gehört jedem Herzen allein – Krönt der Mensch sein Herz, wird er sein Schöpfer sein.

Sei dir darüber urbewusst, dass es viele Liebesbotschafter und Liebeserinnerer gibt, die dir dein Bestes wollen und sie alle dich mit ihrer Liebe ein Stück deines Weges zu dir selbst begleiten. Sei dir darüber urbewusst, dass sie selbst vielleicht auf ihrem Entwicklungsweg sind, auf dem sie die goldene Farbe noch nicht mit ihrem Herzen erfühlt haben.
Vielleicht sind sie in irgendeiner Sache mutiger, die du für dich beobachten kannst, um dann Vertrauen für deinen nächsten

Schritt in Richtung deines Herzens zu haben. Vielleicht dient dir diese Beobachtung, um deinem Herzen mehr zu vertrauen.

Sei dir darüber urbewusst, dass dein wahrhaftig goldener Weg in dem Moment beginnt, in dem du niemand anderem folgst, weil du dich mit deinem Herzen verbunden hast. Sei dir darüber urbewusst, dass du der oder die einzige bist, dem du letztendlich folgen solltest, um dein Leben in absoluter Unabhängigkeit und nur für dich und dein höheres Selbst, für deine Seele im Herzen, zu führen.

Lass dich dein Leben lang nach Lust und Laune inspirieren und tausche dich mit stimmigen Menschen aus und gewinne neue Erkenntnisse, doch gleiche stets die Wahrheit vom Außen mit der göttlichen Wahrheit im Innen ab.

Es mag in Wahrheit stimmen, dass wir das Äußere erkennen im Innen.

Eine Freundin von Betti hat einen sehr wertvollen Satz gesagt, der auf dem Weg zu mir selbst und vor allem für meine zukünftige Arbeit „goldwert" war. Sie hat gesagt, dass alles, was wir beruflich richtig gerne tun, alles was uns nicht wie Arbeit vorkommt, weil es uns einfach so viel Freude bereitet, trotzdem nur dann aus dem reinen Herzen kommt, wenn niemand diese Arbeit sehen würde und wir uns immer noch genauso freuen würden und wir diese Freude auch längerfristig nicht verlieren.

Im ersten Moment habe ich mich gefragt, wie das denn möglich sein soll, dass null Prozent anderer Menschen an der eigenen Arbeit beteiligt sind, und seit erst ungefähr einer Woche strahle ich die Herzenslösung um mich herum.

Ich möchte meine eigene entspannte Liebesbotschafterin sein und die Herzensvisionen, die meinem leichten Herzen entspringen, mit dir teilen. Ich bin hier, um dir zu zeigen, wie du dich selbst erinnern kannst, und um dir zu zeigen, dass du mich dafür nicht brauchst. Und deshalb ist meine Arbeit nur für mich. Mein Arbeitsrecht fertigt mein Herz für sich.

Ich hoffe, du kannst verstehen, was ich dir mit liebevollen Gedanken sagen möchte. Wenn es dir Unterstützung gibt, dass ich dich daran erinnere, dass du dich selbst an dich erinnern musst, dann bin ich mit diesem Buch hier. Doch gehe wieder zu dir, denn erst wenn du zu dir gehst, kannst du deinen Weg gehen und das Gold deines Blattes sehen und leben.

Du beginnst dann den Weg zu gehen, der in Wahrheit gar kein Weg ist, denn im Herzen ist das zu Hause deiner Seele und deine Seele ist ewig. Du wirst dann erkennen, dass die Zeit irgendwie nicht mehr wichtig ist und der ganze „Weg" davor nur der Weg zu dir zurück war. Du befreist dich von jeder scheinbehafteten Schicht, die in Wahrheit gar nicht dir entspricht und dieser Weg hat irgendwann ein Ende. Und das Ende darfst du annehmen und erkennen, weil du nun bei dir selbst ankommst und du zu Hause bist in deinem Herzen.

*Der Scheinweg endet in dir,
dein Weg beginnt genau hier.*

Dort und hier beginnt dein wahrer Herzensweg, der gar kein begrenzter oder zeitlich limitierter Weg ist und für den es auch kein Ziel gibt.
Das ist der Weg, an dem du zu verstehen beginnst, dass sich alles aus Momenten im Hier und Jetzt zusammensetzt. Der Moment, in dem du erkennst, dass du nur ein paar liebevolle Träume und das Vertrauen in dein göttliches Sein und in das mit dir erfüllte Universum brauchst.

Wenn du beginnst in Momenten zu denken, dann brauchst du keine Pläne mehr, du brauchst keine täglichen Routinen mehr, du musst nichts tun, um in deiner Mitte zu bleiben, du musst dir keine Erinnerungszettel an den Spiegel kleben, denn du betrachtest jeden Moment aus deinem Herzen und dein Herz kennt nur die Sprache der Liebe.

Lass dich von deinen Träumen chauffieren und dein Herz die Momente in Liebe Kreieren.

Wenn du in dir selbst angekommen bist, dann hast du ihn erkannt, den Herzenszauber vom Schein zum Sein.

Den vermeintlichen Weg, dem du folgen musst, um glücklich zu sein. Du erkennst, dass jeder Moment in Liebe ewig ist und in jedem Moment die Chance der Heilung liegt, weil jeder Moment die Lichtlinie in sich trägt. Es ist jeder Moment in Liebe für uns da, wenn wir es so sehen möchten. Jeder Moment ist Liebe. Jeder Moment ist mit unserem höheren Sinn erfüllbar und mit Herzensgedanken zu unserem höchsten Seelenwohl lösbar. Jeder Moment ist heilig.
Alles ist gut, wenn wir darauf vertrauen. Alles ist gut, wenn wir auf den höheren Sinn bauen und wir nicht mit unserem Verstand vermeintlich richtige Richtungen und Wege bauen. Alles darf sein, es gibt keine Fehler. Jeder Moment ist unser lichtvolles Daheim und jeder Moment kann im nächsten Moment in Liebe ewig sein. Das ist der Weg.
Der Weg ist das Ziel, nur ist das Wort „Ziel" gesellschaftlich von so viel Anstrengung und Leistungsdruck geprägt, dass wir es erst einmal mit einem wirklich zeitlich begrenzten Weg verstehen müssen. Wir müssen es verstehen, um dann den wahrhaftigen göttlichen Herzensweg erkennen zu können.

Der wahrhaftige Herzensweg ist mit jedem Moment ewig. Unser Herz ist in jedem Moment ewig. Unser Licht ist in jedem Moment ewig. Das Ziel ist der ewige Moment, das Ziel ist die ewige Liebe. Das Ziel ist das Herz. Wenn wir das verstehen, dann leben wir ein Leben in Glückseligkeit und heilen jeden äußeren Schmerz, denn im Innen tragen wir die Dankbarkeit für die unerfassbare und grenzenlose Liebe unseres Herzens.

*Der Herzensweg entsteht aus dem Moment,
der uns im Hier und Jetzt in die Zukunft lenkt.*

Wir müssen keinen Abläufen, keinen Handlungen, keinen Menschen dafür folgen. Dieser Weg „ist". Und dieser Weg war schon immer und wird immer sein. Wir müssen verstehen, dass alle unsere anderen Wege gedient haben, um ihn zu erkennen, diesen Schein.
Es ist so, dass ich ganz viele Menschen auf dem Weg dorthin unterstützen möchte, damit sie sich ihr Herz zurück schenken - im Endeffekt ohne jemand anderen, so wie ich es mir selbst zurück geschenkt habe - im Endeffekt ohne jemand anderen.

Ich möchte keine „schein-bare" Gemeinschaft mit Anhängern aufbauen, sondern, dass jeder von uns seine Gemeinschaft für sein individuelles Sein mit der kleinen Welt bildet und sich diese „seins-vollen" Gemeinschaften rein und wahrhaftig in der großen Welt auf Herzensebene verbinden können.
Weil niemand mehr auf dem scheinbaren Weg ist, sondern man diesen ganz vergisst und man in seinem Herzen und in jedem Moment zu Hause ist.

*Fast immer dort, wo viele Menschen anhängen,
kann man liebevoll den Gemeinschafts-Schein erkennen.
In Zukunft können wir einfach sein und abhängen
und gemeinsam die wahre Herzensverbundenheit benennen.*

Das ist es, wie sich die Welt aus den Augen der Liebe aufbauen darf. Mit der himmlischen Mutter Erde und ihren unabhängigen

Erdbewohnern, die mit ihrem Herzen göttlich verbunden sind und das Erdherz seltener verwunden.

...weil Mutter Erde auch eine Seele hat.

Ja.

Ich hoffe, dass du mittlerweile einer der Menschen bist, der in den Spiegel sieht und das Leuchten in seinen Augen mit der Erinnerung an sich selbst wiederentdeckt hat. Ich hoffe, dass all diese Worte in dir nachhallen und sie dich an dein eigenes Herz in Ewigkeit für die Ewigkeit erinnern.

Ich wünsche uns allen, dass die lichtvolle Energie, die dieses Buch Herzensschritt für Herzensschritt geschaffen hat, deine lichtvolle Entscheidung in jedem Moment unterstützt. Weil du der Mensch bist, der sich für die liebevollen Augen und für den Goldschimmer des Ginkoblatt-Herzens entscheidet.

Wenn du es möchtest, dann wirst auch du die Arbeit für dich auswählen, in der dein Herz jeden Moment „sein" kann. Du wählst die Arbeit, die deinem wahren Glück und deinem höheren Sinn entspricht. Du wählst sie am besten nicht für andere und machst dich von ihren Bewertungen abhängig oder kreierst (Co-)Abhängigkeiten, sondern du wählst sie ganz einfach nur für dich. Wenn du liebst, was du tust, du frei von Bewertung und ganz entspannt im Sein deines ewigen Seelenlebens ruhst.

Du machst deine Arbeit nicht für andere, du wählst sie auch nicht nach solchen Bedingungen aus. Du machst alles nur für dich und deine kleine Welt und ganz automatisch ist das die größte Inspiration und das allerschönste Geschenk, das du anderen Menschen bringen kannst. Ganz befreit ohne ein „für sie" und erfüllt von einem „für dich".

Tue immer das, was du liebst
– du wirst sehen wie viel goldene Färbung du allem gibst.

Die Ginkoblätter sind auch golden, weil keine Goldmünze auf der Welt dein goldenes Sein aufhalten kann. Es ist auf der Erde seit langer Zeit nur so, dass wir unsere kleine Welt nach äußeren Bedingungen aufgebaut haben - also auch nach äußeren finanziellen Mitteln und Möglichkeiten.

Hier liegen ganz viele Ängste und begrenzende Glaubenssätze versteckt und ich bin sehr dankbar, dass ich durch diverse Menschen meine Begrenzungen zum Thema Geld auflösen konnte. Mir wurde erklärt, dass Geld einfach eine Energie ist, die - je nachdem, welchen Glauben wir ihm schenken - zu uns fließt, uns schnell wieder verlässt oder sich erst gar nicht auf den Weg zu uns macht.

Wenn wir unsere Glaubenssätze in Bezug auf Geld verändern, dann ändern wir die Energie, die wir senden, und es wird eine dementsprechende Energie zu uns zurückfließen.

So wie wir strahlen, leuchten die Sterne zurück.

Wollen wir an Geld festhalten, wird es uns fesseln. Wollen wir unser Leben lang nur sparen, werden wir uns nie erlauben, richtig frei zu leben. Wollen wir immer zuerst unsere kleine Welt im Außen absichern, wird die Angst sich in ihr und in uns widerspiegeln. Stagniert Geld, stagniert der Energiefluss.

Vertrauen wir, dass Geld sowieso immer zu uns kommt; weil es unser liebevolles Werken und Sein unterstützen möchte, wird es da sein. Wollen wir unser Leben lang Geld ausgeben, werden wir die Freiheit spüren, die wir uns selbst erlaubt haben. Haben wir unsere Welt mit dem liebevollen Vertrauen vom Innen abgesichert, so wird es uns die äußere Welt so spiegeln. Fließt Geld, fließt der Energiefluss.

Wir halten mit unseren Gedanken fest und wir setzen mit unseren Gedanken frei.

Ich habe damals für mich blockierende Glaubenssätze erkannt, weil ich immer gedacht habe, dass ich stets hart für Geld arbeiten muss, dass Geld etwas ganz Wertvolles ist, das nur wenige Menschen, wenige Diamanten, wenige Tropfen im Meer, verdient hätten, denn man muss so diszipliniert sein oder einen verdorbenen Charakter haben, um es sich zu „erstehlen". Das ist natürlich Blödsinn und all diese Glaubenssätze entspringen der Angst. Und wenn wir es noch nicht in Liebe erfahren haben, können wir es einfach noch nicht besser wissen.

Die Angst ist leider oft ein vertrautes Gesicht und wir glauben, dass der Weg mit Liebe verbauter ist.

Frage ich die Liebe, was sie uns zum Thema Geld zu sagen hat, dann sagt sie, dass Geld wirklich nur eine Energie ist und jeder Mensch diese Energie individuell für sich färbt. Die Liebe sagt, dass jeder Mensch einfach glücklich sein darf, dass jeder Mensch ein erfülltes Leben - auch finanziell - verdient hat, doch das viele Menschen sich das selbst nicht erlauben.
Die Liebe erklärt, dass wir Menschen uns mit Geld aber alles verwirklichen können, was wir gerne mit Neugierde erfahren oder wir uns für unsere kleine Welt kreieren möchten. Die Liebe erklärt, dass uns Geld eine ganz wichtige unabhängige Macht verleiht, die selbstständige Unabhängigkeit für alle unsere liebevollen Vorhaben in unsere kleine und auch in die große Welt bringen kann. Die Liebe glaubt an die liebevolle Macht.
Sie erklärt weiter, dass wir Menschen unsere kleine Welt bisher immer so aufgebaut haben, dass wir uns in Sicherheit befinden.

Sie erklärt, dass wir Menschen dies zu unserem vermeintlichen Eigenschutz tun, weil ganz viele Menschen und Generationen zuvor dies auch schon so getan haben.

Viele langjährige Instinkte möchten sich auflösen, dies wird unsere Kinder der Zukunft erlösen.

Sie versichert, dass wir es uns erlauben dürfen, unsere neue Welt für uns so zu gestalten, wie sie uns übernatürlich gut gefällt. Sie schenkt Vertrauen und bestärkt uns für unsere bunten Träume, die wir uns so zaubern dürfen, dass Geld darin als simples buntes Mittel zum Zweck vorkommt, das immer für uns da ist, wenn wir es brauchen.

Die Liebe erklärt, dass Geld jeder verdient hat, dass es leicht sein darf, dass es die derzeitige Währung der Erde ist und sie eine ganz kraftvolle Macht der Liebe in sich trägt.

Es ist ihr wichtig zu sagen, dass wir Menschen mit unserer kleinen Welt und mit unseren begrenzten, voneinander getrennten Staaten ganz vergessen, dass es da dieses eine große Mutter-Erde-Land gibt, das sich finanziell in der Welt-Wirtschaft vereint. Sie sagt, dass es von großer Bedeutung ist, sich an ihr zu beteiligen, um kraftvolle bunte Energien zu schaffen.

Unternehmensfonds mit bestimmten nachhaltigen Zielen sind nämlich wie ein großes Miteinander, das ganz viel liebevolle Macht für die Welt ermöglicht. Je mehr Menschen ihre bunte Energie, ihr Vertrauen und ihre finanziellen Mittel in solche Fonds investieren, desto mehr Einfluss und liebevolle Macht hat ein solches Netzwerk.
In derzeitigen Finanzkrisen aufgrund des Corona-Virus ist es wichtig, dass viele Menschen mit ihren liebevollen Augen und mit ihrem göttlichen Urwissen Unternehmen unterstützen, die das höhere Menschen- und Erdwohlergehen priorisieren.

Nachhaltige ökologische Welt-Unternehmensfonds dienen mit den Augen der Liebe als große Auffangbecken für unsere Weltgesundheit und unsere Mutter Erde. Wirft jedes goldene Ginkoblatt eine goldene Münze in einen Liebestopf, freut sich der Ginko-Weltenbaum über das fürsorglich schimmernde Gold, das seinem immer währenden Grün, seinem immer währenden Erblühen, dient. Fangen wir kraftvolle liebesorientierte Unternehmen in schwierigen Zeiten auf, nimmt gleichzeitig unsere wertvolle staatenunabhängige Altersvorsorge ihren Lauf.

Nehmen wir ein Risiko voller Vertrauen in Kauf,
haben wir unsere weltverbundenen liebevollen Augen auf.

„Alles ist verbunden und ein Schmerz der Welt wird auch den Einzelnen verwunden."

Es ist spannend, dass mein Buch im letzten Kapitel mit dem Thema Geld abschließt und wie immer noch spannender, dass dies gerade mein Thema ist. Ich versuche mir zu erlauben, dass es „reicht", wenn mich die Arbeit mit dem Schreiben erfüllt, auch wenn es sich nicht wie Arbeit, sondern wie erfüllte Zeit in verbundener Freiheit anfühlt. Ich habe keine Ahnung, wie das alles funktionieren wird, auch finanziell, doch ich vertraue, denn alles was einem Erfüllung schenkt, wird einem Fülle bringen. Ich vertraue, denn alles was einem Glück bringt, wird Glück verbreiten. Ich vertraue, weil ich mich habe und ich all meinen Zweifeln liebevolle Worte sage. Ich bin mein Herz.
  Ich vertraue mir, ich vertraue dir.
  Ich vertraue uns, ich vertraue der Welt.

Lass dich von nichts und niemandem aufhalten
und lass in deinem Leben die vertraute Liebe walten.

Kapitel 11 Erinnerungssong

✳

Warum die Ginkoblätter golden sind.
„May I remember this" von David Luray
(übersetzt)

„Wenn ich glaube, etwas zu wissen…hänge ich den Schleier auf.
Wenn ich glaube, etwas zu wissen…hört die Schönheit auf.
Wenn ich glaube, etwas zu wissen…
ist, wenn ich weit von dir entfernt bin.

Wenn ich weiß, nichts zu wissen…beginnt die Schönheit.
Wenn ich weiß, nichts zu wissen…bin ich weder jung noch alt.
Wenn ich weiß, nichts zu wissen…beginne ich dich zu sehen.
Wenn ich weiß, nichts zu wissen…
ist, wenn ich in deine tiefe Dankbarkeit eingehüllt bin.

Mag ich mich daran erinnern. Mag ich mich daran erinnern.

Wenn ich glaube, dieser Körper zu sein…dimmt das Licht in mir
Wenn ich glaube, dieser Körper zu sein…schwimme ich in einem Ozean der Illusion.
Wenn ich glaube, dieser Körper zu sein…geht das Lebenslicht.
Wenn ich glaube, nur dieser Körper zu sein…kämpfe ich vom Mutterleib bis zu meinem Grab.

Wenn ich weiß, diese Seele zu sein…kann ich mein Lebensglück nicht fassen.
Wenn ich weiß, diese Seele zu sein…ist da ein Feuer der

Wahrheit, das tief in mir brennt.
Wenn ich weiß, diese Seele zu sein…ist es egal wo ich bin - ich bin umgeben von Engeln, all die Jahre, in denen ich auf dieser Erde stehe.

Mag ich mich daran erinnern. Mag ich mich daran erinnern.

Wenn ich glaube, getrennt zu sein…von der individuellen Magie eines jeden Atemzugs.
Wenn ich glaube, getrennt zu sein…erkenne ich eine der wichtigsten Lebenserfahrungen nicht.
Wenn ich glaube, getrennt zu sein…bin ich ohne ein Segel mit meinem Boot auf dem Meer.
Wenn ich glaube, getrennt zu sein…stehst du neben mir und ich denke niemand wäre hier.

Wenn ich verbunden bin… zu der Kraft, die Flüsse zum Fließen bringt.
Wenn ich verbunden bin… zu der Magie, die meinen Garten erblühen lässt.
Wenn ich verbunden bin… zu allem und jedem Lebewesen, dann wird Mutter Erde respektiert… im Wind… kannst du sie singen hören… im Wind… kannst du sie singen hören…

Mag ich mich daran erinnern. Mag ich mich daran erinnern."

✺

Nachwort

Ich feiere meinen 90. Geburtstag in einem wunderschönen Garten und mein Mann sitzt neben mir im Schaukelstuhl und wir wippen glücklich und zufrieden vor uns her - wir genießen unser Sein, so wie wir es gemeinsam schon immer getan haben.
Unsere Familie, unsere Freunde und alles, was uns beiden wichtig ist, hat sich heute hier zu meinem 90. Geburtstag versammelt. Es läuft gemütliche Musik im Hintergrund, alles ist so schön bunt und in sich harmonisch und viele Kerzen schmücken unsere Altholztische und die bunten Sitzkissen in den Wiesen. Wir genießen all die kleinen gesunden Leckereien und trinken dieses Ingwer-Zitronenwasser mit den diversen farbenfrohen Früchten und mit der frischen Melisse darin.

Wir beobachten unsere Kinder, wie sie wie jedes Jahr die Lichterlampions an die kraftvollen Herbstbäume hängen, bereit für die transformierende Wandlung, die der bunte leuchtende Herbst stets mit sich bringt. Wir sehen unseren Enkelkindern zu, wie sie glücklich spielen und wie sie frei und leichtfüßig mit lächelndem Gesicht durch die grüne Gegend hüpfen und wie sie die Lichterlampions bestaunen, die ihre Eltern kreativ aufgehängt haben. Es ist so schön sanft und angenehm warm und die Sonne scheint in unseren wild-romantischen Garten und es ist, als wäre der Himmel auf Erden zu Besuch.

Paradiesisch.

Meine Enkel lesen mir ihre Lieblingsgedichte vor und sie versuchen sich auch selbst schon im Dichten und finden wundervolle Worte für ihre reinen, zauberhaft unverfälscht kindlichen Wahrnehmungen. Unsere zwei Hunde tun es uns gleich und rennen auch nicht mehr so schnell und sie liegen entspannt im grünen Gras im Halbschatten des Baumes und

lauschen den Worten der Enkel oder beobachten sie, wenn sie herumtollen. Die Hunde sind genauso zufrieden wie wir, denn sie dürfen glücklich sein in diesem Lichterparadies.
Alle haben sich gemeinsam überlegt, ein besonderes Kapitel aus einem meiner eigenen Lieblingsbücher vorzulesen und ihre Geschichten und Gedanken dazu zu erzählen. Sie wissen, dass mich immer interessiert, wie sie etwas wahrnehmen, wie sie denken und wie sie Dinge für sich reflektieren. Sie wissen, dass ich den Moment liebe, in denen sie nur noch den Zauber hinter allen Dingen sehen und sie den Zauber der Träume erkennen.

Denn so wie wir uns betten, so liegen wir,
und weich und sanft ist es viel schöner hier.
Ziehen wir unsere Rüstung und alle Ketten aus,
spüren wir erst die Federn in unserem zarten Haus.

Es ist die fröhliche lebendige Wahrheit, die sich in ihren Worten widerspiegelt. Es ist die Wahrheit, dass durch mein Glück ihr Glück und das ihrer Kinder entstehen konnte und wenn ich den gerührten Mann an meiner Seite so ansehe, dann sieht er das genauso.
Diese tiefe Liebe und diese überwältigende Dankbarkeit ist das größte Geschenk, das ich mir selbst zu meinem 90. Geburtstag machen konnte. Weil alles in Liebe einfach sein darf.

Es ist, als hätte ich in diesem Gedicht einst diese Erkenntnis für meine heutige Weisheit festgehalten:

Das Paradies auf Erden

Der Ort, an dem wir alle nur Freunde haben
und wir uns nur noch liebevolle Worte sagen.
Der Ort, an dem sich stimmig Menschen miteinander verbinden,
und bunte Energien frei fließen, ganz ohne überwinden.

Das Paradies auf Erden ist gefüllt mit buntem Funkeln,
man findet dort ausschließlich Erfüllung, mag man munkeln.
Das Paradies auf Erden ist wie das des himmlischen Reichs,
das Ziel sind friedvolle Wesen - wo, ganz gleich.
Das Paradies auf Erden, konnte unser eigen werden,
weil wir sie vergessen haben - die Ängste früherer Menschenherden.
Deshalb dürfen wir in diesem Paradies einfach nur noch sein,
so, als wären wir mit offenem Herzen immer sicher daheim.

❋

Und dann fragen sie mich, ob ich ihnen meinen Lieblingstraum erzähle, den sie meist hören wollen, wenn wir zusammen sind. Sie sagen: „Oma, bitte erzähle uns deinen unfassbaren Portugalzaubertraum!"

Zaubern wir uns Träume
wachsen wir aus ihnen weit über hohe Bäume hinaus.

Und mit einem Lächeln im Gesicht erinnere ich mich daran und fange ihn frei und mit zufriedenem Herzen zu erzählen an.
„Einst da war eine junge Frau, ihre Augen bunt und wunderschön und fern von jedem Grau. Einst da war eine junge Frau, ihre grünen Augen so klar, traf dich ihr Blick, versicherte er dir „vertrau". Es war diese junge liebevolle Löwin, aufgeweckt und überhaupt nicht chillig, ihre Haare wild und lockig und überhaupt in jeder Faser sanft und doch so eigenwillig. Jedes ihrer Haare erzählte ihre eigene Geschichte, ihr könnt euch nicht vorstellen, sie zauberten sogar Gedichte. Es war da einst diese junge Frau, mit jedem Schritt, den sie ging, zeigte sie der Welt „vertrau". Bevor sie ein kleines Mädchen war, kam sie als

Engel auf diese Erde geflogen und sie tat sich schwer, dass bei den Menschen alles so anders ist als im Zauberhimmel oben.

Sie konnte nicht verstehen, warum alle gegen ihr Herz gehen und warum sie alle solche Wege wählen. Sie war fremd in diesem Land und war zu klein, sie konnte sich selbst nicht führen mit ihrem Herz allein. Dann kam der Tag, an dem sie verstand, sie ist gar nicht so fremd in diesem Land. Es kam der Tag, an dem sie verstand, es war nur der Engel, der ihre Seele im Flug nahm an der Hand. Es kam der Tag, an dem sie verstand, sie soll ein Mensch sein in diesem Land.

Ihr Herz wurde schwer, die Schmerzen konnte sie kaum ertragen, es ist die Geschichte, die ihr heute die Engel sagen. Bevor sie die Geschichte der Engel verstehen konnte, dauerte es viele Jahre und noch mehr Monate. Sie tat sich so schwer, ein Mensch zu sein, und weil ihr Herz so verschlossen war, erinnerte sie sich kaum an ihr Daheim. Sie wünschte sich zwar dort zu sein, doch folgte sie jedem Erdenschein. Die junge Frau hat viel Last getragen und sie konnte nicht immer Worte der Liebe sagen. Irgendwann verstand sie die Welt nicht mehr, ihr Herz verschloss sich weiter, viel zu sehr. Irgendwann hörte sich für sie die Welt zu drehen auf, sie wollte beginnen einen neuen Lauf und das tat sie auch.

Sie hat sich eine eigene Welt kreiert, doch ohne ihr offenes Herz hat sie ihre Gefühle ganz ignoriert. Sie hat sich als Löwin eine Welt erschaffen, hatte viele Löwenfreunde, aber auch sogar Giraffen. Egal wie sehr sie gekämpft und verletzt hat und wie viele Jahre sie sich selbst versetzt hat - ihre Augen waren niemals matt. Ihre Augen haben sich immer an den Engelflug erinnert, und egal was war, im Endeffekt haben sie immer für andere geschimmert.

Nur hat diese junge Löwin spät erkannt, dass sie selbst es ist, die sich hat zur Löwin ernannt. Sie hat mit ihren liebevollen Augen nie selbst in den Spiegel gesehen und konnte auch ihre neue Welt so nicht mit Liebe verstehen. Sie hat sich nie selbst wahrhaftig diesen Schimmer geschenkt, hat alle Wege davon weg gelenkt. Ihr verschlossenes Herz wollte sie auf der Erde als

Mensch beschützen, doch irgendwann verstand sie und sagte ihrem Herzen „Das wird einfach nicht nützen."

An dem Tag, an dem sie das verstand, bekam sie eine Einladung in ein ihr unbekanntes Land. Sie wusste nicht, was sie dort erwarten wird, hat nicht darüber nachgedacht, doch ihre innerliche Vorfreude bedacht. Irgendwann traf sie diese Elefantenfrau, deren Augen genau wie ihre eigenen zeigten „vertrau". Irgendwann traf sie diese Elefantenfrau und sie erinnerte sich, „Es wartet da dieses Buch auf mich."

Die liebevolle grünäugige Frau mit ihrer Lockenpracht machte sich auf die Reise, denn sie wusste, dass sie es alleine schafft. Sie ließ alles hinter sich, hat nichts mitgenommen, sie kam in Portugal an, war irgendwie ganz benommen. Es war, als würde sie sich wieder zurückerinnern - an den Flug, den die Engel fliegen mit all den tapferen Kindern. Es war, als würde sie wieder zu atmen beginnen, als würden all ihre Sinne sich auf die Wahrheit besinnen.

Es war, als wäre sie in ihrem Zauberland daheim, so als könnte das für unbestimmte Zeit ihr Himmel sein. Denn als sie dort an dieser Klippe stand, sie sich im Herzen berührt mit Tränen angekommen wiederfand. Diese junge Frau zauberte an dem und diesem Tag in Portugal und strickte dort ihren ganz besonderen Schal. Sie strickte und strickte und erkannte, in wie viele Unwahrheiten sie sich mit ihrem verschlossenen Herzen in der Vergangenheit damals verstrickte.

Es war, als hätte sie erneut erkannt, dass sie ganz fremd war in diesem Land. Es war, als hätte sie wiederentdeckt, dass sich hinter diesem verschlossenem Herzen der Himmel versteckt. Es war, als wären die Engel plötzlich wieder ein Teil von ihr, als wären sie ohnehin sowieso die ganze Zeit mit ihr hier.

Sie erkannte, sie war gar nicht fremd in diesem Land, das war das wichtigste, dass sie in diesem Portugal verstand.

Stellt euch nur vor, sie hätte es niemals erfahren, sie hätte die Liebeswege nie wählen können, niemals die wahren. Stellt euch vor, sie wäre nicht zu dieser Weisheit gekommen, wie hätte sie sich wohl jemals wieder auf ihre wahre innere Kraft besonnen. Wie hätte diese Löwin weit springen können und wie hätte die Löwin den Herzenspapa für ihre tapferen Kinder finden können. Stellt euch nur einmal vor, diese Löwin wäre ihr ganzes Leben lang allein oder immer zu sich selbst und zu anderen gemein. Stellt euch nur einmal vor, sie wäre nie eine gute Löwenmutter, ihre Löwenbabys hätten genau so wenig Freude gehabt wie einst ihre Mutter.

Wir können wirklich dankbar sein, dass wir uns mit dieser Geschichte erinnern an unser wahres Sein.

Diese wunderschöne Frau hat verstanden, dass sie sich alles selbst genommen und sie sich alles selbst gegeben hat und wisst ihr, warum das so ist?"

Und dann rufen alle lächelnd auf der Geburtstagsparty im Chor:

„Weil man am besten das Zaubern der Träume niemals vergisst."

Und das rührt mich für die Ewigkeit zu Tränen.

Und dann wuschelt mir wieder mein Schutzengel durch die Haare und befreit mich von dem insgeheimen Weltschmerz, den nur die Lichtwesen und mein Mann mit mir tragen und er erinnert mich daran, dass ich einfach sein und meine Feier in liebevoller Leichtigkeit genießen darf. Er holt mich zurück ins Hier und Jetzt - in diesen ewigen Moment, lenkt meine Aufmerksamkeit auf den leichten Zauber, der stets in der Luft liegt, zeigt mir das Glitzern, das sich über mir ergießt, wenn ich in den reinen blauen Himmel schaue, führt meine Hand zur Hand meines Mannes, die schon auf mich wartet und übergibt mich meinem Sein. Tanzend schweben wir zufrieden lächelnd und uns zärtlich küssend unter den bunten Lichterlampions unseres Lieblingsbaumes gemeinsam mit ihrem leuchtenden Schein in den tiefen ewigen Nachthimmel hinein, um dort gemeinsam zu sein.

Es wundert mich, dass sie mich niemals gefragt haben, ob das meine Geschichte war, aber es ist auch nicht wichtig, denn heute weiß ich, dass sie durch all meine Tag- und Nachtträume, die mich von der Dunkelheit der Welt befreiten, geschah.

Es ist nicht wichtig, denn sie war da, bevor sie geschah.

Heute weiß ich, dass sie existiert hat, obwohl sie nicht existierte, dass sie bestimmt war, ohne bestimmt zu sein, und dass sie sein konnte, obwohl ich nicht war.

Heute weiß ich, es ist alles immer da - zu vergangener, jetziger und künftiger Zeit, und nur die von uns Menschen bestimmte Zeit begrenzt die wahrhaftige Ewigkeit.

Es ist nicht wichtig, denn sie ist für die Ewigkeit und das ist immer und doch nie zur gleichen Zeit.

Heute weiß ich, die Welt ist jetzt bereit, das zu verstehen und heute weiß ich tief in mir, dass die Menschen anfangen, für ihren Zauber und für ihre Träume los zu gehen und ich freue mich darauf, alle Elefantenwege zu sehen.

Ich freue mich darauf, wie sich alle „folgen"
– sich selbst und ihrem eigenen Herzen.

✺

Dein Erinnerungsbild

Danksagung

Heute ist der 19. März 2020 und ich schreibe die Danksagung für mein erstes eigenes Buch und ich weiß ehrlich gesagt nicht, wie bzw. mit wem ich anfangen soll und ich versuche, mich jetzt kurz zu halten.

Danke Seele, für die Umstände und Rahmenbedingungen, die du dir ausgesucht hast, um mich wachsen zu lassen und danke, Liebe, für all die Spiegel, die du mir in jeder Situation geschenkt hast, immer noch schenkst und immer schenken wirst. Es ist schön, die Liebe darin zu sehen oder sie entdecken zu können.

Danke, Mama und Papa, und danke an meine fünf Schwestern. Ihr seid der schönste und der kniffligste Liebes-Entdeckungsort, den ich mir als menschliches Zuhause vorstellen kann. Danke, dass ich mit jedem Schein und mit jedem Sein heim kommen kann und ihr mich nie verleugnet habt, selbst wenn ich es auf meinem schützenden Scheinweg getan habe. Danke, dass ich in euch Schwestern die ehrlichsten und treuesten Freundinnen habe und wir uns so gut kennen, dass wir sogar ohne Worte unsere Energien benennen. Danke, dass wir uns verletzt haben und wir uns heute befreiende Herzensworte der Verbundenheit sagen. Danke, Mama, und danke, Papa, dass ihr uns dieses schöne Geschenk mit auf unseren Abenteuerweg gegeben habt.

Danke, Steve. Für alles, was ich in unserer Zeit aus Angst aufgegeben habe und für alles, was ich danach aus Liebe wiederfinden konnte. Du warst mir fremd, weil ich es mir war. Wir schenken uns heute Verständnis, weil wir uns selbst verstehen und ich wünsche dir ein leichtes liebevolles Leben.

Danke, an Margit, die Elefantenfrau. Du hast mich gestützt, als mir noch nicht bewusst war, was es in mir alles zu stützen gab. Du warst immer da, doch hast mich immer für mein eigenes Herz frei gegeben. Durch dich konnte ich Ich werden.

Danke, Diana. Für all die Geschenke, die ich mir durch dich machen durfte - sie haben mich weiter zu mir geführt.

Danke, Ariane. Dafür, dass du den Zauber siehst, ihn zeigst und wir diese Freude miteinander teilen und erfahren können.

Danke, Angie. Dafür, dass du mir immer den Wind aus den Segeln nimmst - klar und deutlich und liebevoll unterstützend.

Danke an alle Beziehungen, die mich in schweren Zeiten geprägt haben. An alle Menschen, die da waren und mich unterstützt haben, weil ich mich selbst nicht stützen konnte. *Danke* an alle Menschen, die mich festgehalten haben, um mir zu zeigen, dass ich mir selbst den nächsten Schritt erlauben darf. *Danke* an alle Menschen, die mich fallen gelassen haben, denn ihr habt - mehr oder weniger bewusst - in mich vertraut und mir den Weg in mein eigenes Licht frei gegeben. *Danke* für das Verständnis von all den Herzen, die ich nicht in ihrem Wert schätzen konnte, weil ich mich selbst nicht geschätzt habe.

Danke an alle Beziehungen, die mich beflügelt und die mein Licht genährt haben. Danke. Für all die Unterstützung, für die wackeligen Holzpfosten in meinem neuen Haus. Für all die Momente der Erleuchtung mit lichtvollen Menschen. Für all die Momente der tiefen Herzensverbundenheit. Für all die leichten humorvollen Gespräche mit selbsterfüllten Menschen. Einfach *danke,* dass ihr mich mit liebevollen Augen betrachtet habt, sodass ich sie heute selbst in meinem Spiegel sehen kann.

Und.

Danke, Seelenpartner. Für deine ehrliche Liebe seit unserer ersten Sekunde. Für deine Geduld. Für dein Vertrauen. Für dein Vergeben. Für deine ehrlichen Worte. Für dein Sein, durch das unser Sein entstehen konnte. Entspannt und aus jedem Moment in Liebe für die Ewigkeit. Vollkommen.

Gedankenpoesie-Verzeichnis

Gedankenpoesie	auf der Seite
1) Seelenweg	14
2) Bestrafung	19
3) Bewusstsein	21
4) Bewusstsein für das bunte Farbenspiel in dir.	23
5) Einsam und allein?	27
6) Sonnenscheinweg	29
7) Bewertung	30
8) Mit liebevollen Augen	32
9) Unterstützung	34
10) Alle Weisheit	36
11) Selbst(be)ständig	40
12) Glitzerstaub	48
13) Schutzengel	53
14) Liebevolle Zeichen	55
15) Angst	59
16) Mit sich und anderen verbunden	67
17) Deine kleine Welt	77
18) Wo wir immer einen Platz haben.	83
19) Bewegende Kreise	103
20) Meine kleine Scheinwelt	107

Gedankenpoesie	auf der Seite
21) Ein verschlossenes Herz	113
22) Schmerz	120
23) Ein offenes Herz	121
24) Wundervoll	126
25) Was ist Glück?	131
26) Egoismus und Altruismus	135
27) Schüttel dich!	139
28) Erfahrung	144
29) Neblige Lichtung	154
30) Ehrlichkeit	175
31) Mitgefühl	176
32) Das innere Kind umarmen	183
33) Abgrenzung	188
34) Gottverbundenheit	190
35) Liebesbrief vom inneren Kind	203
36) Liebesbrief vom 90-jährigen-Ich	223
37) Der Spiegel der Liebe	238
38) In deinem Erfahrungsfahrzeug daheim.	274
39) Das Paradies auf Erden.	291

✺

Von meinem Licht, zu deinem Licht.

Pass gut auf dich auf
und
nimm es leicht.

Deine Liebesbotschafterin.

✺

IMPRESSUM:

1. Auflage, 2020

Verlag: GinkoblattVerlag, Anna Theresa Lohninger
Sonnberg 12, 5761 Maria Alm, Österreich

Satz, Layout, Illustration: Autorin

Lektorat: Josef Brudl

Support, Druck und Bindung: Manfred Ergott, Druckerei Janetschek GmbH
Brunfeldstraße 2, 3860 Heidenreichstein, Österreich

Bestellung und Vertrieb: Buchhandlung Wirthmiller
www.wirthmiller.at, Tel.: +43 6582 72562

ISBN: 978-3-200-07081-3

✺

Weitere Informationen:

MAIL: sonne@annatheresa.com
WEBSEITE: www.annatheresa.com
SOZIALE MEDIEN: @annatheresa.lohninger

Alle Rechte vorbehalten.
© GinkoblattVerlag - Anna Theresa Lohninger